Massimo Piattelli-Palmarini

Lust am Lernen – Erfolg in der Schule

Wissenswertes für Eltern, Lehrer und Schüler

Aus dem Italienischen
von Eva-Maria Wagner

Deutscher Taschenbuch Verlag

Ungekürzte Ausgabe
September 1996
Deutscher Taschenbuch Verlag GmbH & Co. KG,
München

Titel der italienischen Originalausgabe:
La voglia di studiare

ISBN 3-593-34925-6
Umschlaggestaltung: Klaus Meyes
Umschlagfoto: Wilfried Petzi
Gesamtherstellung: C.H. Beck'sche Buchdruckerei, Nördlingen
Printed in Germany · ISBN 3-423-30553-3

Inhaltsverzeichnis

Für Simone, Donata und Daria

Ob Sie Eltern, Lehrer oder Schüler sind oder ob Sie einfach so Spaß haben wollen am Lernen – Massimo Piattelli-Palmarini hat in jedem Fall ein ungewöhnliches Buch über die Schule geschrieben, um die schließlich niemand von uns in seinem Leben herumkommt. Lernen ist für Massimo Piattelli-Palmarini deshalb eine ebenso zentrale Lebenserfahrung wie die Liebe oder der Tod. Sein Buch ist kein Lehr- oder Arbeitsbuch und auch kein Ratgeber, der Lehr- und Lernrezepte anbietet. Es ist vielmehr der Versuch, dem Lernen das Etikett der Pflicht zu nehmen und ihm statt dessen den Stempel der Lust aufzudrücken. Daß Lernen Spaß machen kann und wie Lernstreß und Schulfrust überwunden werden können, das alles zeigt Massimo Piattelli-Palmarini anhand vieler Beispiele und Anekdoten aus eigener Erfahrung. Er regt zum Nachdenken und Erinnern an und macht uns bewußt, welch prägende Bedeutung ein Lehrer in unserem Leben haben kann. Und er überzeugt uns, daß Neugierde, Spiel und ein ernsthafter Wille den Lernprozeß zu einem kontinuierlichen und spannenden Abenteuer quer durch alle Wissensgebiete machen.

Massimo Piattelli-Palmarini ist ehemaliger Mitarbeiter von Jacques Monod am Pariser Institut Pasteur und war Dozent in Harvard, an der Pariser Sorbonne und an den Universitäten von Rom, Florenz und Bologna. Heute lehrt er an der Fakultät für kognitive Wissenschaften am Massachusetts Institute of Technology (MIT).

Ein bekanntes chinesisches Sprichwort sagt: Reichst du jemandem einen Fisch, dann stillst du seinen Hunger für einen Tag, wenn du ihm aber das Fischen beibringst, sättigst du ihn für ein ganzes Leben. Nun gut, dieses Buch ist eine praktische wie theoretische Anleitung für das richtige Fischen im Fluß namens Schule. Teil 1 zeigt uns eine Luftaufnahme dieses Flusses mit all seinen Quellen, seinen Ufern, seinen Nebenflüssen und seinen Tiefen. Teil 2 erteilt einige praktische Ratschläge für den Fischfang, und Teil 3 führt uns an die Mündung des Flusses und fordert uns auf, dem Schicksal gewisser Jungfische im weiten Ozean des Wissens zu folgen. Teil 4 schließlich blickt noch einmal auf den ganzen Weg unserer Expedition von der Quelle bis hin zum offenen Meer zurück und prüft, ob wir auch die richtigen Köder und Wurfstrategien verwendet haben.

Die Schule gehört zu einem der seltenen Themen, für die sich potentiell jeder interessiert. Ich kann also mehr als zufrieden sein, wenn es mir gelungen sein sollte, ein Buch verfaßt zu haben, das innerhalb der Familie von einem zum anderen weitergereicht wird. In Anlehnung an eine bekannte Formel gestehe ich, daß dieses Buch den Ehrgeiz hat, in bestimmten Teilen die Aufmerksamkeit aller zu wecken, in all seinen Teilen nur die Aufmerksamkeit einiger (die der Schüler und/oder Studenten). Es verfolgt keinesfalls die Absicht, alle in allen Teilen gleichermaßen anzusprechen. Ich erwarte auch nicht, daß es an den Schulen gelesen wird, denn es ist kein Schulbuch, sondern ein Buch über die Schule. Ich habe mich bemüht, es auf keinen Fall ein weiteres Lehrbuch und somit eine zusätzliche Bürde für die Jugendlichen werden zu lassen. Es sollte vielmehr die mit dem Lernen verbundenen Schwierigkeiten erleichtern, anstatt diese unnötig zu verschärfen.

Es gehört zu den außerordentlichen menschlichen Fähigkeiten, daß wir spontan zur Verallgemeinerung neigen, selbst dann, wenn wir von nur einem konkreten Fall ausgehen. Deshalb werden wir uns im folgenden verschiedener Beispiele und Anekdoten bedienen, die häufig gewissermaßen offen enden; es sollte dem Leser aber ein leichtes sein, den jeweiligen Schluß selbst zu ergänzen. Viele dieser Beispiele und Anekdoten stammen aus einer Welt, die sich von unserem Schulalltag unterscheidet; dies zum einen aufgrund der besonderen Biographie des Autors, zum anderen aber auch aufgrund einer ganz bestimmten Absicht: Wir sollen das, was sich an der Schule abspielt, einmal mit anderen Augen betrachten. Ganz anders stellen sich die Erzählungen in Teil 3 dar, von denen ich wirklich hoffe, daß sie jeden ansprechen, unabhängig von jeglichem schulischen Kontext und gemessen an den anderen Teilen. Einer, der dieses Buch noch im Manuskript gelesen hat, hat mir folgendes prophezeit: Die Erzählungen werden das einzige sein, woran der Leser sich auch später immer noch erinnern wird, wenn er den Rest des Buches schon längst vergessen hat.

Vorwort

In diesem Buch werden wir uns mit der Dreierbeziehung zwischen Lehrer, Schüler und Eltern beschäftigen. Sie existiert seit undenklichen Zeiten, trotzdem ist ihre Dynamik noch weitgehend unbekannt.

Die Lust am Lernen ist ein sehr ernstes Thema. Sie wird zum Auslöser von Freuden, Schmerzen, Drohungen und Versprechungen, nicht selten führt sie zu Familienstreitigkeiten und seltsamen Verbrüderungen innerhalb der Familie. Ihr Ausbleiben hat wahre Tragödien zur Folge, Dramen, die durchaus mit anderen Schicksalen vergleichbar sind, wie zum Beispiel Krankheit, dem Tod eines geliebten Menschen, Geldmangel oder allgemeiner Lebensmüdigkeit. Oft kommt es sogar vor, daß fehlende Lust am Lernen letztere, vielleicht indirekt, hervorruft. Fehlt es an der Lust am Lernen, so untergräbt das den familiären Frieden, es steht der ersten Liebe im Wege, es trennt junge Paare und bestimmt das Ende von Beziehungen durch Verbote oder zeitweilige Trennungen, weil sie – zum Beispiel – die Prüfung bestanden hat und in Urlaub fährt, während er – durchgefallen – zu Hause am Schreibtisch hocken und büffeln muß.

Wir haben es mit einer verborgenen, starken, aber launenhaften Macht unserer Psyche zu tun. Beschwören wir also das Licht unseres Intellekts und Willens, und versuchen wir, die Lust am Lernen in uns hochsteigen zu lassen.

Der Wissensdrang ist ein wesentlicher Bestandteil der menschlichen Natur. Wir wollen versuchen, herauszufinden, warum er sich trotzdem nur *widerwillig* in Lust am Lernen verwandeln läßt. Dabei müßte sich eine solche Umwandlung doch ganz selbstverständlich, unaufhaltsam und spontan vollziehen – etwa so, wie sich die Lust auf frische Luft sehr schnell in Lust auf Spazierengehen, Angeln oder Jagen verwandelt, die Lust, die Welt zu sehen, früher oder später in Reiselust umschlägt. Statt dessen tut sich die natürliche Neugier, die in jedem von uns vorhanden ist, schwer, sich einem regelmäßigen und systematischen Lernprozeß zu unterwerfen. Sie weigert sich, die sozial und institutionell vorgesehenen Kanäle einzuschlagen und bleibt weitgehend im dunkeln, allerdings nicht ohne sich gelegentlich bemerkbar zu machen. Wir haben es hier mit einem interessanten, allgemein verbreiteten Phänomen zu tun, das jedoch kaum erforscht ist. Um es besser zu begreifen, müssen wir uns zunächst einmal mit der Natur des Wissens befassen. Wir müssen verstehen, was Lernen eigentlich bedeutet und worin es sich vom einfachen Lesen, Schreiben und Denken unterscheidet. Dazu werden wir uns auch der Techniken bedienen, die uns einerseits den Wissenserwerb erleichtern und mit deren Hilfe wir andererseits einmal erworbene Kenntnisse besser behalten und richtig ordnen können.

Zwischen diesen Techniken und der Lust am Lernen besteht – auf den ersten Blick – eine tiefe Kluft. Die Techniken befinden sich ganz unten auf dem Grund und stecken nicht selten im Sumpf der Unaufmerksamkeit, des Überdrusses und der Lustlosigkeit. Der Wissensdrang und insbesondere die Lust am Lernen befinden sich hingegen ganz oben, sozusagen im Olymp.

Die Fächer, anhand derer sich die Lust am Lernen untersuchen läßt und auf die ich dann näher eingehen werde, sind, alles in allem, zweitrangig. Sobald uns die Lust am Lernen einmal gepackt hat, pfeifen wir auf Pädagogik, Didaktik und Methodik. Ohne die geringste Anstrengung bewältigen wir das vorgegebene Pensum. Solange es Einser und Zweier hagelt, sind alle glücklich und zufrieden, Fahrräder und Mofas werden plötzlich Wirklichkeit und niemand hat mehr etwas dagegen, wenn die Tochter bis abends spät mit ihrem Liebsten unterwegs ist. Kurzum, es herrschen paradiesische Zustände! Aber wehe, wenn die Lust am Lernen sich nicht einstellt, dann kommt es schnell zu ersten Eintragungen ins Klassenbuch, die Eltern werden einbestellt, Krisensitzungen finden statt, und zu Hause nur Krach und lange Gesichter. Kurzum, die Hölle auf Erden!

Aber warum? Was ist eigentlich los mit uns? Welche unsichtbaren Gifte zirkulieren innerhalb des Dreiecks Schüler-Lehrer-Eltern und verseuchen es? Unter all den regelmäßig wiederkehrenden und überall verbreiteten Ursachen persönlicher wie familiärer Miseren sind diejenigen, welche mit der Lust am Lernen zusammenhängen, bei weitem am wenigsten erforscht. Etwas geschieht mit uns, was wir uns nicht erklären können. Jetzt komme mir keiner mit Argumenten wie Erfolg im Leben, und man verschone mich – bitte sehr – mit ökonomischen und sozialen Faktoren. Es ist ein offenes Geheimnis, daß Klassenbeste später vor allem als Bibliothekare, Lehrer oder Beamte enden, während einige derjenigen, die ihre Familien einst an den Rand der Verzweiflung getrieben hatten, heute durchaus in der Lage wären, dem, der ihnen vor langer Zeit als leuchtendes Beispiel vorgehalten wurde, das Gehalt eines ganzen Jahres auf einen Schlag zu bezahlen. Die Ursachen derartiger Unglücke und Dramen sitzen tiefer. Schulischer Erfolg oder Mißerfolg stehen mit nichts in Beziehung, was im Leben eines Erwachsenen wirklich zählt. Jeder Vater und jede Mutter weiß das, sie brauchen sich doch nur einmal umzuschauen. Aber man kann nichts tun. Der Sorge um den schulischen Erfolg der eigenen Kinder ist nicht mit Argumenten beizukommen, sie lernt nicht aus der Erfahrung und liest keine Statistiken. Sie ist in primären, gefühlsmäßigen Mechanismen verwurzelt, die elterliche Liebe findet in ihr unmittelbaren Ausdruck. Schulischer Erfolg oder Mißerfolg wirken sich sofort auf die Selbstachtung aus, sie verstärken Schuldgefühle, sie führen zu persönlichen, häufig irrationalen Projektionen hinsichtlich der Zukunft der Kinder sowie einer besseren Welt. Die Schatten der Vergangenheit, die Enttäuschungen, die Frustrationen, das Echo der eigenen Erfolge und Mißerfolge erscheinen wieder vor unserem geistigen Auge, und in der Beziehung zu den Kindern leben sie erneut und unverändert auf. So wollen wir entweder, daß der Sohn oder die Tochter so sind wie wir oder daß sie sich zum genauen Gegenteil entwickeln. Wir wollen, daß alles anders ist oder daß alles gleich verläuft. Im Grunde macht es wenig Unterschied.

Die Lust am Lernen gilt als fundamentaler *Wert* – gewissermaßen mehr noch als Begabung und Lernvermögen. Begabt ist man von Natur aus, das ist kein Verdienst, aber die Lust am Lernen muß jeden erst einmal überkommen. Das Resultat ist dann sekundär. Welche Mutter oder welcher Vater, welcher Lehrer oder welche Lehrerin zeigen kein Verständnis, wenn sie sehen, daß ihr Sohn oder ihre Tochter, ihr Schüler oder ihre Schülerin mit großem »Eifer«, also mit Lust, bei der Sache ist? Da kann eine mündliche Prüfung ruhig einmal danebengehen, da kann selbst ein Fünfer den familiären Frieden nicht aus dem Gleichgewicht bringen.

Die Lust am Lernen und ihr konkreter Ausdruck, das heißt der Eifer, ist ein ideeller Wert, den wir um jeden Preis in unseren Kindern wiederfinden wollen. Sie ist ein Gut an sich, eines der höchsten Güter, ein metaphysisches Gut, von dem viele andere Güter abhängen. Die Sorge um die Zukunft unserer Kinder ist nebensächlich, sie ist ein Alibi, eine Rationalisierung. Vielleicht ist es ganz sinnvoll, zu versuchen, diese Mechanismen besser zu begreifen, eben gerade weil sie so fundamental, so tiefgründig sind. Zwar werden sie sich nur schwerlich verändern, aber es wird schon eine Hilfe sein, so hoffe ich zumindest, ganz genau zu verstehen, was in uns und in unseren Kindern vor sich geht und weshalb.

Ich wies zuvor schon darauf hin, daß die Tragödie, die durch mangelnde oder nur latent vorhandene Lust am Lernen ausgelöst wird, noch keinerlei literarischen Ausdruck gefunden hat. Jetzt gehe ich sogar noch weiter und behaupte, daß sie nicht einmal Zugang zu den Wissenschaften bekommen wird. Das, was ich zu diesem Thema zu sagen habe, ist gewiß weder poetisch (dazu hätte ich gar kein Talent) noch wissenschaftlich im engen Sinne. Ich nehme mir jedoch vor, die Materie mit der ihr gebührenden Einsatzbereitschaft zu behandeln, und dabei werde ich auf verschiedene, mehr oder weniger »wissenschaftliche« Fachgebiet zurückgreifen. Die Überlegungen, die ich anstellen werde, beruhen auf den kognitiven Wissenschaften, auf Erkenntnisphilosophie, auf Anthropologie, auf der Forschungsdiskussion vieler Fächer, die (mehr oder weniger gut) auch an den Schulen unterrichtet werden. Da ich mir erhoffe, daß dieses Buch in erster Linie von jungen Menschen gelesen wird, habe ich die Lektüre nicht durch Zitate, bibliographische Angaben und gelehrte Abhandlungen erschwert. Es bleibt jedem selbst überlassen, ob er mit Hilfe des Literaturverzeichnisses den Ursprüngen und Grundlagen dessen, was ich behaupte, nachgehen will.

Eines möchte ich von Anfang an klarstellen: Ich glaube nicht daran, daß es kürzere Wege zum Ziel gibt, und Techniken, die Wunder wirken, schließe ich ebenfalls aus. Die Hypnopädie (der Kassettenrekorder unter dem Kopfkissen, der einem im Schlaf die Unterrichtsstunde wiederholt), die Lektüre im Schnelldurchgang, die unzähligen Tricks, die sich irgendwelche Schlauberger ausdenken, haben noch nie funktioniert. Sie können einfach nicht funktionieren. Der Lernvorgang gehört zu den Dingen, die sich durch nichts ersetzen lassen. Trotzdem werde ich einige Anregungen geben (wie könnte man dieser Versuchung widerstehen?) und einige »Techniken« verraten; dabei handelt es sich allerdings nicht um Alternativen zum Lernen. Denn nur über das Lernen gelangt man zum Wissen. Das klingt einfach, banal, fast ein wenig gehässig, aber es entspricht haargenau den Tatsachen. Mir sind keine Ausnahmen bekannt und ich erwarte nicht, daß mir solche über den Weg laufen. Statt dessen finde ich meine These auf Schritt und Tritt – von der Grundschule über das Gymnasium bis hin zur Universität – bestätigt. Auch wenn die Lust am Lernen einen Mythos darstellt, dann bedeutet das noch lange nicht, daß sie sich ohne weiteres »entmythologisieren« läßt. Es kommt mir darauf an, dem Problem das ihm zustehende Gewicht beizumessen, das demjenigen, der Tag für Tag damit konfrontiert ist, vielleicht entgeht.

Aus eigener Erfahrung weiß ich nur zu gut, was es bedeutet, wenn man keine Lust zum Lernen hat. Oftmals habe selbst ich auf die Beschwörung guter Geister zurückgreifen müssen – die Ergebnisse waren allerdings nicht immer zufriedenstellend. Es mag seltsam erscheinen, daß so etwas auch jemandem passiert, der von Beruf »Gelehrter« ist. Und doch zeugen die Biographien der größten Schriftsteller, Künstler und Wissenschaftler von der Realität und der Dramatik fehlender Lust am Lernen. Von Immanuel Kant wird berichtet, daß er sich auf seinen treuen Diener Lampe verließ, der ihn jeden Morgen vor Tagesanbruch aus dem Bett werfen mußte. In der Regel wird verschwiegen, daß auch das Leben bedeutender Persönlichkeiten häufig und über längere Zeiträume hinweg von Untätigkeit, Lustlosigkeit und Verschwendung in jeglicher Hinsicht bestimmt war und ist. Ich halte den Moment für gekommen, endlich einmal zuzugeben, daß auch der Wissenschaftler den Launen der eigenen Lust am Lernen häufig hilflos ausgeliefert ist. Ausgerechnet eine dieser Launen war es, die mich dazu brachte, dieses Buch zu schreiben. Der generellen Wirkungskraft eines solchen Hilfsmittels bin ich mir durchaus nicht sicher, und ebensowenig weiß ich, ob die Lust mich nicht morgen schon wieder im Stich läßt. Aber zur Beschwörung der guten Geister kann uns jedes Mittel recht sein, Hauptsache es funktioniert. So versucht es der eine, indem er ein Buch darüber schreibt, und der andere, indem er es liest.

Danksagung

Es ist ganz normal, daß der Autor eines Buches zunächst Lust hat, es zu schreiben und daß sein Verleger dann Lust hat, es zu veröffentlichen. Etwas weniger normal ist, daß sich diese beiden Willenskräfte von Anfang an vollkommen miteinander vereinen, so daß sich im Endeffekt nur schwer sagen läßt, welche die ausschlaggebendere war. Als ich meinem Freund Gianarturo Ferrari von einer (damals vagen) Absicht berichtete, ein Buch über die »Lust am Lernen« zu schreiben, ließ er auf der Stelle bei Mondadori einen lückenlosen Vertrag aufsetzen. Marco Vigevani, Cheflektor für italienische Essayistik bei Mondadori, begleitete mich Schritt für Schritt auf dem Weg durch alle Fassungen. Mit unermüdlicher Geduld und seltenem Scharfsinn übernahm er die Aufgabe, die verschiedenen Teile zu lesen und mich auf das hinzuweisen, was der Überarbeitung bedurfte. Um den ständigen, kontinuierlichen und entscheidenden Beistand Donata Vercellis und meines Sohnes Simone gebührend hervorzuheben, ernenne ich sie zu Co-Autoren vieler Seiten dieses Buches.

Dank schulde ich auch meinen Kollegen an der Fakultät für Kognitive Wissenschaften am Massachusetts Institute of Technology, allen voran Samuel Jay Keyser und Steven Pinker. Meine häufigen Abwesenheiten vom Institut in den letzten Wochen vor der Manuskriptabgabe haben sie geduldig und verständnisvoll hingenommen. Die Ideen und Werke von Noam Chomsky, Morris Halle, James T. Higginbotham, Jerry Fodor, Hilary Putnam und Jacques Mehler haben meine wissenschaftliche Arbeit nicht nur kontinuierlich all die Jahre hindurch unmittelbar inspiriert, sie haben auch, zumindest indirekten Einfluß darauf, wie ich gewisse Themen gerade dieses Buches angehe. Ein besonderer Dank gilt all denen, die meinen langen Aufenthalt in den Vereinigten Staaten möglich gemacht haben und zu einem unvergeßlichen Erlebnis haben werden lassen: die Alfred P. Sloan Foundation, Mitchell Kapor, die Cognitive Science Society und Olivetti Ricerca. Es war eine äußerst schöpferische Periode, in der ich unter anderem zu Gedanken fand, die in diesem Buch ein starkes Echo finden. Von ganzem Herzen danke ich Emanuela Castigli, Marco Santambrogio, Paolo Viviani, Gian Carlo Rota, Enzo Mandruzzato und Annalisa Carena für die Lektüre des Manuskripts und für die wertvollen Ratschläge, die schließlich zur endgültigen Fassung des Buches geführt haben.

Boston (Massachusetts), im November 1990

Teil 1
So geht's allen

Wenn man Lust zum Lernen hat

Einmal im Jahr gibt es für alle einen kurzen und magischen Augenblick, in dem die Lust am Lernen geradezu überwältigt. Dieser Moment ist zu Beginn des neuen Schuljahrs gekommen. Mit einer Liste in der Hand und dem abgezählten Geld in der Tasche stehen die Schüler in den Schreibwarengeschäften und Buchhandlungen oder in der vorübergehend eingerichteten »Abteilung für Schulbedarf« in den großen Kaufhäusern und lassen sich von der besonderen Aufregung anstecken, die dort herrscht. Diese Warenumschlagplätze werden zu reinen Tempeln des Lernvergnügens. Nicht Eltern oder Verkäufer sind hier die eigentlichen Kulturförderer, sondern ganz andere Dinge: die neuen Schreibstifte, die schneeweißen Radiergummis, das Zeichenpapier und die Schreibetuis, die noch unbeschriebenen Hefte, der Stapel Schulbücher, der Ledergeruch der Schultaschen oder das synthetische Rascheln der Rucksäcke. Ach ja! All das stachelt die Lust zum Lernen geradezu an. Sogar die neue Fahrkarte für den Autobus mit dem Foto, auf dem sie schon wieder ein Jahr älter sind, weckt das Verlangen, endlich ins Klassenzimmer zu stürmen.

Wieder zu Hause fangen sie an, die Bücher durchzublättern, die Bilder anzuschauen, die Bücher einzuschlagen, Namensschildchen aufzukleben. Die ganze Munition für eine neue Jagdexpedition in unbekanntes Revier wird ordentlich zurechtgerückt. Die alten Schulkameraden kommen wieder in den Sinn, und sie stellen sich bereits die neuen vor, neue Nachnamen, die ihnen dennoch bekannt vorkommen. Dieses Jahr werden vielleicht Roberts Cousin und Marias Schwester in die Klasse kommen; schade, daß der Schmidt nicht mehr da sein wird! Ganz zu schweigen von den neuen Lehrern, oder von denen, die man nur vom Sehen kennt. Der Deutschlehrer soll schrecklich sein, die Mathelehrerin dagegen ganz in Ordnung und sympathisch. Ach, wenn diese Aufregung, diese Lust doch nur das ganze Jahr über anhielte!

Wir sollten vielleicht kurze Zeit bei dieser besonderen Stimmung verharren und sie uns zunutze machen; dies nicht zuletzt auch, um in unser Thema »einzusteigen«. Die Lust wird nicht andauern, aber wenigstens einen Moment lang verspüren wir sie jedoch in uns. Wenigstens einen Moment lang erfahren wir am eigenen Leib, was es bedeuten würde, diese Lust immer zu haben – vorausgesetzt, der Zauber jenes Augenblicks dauerte an. Im Grunde sind die Zutaten dieser angeblichen Zaubermischung einfach. Und sie sind wirksam wie alle einfachen Dinge.

Über allem liegt der berauschende Geruch des Neuen – derselbe, der fabrikneuen Autos und soeben fertiggestellten Gebäuden anhaftet. Das neue Schuljahr hat haargenau diesen Geruch, der uns ein Gefühl von Ordnung, Sauberkeit und guten Vorsätzen vermittelt. Darüber hinaus wirkt die unbeschwerte und tatkräftige Energie derjenigen in uns, die wieder bei Null anfangen, der mitreißende Elan all derer, denen es gelingt, die Vergangenheit hinter sich zu lassen und ein neues Leben zu beginnen. So ging es vermutlich all den Emigranten, die einst auf unbekanntem Boden an Land gingen. Und schließlich, ohne daß wir uns dessen richtig bewußt werden, empfinden wir Zufriedenheit darüber, eine weitere »Initiations«-Prüfung bestanden zu haben, größer und reifer geworden und damit der Gemeinschaft der Erwachsenen ein Stück nähergerückt zu sein – unser Stolz auf das Foto ist der Beweis. Bei den Naturvölkern werden die jungen Menschen, die nach erfolgreichem Bestehen anstrengender Mutproben einen höheren sozialen Status erreichen, gezeichnet (dieses geschieht häufig auch körperlich – mit Ringen, Schmucknarben und Tätowierungen). Einmal abgesehen von den doch eher nüchternen Feierlichkeiten wie Erstkommunion und Firmung bei den Katholiken, der Konfirmation bei den Protestanten oder der Bar Mizwa bei den Juden, ist bei uns wenig von diesen archaischen Initiationsriten übriggeblieben. In unserer Gesellschaft ist es vor allem die Schule, die die Aufgabe übernommen hat, die wahren Initiationsriten zu zelebrieren und den progressiven Übergang zum Erwachsenenstatus zu kennzeichnen. Mit jedem neuen Schuljahr erklimmen die Schülerinnen und Schüler also auch eine weitere Sprosse auf der Initiationsleiter. Der Moment, in dem diese wertvolle »Bestätigung« von jedem empfunden wird – undeutlich zwar, aber doch tief – ist der Beginn des neuen Schuljahrs.

Das sind, kurz gesagt, die Zutaten der Zaubermischung und die einfachen Geheimnisse ihrer Wirksamkeit. Bei genauem Hinsehen finden wir diese auch bei den Erwachsenen wieder. Vor ein paar Jahren führte ich einen guten alten Freund aus Florenz, der mich in Amerika besuchte, über das Universitätsgelände von Harvard. Mein ehemaliger Klassenkamerad ist heute in seinem Beruf geschätzt, aber die Lust am Lernen hat ihm immer ein wenig gefehlt (er wäre der erste, der das zugäbe). Zusammen mit seiner Frau und seiner Tochter spazierten wir eines Abends an den College- und Institutsgebäuden vorbei und schauten aus dem Dunkel der Parkanlagen durch die Fenster in Bibliotheken und Hörsäle. Wir konnten Vorlesungen erkennen, über Bücher gebeugte Köpfe, auf Tischen übereinandergeschlagene Beine. Draußen standen viele Fahrräder, Studenten schlenderten in Gruppen umher, unterhielten sich, und manche warfen sich gegenseitig die unvermeidliche Frisbeescheibe zu. All das muß meinem Freund zauberhaft und elektrisierend vorgekommen sein – eben weil es anders war, geordnet und perfekt erschien und »Initiation« geradezu in der Luft lag. Ihm muß auch einen Moment lang der Gedanke gekommen sein, wieder von vorne anzufangen und eine völlig andere Laufbahn einzuschlagen. Tatsächlich sagte er ganz begeistert: »Ach ja, hier bekommt man wirklich Lust zum Lernen!« Und er hatte recht, denn diese Gemeinschaft war darauf angelegt, daß die Lust sich automatisch einstellt, und wird so geführt, daß diese auf Dauer erhalten bleibt. Ein Platz wie dieser weckt bei vielen die Lust, wieder von neuem zu lernen. Daran sieht man, wie die richtige Mischung der Zutaten mit Sicherheit funktioniert – und das unabhängig vom Alter.

Der Lehrer – das unbekannte Wesen

Für unsere Lehrer gilt das, was man auch von der ersten Liebe sagt: man vergißt sie nie. Wenn wir unsere Lehrer einmal vor unserem geistigen Auge vorüberziehen lassen, werden wir feststellen, daß jedes einzelne Bild ein Gewirr von intensiven Gefühlen in uns auslöst: Achtung oder Geringschätzung, Angst oder Vertrauen, Antipathie oder Sympathie (häufig stellen sich diese beiden Gegensätze auch gleichzeitig ein). Einmal abgesehen von den nächsten Angehörigen und den engsten Freunden, werden in unserem Leben nur wenige Menschen einen so wichtigen Platz einnehmen, wie unsere Lehrer ihn innehatten. Einige tragen wir versteckt und mit großer Zuneigung das ganze Leben lang in uns. Sie werden zu unseren heimlichen »Zeugen«. Die Jahre vergehen, und wir erleben viele Dinge, die wir noch gern mit ihnen diskutieren würden. Wir lesen viele Bücher und bilden Urteile, über die wir gerne mit ihnen fachsimpeln würden. Sie haben uns im wahrsten Sinne für immer geprägt. Diese Zuneigung, diese ständige Präsenz ist meiner Ansicht nach für denjenigen, der sie sich zu erobern weiß, die einzig wirkliche Belohnung eines im Grunde ganz undankbaren Berufes, der sich einer zunehmenden öffentlichen Kritik ausgesetzt sieht, viel Ärger mit sich bringt und Verantwortung aufbürdet.

Geben wir es aber ruhig zu, hin und wieder erschien uns der eine oder andere Pauker so seltsam, als käme er von einem anderen Planeten. Wieder andere taten uns ein wenig leid. Wir alle wurden irgendwann einmal Opfer gewisser kleiner Sadismen, Quälereien, törichter Rituale. Da fällt mir sofort mein Französischlehrer auf dem Gymnasium ein, der unsere Lausbubenstreiche damit bestrafte, daß wir stundenlang auf dem Fußboden kniend ausharren mußten. Auch verlangte er uns der Reihe nach den Frondienst ab, ihn nach Schulschluß nach Hause zu begleiten – beladen mit Bergen von Aufsätzen oder den Aufgaben, die wir im Unterricht gemacht hatten. Unter den verstohlenen, aber dennoch treffenden Spötteleien und feixenden Gebärden der Schulkameraden machte man sich auf den Weg, immer einen Schritt hinter ihm, einen Stapel Protokollblätter, die der Länge nach gefaltet waren, unter dem Arm. So trottete man immer hinter ihm her, ohne ein Wort zu sagen. Vor seiner Haustüre angekommen, war die »Reise« noch nicht zu Ende – es ging zuerst noch die Treppe hinauf bis in den dritten Stock. Auf einem großen, dunklen Holztisch hatte man dann den Packen abzulegen, bevor man entlassen war. Niemals verstanden wir die Gründe dieses absurden und willkürlichen Rituals, das uns zwang, unsere Schulkameraden ausgerechnet im schönsten Augenblick eines Schultages zu verlassen, nämlich dann, wenn die Schule zu Ende ist – und das alles nur, um eine Aufgabe zu erledigen, die eine Mischung darstellte aus Ministrant, Leibgarde, diplomatischem Kurier und Eskorte der Wells Fargo. Was in seinem Kopf vor sich ging, fanden wir nie heraus, und in unserer Erinnerung wird er immer der Sonderling bleiben, als der er uns damals schon erschien. Überhaupt ist das Gefühl völliger Fremdheit, das man gewissen Lehrern gegenüber empfindet, eines der Hauptmotive dafür, warum uns die Lust am Lernen vergeht. Vielleicht lohnt es sich, der Sache einmal genauer auf den Grund zu gehen, um herauszufinden, was für eine Art von Menschen diese Sonderlinge eigentlich sind.

Als ich wenige Jahre später die Universität besuchte, befand ich mich inmitten einer »Produktionsstätte« für Mathematiklehrer. Damals gab es in Italien noch einen merkwürdigen Studiengang: eine Kombination »Mathematik und Physik« (noch während meiner Studienzeit wurde er abgeschafft), der speziell zur Ausbildung von Gymnasiallehrern bestimmt war. In vielen Seminaren kamen Studenten der »reinen« Physik (wie ich) und der »reinen« Mathematik mit Studenten dieses gemischten Studienganges zusammen, also mit denjenigen, die sich von vornherein dem Lehrberuf verschrieben hatten. Auf diese Weise erlebte ich Tag für Tag hautnah die Geburt einiger dieser »Exoten«. Aufgrund des massiven Ansturms von Schülern – Resultat des Babybooms der Nachkriegszeit – wurden damals sogar Studenten ab dem dritten oder vierten Semester für Unterrichtsvertretungen an die Schulen geholt. Folglich hatten sich einige dieser Exoten bereits ins Unterrichten gestürzt (wie ich übrigens auch). Zu meiner Bestürzung mußte ich entdecken, wie gerne sie sich gegenseitig erzählten, welchen Unsinn ihre Schüler so von sich gegeben hatten. Die ersten Tropfen einer Essenz namens Sadismus strömten ihren üblen Geruch aus. Die Produktionsstätte für Lehrer schien, wie selbstverständlich, auch diese Essenz zu produzieren.

Nach der Universität verstrichen etliche Jahre, in denen ich keine Forscher oder Professoren traf, die sich über die Dummheiten lustig machten, die sie bei Prüfungen gehört hatten. Bis ich mich eines Abends in einer Kneipe in Princeton in die Vergangenheit zurückversetzt fühlte, als zwei junge und begabte Physiker auf ganz perverse Art und Weise den Unsinn ihrer Studenten zum besten gaben. Es war eine richtige Stammtischsituation – einer fängt an Witze zu erzählen und plötzlich haben alle einen auf Lager. So wie Ärzte nicht über die Krankheiten ihrer Patienten lachen sollten, so sollten auch Lehrer niemals über die Unwissenheit ihrer Schüler spötteln. Das ist nämlich in meinen Augen purer Sadismus (wenn auch noch im Anfangsstadium), und Sadismus ist ein schlimmes Vergehen.

In jeder Organisation, in jedem Büro, in jeder Fabrik gibt es eine nicht zu unterschätzende Zahl an Zwangsneurotikern, Sadisten und Plagegeistern. Im Grunde genommen sind wir immer und überall von solchen »Exoten« umgeben. Das gilt natürlich auch für Lehrer. Der einzige Unterschied besteht darin, daß – wie in der Armee – ein einzelnes Individuum im Laufe seiner Karriere viele Hunderte von jungen Menschen »formen« kann. Dies geschieht, im Guten wie im Bösen, unter einem speziellen Abhängigkeitsverhältnis und in einem kritischen Alter, in dem die Betroffenen ganz besonders beeinflußbar sind. Einmal erwachsen und dickhäutiger geworden, läßt es uns doch ziemlich kalt, ob unser Vorgesetzter bei der Arbeit uns für ungeeignet, unfähig und faul hält. Schließlich können wir uns immer einreden, daß er unrecht hat, und uns weiterhin irgendwie durchboxen. Aber die vom Lehrer bloßgelegte Unwissenheit peinigt uns auf ganz andere Weise und hinterläßt eine bleibende Narbe. Es ist eine sehr schlimme Erfahrung, etwas nicht zu wissen, was man eigentlich wissen müßte, oder gar eine Dummheit von sich gegeben zu haben. Man fühlt sich mit einem Schlag in ein tiefes, existenzbedrohendes Loch fallen. Es ist, als sei man von einem geliebten Menschen zurückgewiesen worden, als würde einem auf betrügerische Weise etwas weggenommen, worauf wir einen Anspruch haben. Die demaskierte Unwissenheit nagt in uns, weil unser Selbstwertgefühl in unerträglichem Maße verletzt wird. Außerhalb von Schule und Universität empfinden wir es schon als beleidigend, jemandem klarzumachen, daß er nichts weiß oder daß er eine Dummheit gesagt hat. Wir tun so, als sei nichts geschehen. Nur wenn es sich um wirklich wichtige Dinge handelt, greifen wir korrigierend ein, lassen dabei aber äußerste

Vorsicht walten. Sogar wenn wir einen Ausländer korrigieren, der unsere Muttersprache spricht, legen wir jedes Wort auf die Goldwaage. Wir verbessern ihn freundlich, humorvoll und nur dann, wenn wir der Ansicht sind, daß sein Selbstwertgefühl am Ende noch stärker verletzt würde, als wenn wir gewisse Dinge unkorrigiert durchgehen ließen. Rücksichtnahme im allgemeinen und Anstandsregeln im besonderen verbieten uns, die Unwissenheit der anderen offen und direkt anzuprangern. Dieses Verhalten erwarten wir auch uns gegenüber.

Wissen und Macht

Der besondere Sadismus des gebildeten Menschen gegenüber dem ungebildeten hat eine lange, komplexe und bittere Geschichte. Zu Recht ist diese Art von Sadismus als Beispiel für Übergriffe der privilegierten sozialen Schicht auf die unterprivilegierten Schichten nachgewiesen worden. Als die Messe und insbesondere das Meßopfer noch in lateinischer Sprache abgehalten wurden, haben viele gute Katholiken sich alles andere als christlich verhalten und über die Schnitzer des »gemeinen Volkes« gespottet (*dominus vobiscum* wurde zu »Domino, wo bist du« verballhornt). Die weißen Amerikaner haben ihr Wissen als Mittel zur Diskriminierung eingesetzt, indem sie über die grammatischen Fehler und den Akzent der Schwarzen lachten; es hat den Norden angespornt, sich über den Süden zu erheben, und die WASP *(White Anglo-Saxon Protestant)* verleitet, sich über die Juden lustig zu machen. Leider ist dieser Mißbrauch der Bildung eine unbestrittene Tatsache, aber eine ausschließlich soziologische Analyse genügt nicht, um das Phänomen zu erklären. Die wahren Sadisten unter den Lehrern (nicht diejenigen, die nur gelegentlich einmal ein Anflug von Sadismus überkommt) sind zum Glück eine verschwindend kleine Minderheit, die selbst innerhalb der eigenen sozialen Schicht ihr Unwesen treiben und sogar gegen die besten Studenten vorgehen – und dieses mit noch gesteigerter Brutalität. Einige seltene Exemplare befinden sich sogar an der Spitze der akademischen Hierarchie; sie sind im allgemeinen bei ihren Kollegen und in der wissenschaftlichen Gesellschaft, wo Korrektheit – soviel man behauptet – eine erforderliche Grundeigenschaft ist, äußerst unbeliebt. Der große

Physiker Julius Robert Oppenheimer, Vater der Atombombe und dann viele Jahre lang Direktor des angesehenen Institute for Advanced Study in Princeton, soll einer von ihnen gewesen sein. Ich kenne Kollegen, die noch heute, nach so vielen Jahren, in Zorn geraten, wenn sie an den Hochmut und Sadismus zurückdenken, mit dem er die jungen Physiker, damals blutige Anfänger, behandelte.

Wenn, wie häufig behauptet wird, Wissen Macht ist, dann steigt auch das Wissen, genau wie die Macht, bisweilen zu Kopf. Der Schwindel, den Wissen auslöst, ist an und für sich positiv, er ruft allerdings gelegentlich den Schwindel der Macht hervor, der nun wiederum negativ ist. Jede Äußerung von Unkenntnis müßte uns wehtun, so als hätten wir selbst sie von uns gegeben; sie müßte Mitleid und Anteilnahme in uns wecken. Im Gegenzug müßte uns der gute Schüler immer wieder »seelisch aufbauen«, indem er uns direkt und unmittelbar vor Augen führt, zu welch außerordentlichen Leistungen der menschliche Verstand fähig ist. Manche Lehrer sind ausgerechnet den besten Schülern gegenüber unerbittlich, aber nur, um sie anzuspornen, noch mehr aus sich herauszuholen. Es gibt aber auch solche, die gute Schüler deshalb erniedrigen, weil die Unkenntnis der anderen sie in ihrer eigenen, individuellen Überlegenheit bestätigt. Mit den kleinen Sadismen, den kleinen Neurosen, den Mini-Ritualisierungen gewisser Lehrer muß man einfach leben lernen. Ich will sie bestimmt nicht in Schutz nehmen (selbst dann nicht, wenn es sich hin und wieder um die größten Köpfe der Menschheit handelt), aber ich möchte unterstreichen, daß es ihr Beruf ist, auch einmal den Finger auf die Wunde unserer Unkenntnis zu legen. Insofern geht es ihnen nicht anders als dem Arzt, der für eine Diagnose zuvor den schmerzenden Bereich abtasten und reizen muß. Sicherlich gibt es hinterhältige Fragen. Es gibt aber auch geschickt formulierte Fragen, um herauszufinden, ob eine andere Person wirklich verstanden hat. Nicht immer beruht Härte auf Sadismus. Kein Fehler ist so offensichtlich und so aufschlußreich wie der, auf den wir unter den drängenden Fragen des Lehrers von allein stoßen. Es ist durchaus kein Sadismus, einem Schüler klarzumachen, daß das, was er gesagt hat, nicht zutrifft. Es ist viel wirkungsvoller, wenn er seinen Fehler nach und nach selbst entdeckt, als ihm einfach und brutal ins Gesicht zu sagen, daß seine Antwort falsch ist. Das intensive Brennen, das die ans Licht gezerrte Unwissenheit hervorruft, muß ein Ansporn werden, mehr wissen zu wollen und muß folglich als einmalige Therapie angesehen werden; es darf keine terroristische Waffe werden, die den Schüler erniedrigt und rachsüchtig werden läßt. Aus einer Demütigung heraus ist noch niemals die Lust zum Lernen entstanden. Und man sollte auch nicht erwarten, daß der Schüler aus Rache Klassenbester wird, einfach so, um dem Lehrer eins auszuwischen.

Trotzdem sollten sich auch Schülerinnen oder Schüler ab und zu einmal in die Lage ihrer Lehrer versetzen. Jeder Schüler mißt solchen Unannehmlichkeiten wie Klassenarbeiten, Prüfungen und Noten doch nur deshalb eine übertriebene Bedeutung bei, weil es sich um seine persönlichen Angelegenheiten handelt. Hingegen sieht der Lehrer oder die Lehrerin Jahr für Jahr unzählige ähnliche Unannehmlichkeiten an sich vorüberziehen. Am Ende schließlich durchschauen sie mit geschlossenen Augen jeden Trick, jede List, jede Ausrede. Mit der Zeit haben sie sich durch die ständigen Wiederholungen der gleichen Vorgänge eine berufliche Elefantenhaut zugelegt. Ein guter Lehrer weiß schon im voraus, welche Aspekte seines Fachs sich als sehr schwierig erweisen, er kommt den häufigsten Mißverständnissen rechtzeitig zuvor, er wählt von vornherein die einleuchtendsten Beispiele; schon den ersten Antworten entnimmt er intuitiv, was nicht verstanden wurde, und er weiß auch, warum es nicht verstanden wurde. Das sind die typischen Charakterzüge von Vollblutprofis, die wir, wenn auch von Fall zu Fall verschieden, ebenso bei einem Anwalt, einem Arzt oder einem Journalisten finden. Es wäre doch schlimm, wenn eine Ärztin mit jedem ihrer Patienten litte, wenn ein Anwalt in solchem Grade mit seinem Mandanten sympathisierte, daß er am Ende die Schwachpunkte des Falles nicht mehr sähe, oder wenn ein Journalist so sehr mit seinem Gesprächspartner übereinstimmte, daß er darüber den Standpunkt der Leser außer acht ließe. Objektivität und Abstand sind im Berufsleben die beste Garantie für das korrekte Ausüben der übertragenen Aufgaben. Das gilt auch für die Lehrer. Nehmen wir also ihre fixen Ideen und kleinen Ritualisierungen bereitwillig hin, denn trotz vieler Versuche hat man noch nichts gefunden, was den Lehrer ersetzen könnte. Die Vermittlung von Wissen erfolgt seit jeher von Person zu Person, und ich gehe davon aus, daß das auch in Zukunft der Fall sein wird. Als Mensch und somit einmalig und unnachahmlich vertritt jeder Lehrer und jede

Lehrerin auch eine besondere Welt. Und diese Welt bringen sie uns auf irgendeine Weise zusammen mit dem Unterrichtsstoff nahe. Im Laufe der Jahre werden wir, ob wir wollen oder nicht, feststellen, daß wir noch Bruchstücke dieser verschiedenen Welten in uns herumtragen, und es wird vielleicht der Tag kommen, an dem wir diese als wertvollen Schatz anerkennen werden.

Die Figur des Lehrers

Um die gesellschaftliche Stellung des Lehrers besser zu begreifen, müssen wir uns zunächst einmal klarmachen, daß viele Jahrhunderte lang, vor der Gründung der nationalen Schulsysteme, die Schul- und Hauslehrer, die Musik- und Gesangslehrer einfache Dienstboten waren. Die Patrizier des kaiserlichen Rom kauften sie sich sogar auf dem Sklavenmarkt, auch wenn sie ihnen dann gewöhnlich nach einigen Jahren guter Dienste die Freiheit gewährten. An den europäischen Höfen und in den aristokratischen Palästen waren die Erzieher der adligen Sprößlinge zusammen mit der übrigen Dienerschaft untergebracht, sie aßen in der Küche, nicht selten trugen sie eine Livree, ihr Gehalt war höher als das eines Gärtners, aber niedriger als das eines Majordomus. Ein berühmtes Beispiel ist der Komponist Joseph Haydn, der, selbst als er schon in ganz Europa berühmt war und häufig am Hof des Kaisers auftrat, in seiner Eigenschaft als Kapellmeister weiterhin im Dienstbotenflügel des Palastes der Fürsten Esterhazy wohnte. Massenweise sentimentale Literatur, die heute zu Recht in Vergessenheit geraten ist, zeugt von den komplizierten Verwicklungen, die aus den nicht standesgemäßen Liebschaften zwischen den Komtessen und ihren Französisch-, Klavier- oder Reitlehrern entstanden sind. Umgekehrt endeten Liebschaften zwischen dem Herrn Grafensohn und der Erzieherin seiner Schwestern oder Cousinen meist weniger dramatisch – vielleicht mit einem unehelichen Sohn, der dazu verurteilt war, entweder Reitknecht zu werden oder aber aus dem Palast zu fliehen, um dann eines Tages als junger Oberleutnant oder Revolutionsführer zurückzukehren und seine Rechte und den ihm zustehenden Erbteil einzufordern.

In der allgemeinen Vorstellung ist und bleibt der soziale Status des Lehrers auch heute noch in vielen Ländern der eines niederen Beamten, der im Englischen bezeichnenderweise »social servant« genannt wird. Der Lehrberuf ist zunehmend einer öffentlichen Kritik ausgesetzt. Noch heute ist der Lehrer für viele der Archetyp eines kleinen Spießbürgers. Der berühmte Professor Unrat aus dem Film »Der blaue Engel« ist ein armer Teufel, der in einem schäbigen, möblierten Zimmer sein Dasein fristet, durchgescheuerte Kleidung trägt und Wäsche, von der man nur noch ahnen kann, daß sie einmal weiß war. Nur gelegentlich leistet er sich den Eintritt in ein Nachtlokal, das seine Schüler, alles Söhne wohlhabender Bürger, mit schöner Regelmäßigkeit Abend für Abend aufsuchen. Die Dinge haben sich inzwischen geändert. In der modernen Welt stellt der Lehrer die Schwelle zum gesellschaftlichen Aufstieg dar; er ist sozusagen der Priester der wichtigen und gefürchteten Initiationsriten zum Einstieg ins Berufsleben. Es ist jedoch keinesfalls immer gewährleistet, daß das Prestige eines Berufes sich auch auf den Lehrer überträgt, der den Zutritt dazu verschafft hat. Die ehemaligen Studenten berühmter amerikanischer Universitäten gehören noch heute ganz exklusiven Clubs an, wo man nicht einmal im Traum daran denkt, auch Professoren zuzulassen – selbst dann nicht, wenn diese zwei Nobelpreise vorweisen können –, es sei denn, diese wären selbst Ex-Studenten der betreffenden Universität. In den Vereinigten Staaten, wie überhaupt im angelsächsischen Raum, wird der Titel »Professor« ausschließlich innerhalb der Universität verwendet, außerhalb des Universitätsgeländes beeindruckt er wirklich niemanden. Als ein Freund von mir, ein angesehener Professor in Harvard, Minister unter Reagan wurde, nannten ihn alle, in der Öffentlichkeit wie im Privaten, »Mister Fried«. Heute ist er wieder Professor, aber wie schon gesagt, nur innerhalb der Campusmauern.

Das Dreieck Eltern-Schüler-Lehrer hat seine Einbahnstraßen sowie zahlreiche Durchfahrtsverbote. Manchmal gelingt es zwar, das eine oder andere trotzdem passieren zu lassen, aber meistens wird die Kommunikation doch von zu vielen Mißverständnissen und Projektionen abgewürgt. Die Psychoanalytiker sprechen in diesem Zusammenhang von »Wunschprojektionen« – man möchte die eigenen Werte, Ideale und Vorstellungen sowie diejenigen seiner Kinder realisiert sehen, auch wenn diese Projektionen wenig mit der Realität zu tun haben. Ein bekannter Psychoanalytiker sagt mir im Privaten immer wieder: »Den Menschen ist einfach nicht zu helfen.« Er meint es im Spaß, aber es gibt Fälle, bei denen mir dieses Motto einfällt. Auch Lehrer werden oft resigniert mit ihm übereinstimmen – besonders dann, wenn man sie an ihre historische Dienstbotenrolle erinnert. Ich meine damit nicht Dienstboten des Wissens, das wäre ja ein recht ehrwürdiger Dienst, sondern Diener der elterlichen Wunschprojektionen auf Kinder und Schule.

Die Eltern

In ihrem Verhältnis zu den Lehrern empfinden sich viele Eltern als ein »geteiltes Ich«. Sie sind natürlicherweise auf der Seite ihrer Kinder als ihrem eigen Fleisch und Blut, aber sie sind auch auf der Seite des Lehrers oder der Lehrerin, denen sie altersmäßig näherstehen und mit denen sie gemeinsam die erzieherische Aufgabe wahrnehmen. Zwischen den Eltern und dem Lehrer bildet sich ganz natürlich ein Einvernehmen, ein Bündnis, eine konzertierte Aktion. Unter bestimmten Aspekten verkürzt sich in unserem Dreieck die Verbindungslinie zwischen Eltern und Lehrer, und ein spitzer Winkel »zielt« aus einiger Entfernung auf den Eckpunkt, den der Schüler oder die Schülerin einnimmt. Unter anderen Aspekten jedoch rücken die Eckpunkte Schüler und Eltern ganz nah zusammen, und »zielen« ebenfalls mit eng zusammenlaufendem Winkel auf die weit entfernt liegende Spitze, die dieser perfekte Außenseiter namens Lehrer okkupiert. Eine wirklich sonderbare Geometrie, mit der wir es da zu tun haben! Sie bewirkt, daß ein Gespräch mit dem Lehrer immer von wechselnden Gefühlen bestimmt ist und wechselnde Ziele verfolgt. Zu einem Elternsprechtag gehen Eltern vor allem, um sich eine Diagnose stellen zu lassen, um sich über die Sachlage bewußt zu werden, aber auch, um zu überzeugen, zu erklären, als Fürsprecher aufzutreten und nicht selten sogar, um zu verführen. Man verstehe mich bitte nicht falsch, ich meine damit, daß wir einen guten Eindruck abgeben und uns ins rechte Licht rücken möchten. Zuallererst aber möchten wir sehen, was für ein Typ dieser Lehrer eigentlich ist. Entspricht er der Vorstellung, die durch sicher nicht objektive Beschreibung der Kinder entstanden ist? Gleichermaßen überprüft der Lehrer, ob die ihm gegenüberstehende Person in etwa mit dem vagen Bild übereinstimmt, das er sich anhand des Verhaltens eines Schülers oder einer Schülerin gemacht hat; nicht selten erlebt er dabei Überraschungen.

Das Dreieck besteht aus all diesen verflochtenen Projektionen, die sich zum Teil im Verlauf des Gespräches als mit der Realität identisch erweisen, zum Teil aber versuchen, die Realität in ihre Vorstellung zu verwandeln. Ungesagtes und Unsagbares haben mindestens den gleichen Stellenwert wie das Gesagte. Die auf die Schnelle getroffenen Einschätzungen der jeweiligen Reizschwelle kreuzen und verwickeln sich. So versuchen Eltern, Dinge zu sagen, von denen sie meinen, daß der Lehrer sie hören will, der Lehrer hingegen versucht, die Botschaft in einer Weise zu vermitteln, von der er annimmt, daß die Eltern sie so akzeptieren können. In diesen Gesprächen gibt es immer eine rituelle Komponente, etwas, das ihnen Bedeutung verleiht, und dies nur, weil sie sich jenseits der Informationen und Entscheidungen abspielen, die später dann aus ihnen hervorgehen. Die Selbstdarstellung, die Bestätigung der Rollen, die Abschätzung der gegenseitigen Distanzen sind dabei ebenso wichtig wie der konkrete Inhalt, über den es häufig gar nicht mehr viel zu sagen gibt. Noch mit dem Grundschullehrer beriet man sich eingehend, man sprach über den Charakter seiner Kinder und über deren allgemeine Probleme, mit dem Gymnasiallehrer aber spricht man nur über die Leistung im jeweiligen Fach. Lehrer haben den Schlüssel der Versetzung fest in ihrer Hand, sie entscheiden über die Zukunft, die Ferien, das verlängerte Wochenende und die Ausgaben für eventuelle Nachhilfestunden. Sie verfügen über den Schlüssel zu den Türen, durch die die gesamte Planung des Familienlebens hindurch muß. Was sie de facto unterrichten, betrifft die Eltern nicht sehr, wenigstens nicht im eigentlichen Sinn. Bisweilen versteht man nicht einmal die Bezeichnung der Materie, die sie unterrichten, geschweige denn die unter diesem Begriff zusammengefaßten Teilgebiete, in denen – so sagen sie uns – »der Junge« oder »das Mädchen« etwas schwach sind.

Als wäre die Geometrie des Dreiecks nicht schon kompliziert genug, so rücken unter dem spezifischen Aspekt des Unterrichtsstoffes die von Lehrer und Schüler besetzten Eckpunkte näher zusammen, und das Dreieck »zielt« mit spitzem Winkel und aus einiger Entfernung auf die Eltern, für die Trigonometrie, Mineralogie, Horaz und Hegel böhmische Dörfer sind. Die auf den kleinsten Nenner gebrachte Botschaft lautet, daß das Kind »mehr« von diesen Dingen lernen muß – worum es sich auch immer handeln mag. Die Eltern verpflichten sich, es anzuhalten, mehr zu lernen. Was den Inhalt und die Klarheit der Botschaft betrifft, so bleibt wenig hinzuzufügen oder zu tun. Der Rest ist nonverbale Kommunikation, Ritus, Selbstdarstellung, Charme, versteckte Warnung oder offenkundige Verhandlung. Die Eltern suchen das Gespräch, um Dinge zu ergründen, die ebenso ungreifbar wie augenscheinlich sind. Das Gespräch hinterläßt in ihnen eine chaotische, aber überzeugende Fülle von Eindrücken und Überlegungen. Sie haben endlich mit eigenen Augen gesehen, was für ein Typ diese Lehrerin oder dieser Schulleiter ist, und sie haben sich sagen lassen, wie ihr Kind so »zurecht kommt«. Es kommen aber noch viele andere Empfindungen hinzu, die ebenfalls zählen: das Licht, die Geräusche und sogar der Geruch der Schule, der Zustand des Mobiliars und der Wände, das Verhalten des Hausmeisters, das Geflüster, das aus den Klassenzimmern dringt, die Blicke der Schüler auf den Treppen und in den Gängen. Auch diese Eindrücke werden die folgenden »Schritte« mitbestimmen.

Diese Gespräche bedeuten ein totales Eintauchen in eine andere Welt, es sind keine Angelegenheiten, die man so nebenbei erledigt. Sie repräsentieren Reisen in die Zeit, sie sind eine »Rückkehr in die Zukunft«. Wellen von Erinnerungen, guten wie schmerzlichen, werden ausgelöst; sie festigen Vorsätze und Entscheidungen, fordern aber häufig auch Fatalismus heraus. Mit einem Mal erkennt man den ewigen Kreislauf des Lebens und stößt auf das Verhängnisvolle der menschlichen Natur. Schließlich stellt sich die Frage, was dieser notwendige »Eingriff« eigentlich bewirken kann. Die Beschwörung aller guten Geister, die Lust zum Lernen möge endlich von den Kindern Besitz ergreifen, schießt nicht nur durch den Kopf, sie kommt sogar über die Lippen. »Ach, wenn sie doch nur Lust bekämen!« Wie sag ich es am besten, wie packe ich sie an, worauf stütze ich mich? Wir überlegen uns genau, wie wir das Gespräch am besten beginnen, brüten über mögliche Drohungen und wirksame Versprechungen. Was erzählen wir dem anderen Elternteil? Wie wird er (oder sie) reagieren? Wie sollen wir dann beschwichtigen? Müssen wir strenger vorgehen oder weniger streng? Ist diese Schule auch wirklich »richtig« für unser Kind?

Diese Ratlosigkeit der Eltern, das Gewirr der Dreiersituation, die vom einzelnen als außergewöhnlich und ohnegleichen erlebt werden, scheinen oftmals ausweglos zu sein. Man schwankt zwischen dem Willen zum Eingriff und hoffnungslosem Fatalismus. Die Wunschprojektionen verstärken sich und geraten aus den Fugen. Da wir nicht pessimistisch sein dürfen, lohnt es sich, die Problematik einmal auseinanderzunehmen.

Geduldete Unwissenheit – erträgliche Unwissenheit

Mit Ausnahme seltener Individuen innerhalb ganz begrenzter Fachgebiete leben wir alle seelenruhig mit unseren vielfältigen Wissenslücken. Wir alle sind von Objekten, Wörtern, Eigennamen, Orten und Begriffen umgeben, von denen wir nur das Allernötigste wissen, nicht mehr und nicht weniger. Solange uns keine besondere Notwendigkeit dazu zwingt, unsere Kenntnisse zu vertiefen, lassen wir ruhigen Gewissens alles beim alten. Wahrscheinlich kennen nur sehr wenige Leser die genaue Bedeutung aller folgenden Wörter: Delinquenz, Entropie, Katamaran, Isomer, Nießbrauch, Backstagebrise, Splint, Maiskolbenspindel. Absichtlich habe ich eine Mischung von Fachbegriffen aus den Bereichen Nautik, Rechts- und Naturwissenschaft gewählt sowie Wörter, die an spezifische Berufe gebunden sind. Jeder Leser wird schon einmal auf diese Termini gestoßen sein, und er wird eine ungefähre Vorstellung davon haben, was sie in etwa bedeuten. Einige dieser Vorstellungen werden der Bedeutung sehr nahe kommen; bei anderen wird es sich um rein zufällige Vermutungen handeln, die, in Anbetracht dessen, daß die Begriffe Bereichen angehören, die dem Leser nicht vertraut sind, allein auf der Grundlage des Klanges, der Ähnlichkeit mit anderen Wörtern oder nach dem Ausschlußverfahren angestellt wurden. Nun, diese kurze Auflistung zeigt, daß wir zwar alle eine gemeinsame Sprache sprechen, in der aber hunderte von Wörtern kursieren, deren *exakte* Bedeutung wir ignorieren. Niemand bringt viele Stunden am Tag damit zu, Wörterbücher zu wälzen. Das bedeutet letztendlich, daß wir mit diesem Zustand der partiellen Unkenntnis sehr gut leben können. Es bedeutet auch, daß wir mit unserer Unwissenheit einen dauerhaften Kompromiß geschlossen haben. Noch bezeichnender ist es, daß wir alle im tagtäglichen Gespräch bisweilen Begriffe verwenden, deren genaue Bedeutung wir wissentlich ignorieren.

Diese Art linguistischer »Entgleisung« ist äußerst symptomatisch. Warum verspüren wir das Bedürfnis, Ausdrücke zu benutzen, die wir nicht bis ins letzte verstehen? Und warum machen wir uns nicht die Mühe, nur ein paar Minuten zu opfern und im Wörterbuch nachzuschlagen? Warum sind wir faul? Oder warum ist es uns im Grunde ganz egal? Weshalb glauben wird, *genug* zu wissen, auch wenn wir uns darüber bewußt sind, daß wir nicht *alles* wissen? Dieser letzte Punkt erscheint mir am plausibelsten, zumal es sich dabei auch um ein ganz wesentliches Merkmal der menschlichen Natur handelt. Vielleicht wäre es hilfreich, ihn einmal genauer zu untersuchen, bevor wir über die Schüler herziehen, die nicht »genug« lernen.

Wenn das alles für die Sprache Gültigkeit hat, dann kann man sich lebhaft vorstellen, wie es um andere Bereiche bestellt ist, die komplizierter oder spezialisierter sind. Wir benutzen alle die vielfältigsten elektrischen Geräte und bezahlen regelmäßig die Lichtrechnung, aber was wissen wir genau über Volt, Watt oder Hertz? Wir alle achten auf das, was wir essen und versuchen, nicht zuzunehmen, aber wer weiß schon ganz genau, was eine Kalorie ist? Bei siebenunddreißig Grad vergeht man vor Hitze, und bei zehn Grad kann man einen Mantel gut gebrauchen, aber wie viele von uns wissen schon haargenau, was ein Grad ist? Und was hat es mit der Prozentangabe bei den alkoholischen Getränken auf sich oder mit den Oktanzahlen beim Treibstoff? Und schließlich sind da noch die Namen der Straßen und Plätze unserer Städte, Namen, denen wir tagtäglich begegnen. Wer aber waren eigentlich diese Bismarck, Ebert, Reuter, Luther, Humboldt und Bunsen? Es genügt uns, zu wissen, wie wir zu diesen Straßen und Plätzen gelangen, warum sie diesen oder jenen Namen tragen ist uns dabei völlig egal. Häufig kennen wir viele der Persönlichkeiten nicht, nach denen die wichtigsten Plätze unserer Stadt benannt sind. Ist es uns einerlei? Oder glauben wir nicht vielmehr, es zu wissen, wie vage auch immer, und geben uns damit zufrieden?

Es gibt unendlich viele Beispiele. Wichtig ist, daß jede unserer

Wissenslücken jederzeit innerhalb weniger Minuten gestopft werden könnte, indem wir Fachleute befragen oder ein Lexikon zu Rate ziehen. Je länger und häufiger wir einen Begriff verwendet haben, ohne ihn bis ins letzte zu verstehen, desto unwahrscheinlicher ist es aber, daß die Neugier uns anstachelt, ihn einmal genauer zu hinterfragen.

Wie tief und wie unermeßlich dieses Phänomen tatsächlich ist, möchte ich anhand einer kleinen Anekdote veranschaulichen, die ich selbst erlebt habe. Zusammen mit einem Freund, Kunsthistoriker seines Zeichens, machte ich einmal einen Besuch bei einer Familie, die adeliger Herkunft war. Es stellte sich heraus, daß die Hausherren wenig Ahnung hatten von den Bildern, die an ihren Wänden hingen, und die sie seit Generationen ständig vor Augen hatten. Mit Sicherheit wußten sie weitaus weniger darüber als mein Freund, der die Bilder nie zuvor im Original gesehen hatte. Auf dem Nachhauseweg gab ich meinem Erstaunen darüber Ausdruck. Aber mein Freund sagte ganz gelassen: »Ich weiß, weil ich nicht habe. Sie wissen nicht, weil sie haben. Die wahre, tiefe Bindung zur Kunst ist ihre, nicht meine.«

Der regelmäßige Umgang, das »Im-Hause-Haben« schafft Bindungen, die sich vom Wissen unterscheiden und dieses häufig ersetzen. Wie stark unsere unbewußte »Kompensation« zwischen der physischen Nähe und dem Wissen ist, beweist auch die Tatsache, daß vor allem wir Italiener uns bisweilen in mittelmäßige Museen am anderen Ende der Stadt stürzen, ohne jemals einen Fuß in die großen gleich um die Ecke gesetzt zu haben. Möglicherweise handelt es sich nur einfach um Faulheit, aber vielleicht wirkt tatsächlich irgendeine geheime Macht zur Kompensation in uns. Und vielleicht ist es gerade diese Kompensation, die uns alle seelenruhig im Strom der vielen Wissenslücken treiben läßt.

Es dürfte uns eigentlich nicht wundern, daß unsere Kinder genauso sind wie wir. Sie wursteln sich durch den Schulalltag, so wie wir uns durchs Leben wursteln, und dabei wissen sie immer gerade soviel »wie nötig« ist. Die mangelnde Lust am Lernen ist meist weder pathologisch noch handelt es sich um einen besonderen Affront gegenüber Eltern, Lehrer oder Schule als Institution. Es ist nur die soundsovielte natürliche Äußerung jener friedlichen Kompromisse mit der Unwissenheit, die wir schließlich doch alle – der eine mehr, der andere weniger – eingehen, und von denen wir soeben einige verräterische Symptome aufgedeckt haben. Ob es uns paßt oder nicht, auch wir richten uns oft im »So-viel-wie-nötig« gemütlich ein, und von dort bewegen wir uns nicht mehr weg.

Aber wieviel ist »So-viel-wie-nötig«? Auf eine spontane Frage eine ebenso spontane Antwort: Das, was man in der Schule lernt. Wir gehen ganz selbstverständlich davon aus, daß ein ordentlicher Schulabschluß genau das ist, was uns für das zukünftige Leben die Portion »So-viel-wie-nötig« liefert. Da unsere Kinder sich diesen Schulabschluß erst noch erkämpfen müssen, denken wir, daß ihnen unsere Faulheit nicht gut ansteht, und daß sie sich den toleranten Kompromiß, den wir mit unserer partiellen Unwissenheit eingegangen sind, nicht leisten können. Das wird gewöhnlich vermutet, aber ist es wirklich gerechtfertigt? Wie viele von uns könnten morgen auf Anhieb noch einmal eine Abiturprüfung bestehen? Was für einen Sinn hat also die ganze Sorge um den schulischen Erfolg unserer Kinder? Was für einen Sinn hat es, sie zum Büffeln zu zwingen, wenn sie dann im Nachhinein, so wie wir, doch fast alles wieder vergessen?

Unsere Kinder wagen es nicht, uns diese Dinge zu fragen, und wir unsererseits wagen es nicht, dieses Thema anzuschneiden. Es würde uns in der Tat große Schwierigkeiten bereiten, eine Demarkationslinie zu ziehen zwischen der tolerierten Unkenntnis (bei uns) und der nicht mehr erträglichen Unkenntnis (bei ihnen). Wir hoffen ganz allgemein, wer weiß warum, daß sie nicht vergessen werden, und sie werden es ihrerseits für ihre Kinder hoffen. Es ist eine endlose Kette, und man versteht nicht, wohin sie führt. Man könnte vielleicht einwenden, daß das durchschnittliche Bildungsniveau steigende Tendenz anzeigt. Aber sind wir da wirklich so sicher? Wenn wir uns einmal genau in unserer näheren Umgebung, in unserem sozialen Umfeld umsehen, dann ist die durchschnittliche Fortentwicklung des Wissens doch recht zweifelhaft. Es stimmt zwar, daß man heutzutage viele neue Techniken anwendet, aber vor allem und einmal mehr ist es die Vertrautheit mit Technik, die an die Stelle der Kenntnis tritt. Sehr viele Techniken beherrscht man, ohne sie jedoch wirklich zu verstehen. Auch die Mechaniker und Techniker wechseln bereits nur noch aus, anstatt zu reparieren; und die Zeiten, in denen der Apotheker in der Hinterstube nach Rezept mixte, sind ebenfalls vorbei. Wir können zwar ruhig zugeben, daß das allgemeine Durchschnittsniveau der Erfahrung mit Technik gestiegen ist, aber können wir das gleiche wirklich auch von der Kultur im eigentlichen Sinne behaupten? Ist die Schule heutzutage wirklich besser als sie es früher war?

Wenn wir die Hoffnung hegen, die Kinder ein wenig aus der uns eigenen Apathie aufzurütteln, wenn wir ihnen die Lust, mehr als »eben nötig« zu lernen, einträufeln wollen, dann müssen wir den Schulalltag und die Lust zu lernen vor dem realen Hintergrund einer weit verbreiteten und mittlerweile überhandnehmenden Gleichgültigkeit gegenüber der Unwissenheit einordnen. Man müßte vor allem einsehen, daß sehr viele Wissenslücken, die inzwischen toleriert werden, in Wirklichkeit gar nicht hingenommen werden dürften. Die Lust, über das »So-viel-wie-eben-nötig« hinaus zu lernen (die heute zugegebenermaßen eher gering ist), müßte dann vor einem ganz anderen Hintergrund betrachtet werden, nämlich dem eines immer härteren internationalen Wettbewerbs und einer immer anspruchsvolleren Spitzenforschung auf jedem Gebiet. Wir werden diesen Punkt im Teil III dieses Buches noch einmal anhand von Erzählungen aufgreifen. Jetzt geht es zunächst einmal darum, den ersten Aspekt näher zu durchleuchten: eine Unwissenheit, die de facto toleriert wird, obwohl man sie eigentlich – zumindest in der Schule – nicht durchgehen lassen dürfte.

Wo steht was?

Jede Epoche leidet an einem spezifischen Übel. Die Krankheit der Gegenwart ist meiner Ansicht nach akuter Relativismus. Heutzutage wird behauptet, eine Kultur gelte soviel wie eine andere, ein Kriterium sei soviel wert wie ein anderes. Niemand weiß mehr eine Antwort auf die unausgesprochene, aber beinahe allgegenwärtige Frage: »Wo steht geschrieben, daß...?« oder »Aber wer hat gesagt, daß...?«. In der Schule läuft dieser Mangel an Bildung Gefahr, wahre Katastrophen anzurichten. Neue kulturelle Werte preschen mit einem Gestern noch unvorstellbaren Tempo vor. Niemand scheint mehr in der Lage zu sein, allgemeingültige und tatsächlich überzeugende Argumente zu finden, um – neben anderen Werten – das Recht auf klassische Ausbildung und ernsthafte wissenschaftliche Forschung geltend zu machen.

In einem Zeitalter, das von einem solchen Ausmaß an Relativismus lahmgelegt wird, ist es zwecklos, den Jugendlichen alte Denkweisen vorzusetzen. Man würde dabei nur riskieren, die sogenannte zivilisatorische Aufgabe der westlichen Welt, das Primat der kritischen Vernunftfähigkeit, den durch wissenschaftliche Methoden gekennzeichneten Fortschritt und andere alte Zöpfe auszugraben, die heutzutage halb pathetisch, halb reaktionär klängen. Es ist viel sinnvoller, den kulturellen Relativismus vorauszusetzen, und sie darauf aufmerksam zu machen, daß gewisse Schlußfolgerungen nicht einmal von diesen relativistischen Voraussetzungen gestützt werden. In Anbetracht der Tatsache, daß bei uns auch noch Teile der klassischen Kultur unterrichtet werden und daß wenigstens die durch wissenschaftliche Methoden dargestellten Werte noch auf den Lehrplänen stehen, müßten wir den Jugendlichen klarmachen können, weshalb sie sich damit auseinandersetzen müssen. Es geht nicht darum, zu urteilen, ob Goethe »besser« ist als der afrikanische Dichter Leopold Sedar Senghor, oder ob das Übersetzen aus dem Lateinischen oder dem Griechischen »lehrreicher« ist als angewandte Ökologie oder das Programmieren von Computern. Es geht vielmehr darum, aufzuzeigen, wie die Werte des Wissens, die immer noch dadurch gekennzeichnet sind, was man in der Schule lernt, sogar der heute vorherrschenden Relativismuswelle gegenüber unberührt standhalten.

Zum Beispiel haben die Sensibilisierung gegenüber den Rechten von Minderheiten und der Respekt vor Traditionen, die sich von unseren unterscheiden, ihren historischen Ursprung in der Aufklärung, und nur die von der Aufklärung beeinflußten Gesellschaften bzw. ihre Theorien (die marxistische eingeschlossen) haben sich zum Verfechter dieser Werte gemacht. Im Laufe der Jahre haben sich diese aufklärerischen Prinzipien jedoch allmählich verbreitet. Wenn die Charta der Vereinten Nationen gewissermaßen eine weltweite Erklärung guter Absichten darstellt, dann ist das ein Zeichen dafür, daß die Prinzipien der Aufklärung nicht mehr nur uns gehören, sondern daß sie zum Allgemeingut der Menschheit geworden sind. Die Gedanken einer Handvoll Intellektueller, der Aufklärer eben, haben schließlich eine Ausstrahlung auf alle Kontinente zur Folge gehabt. Ihre Macht und ihr Einfluß wurden nicht mit Gewehrmündungen erzwungen, sie basierten ausschließlich auf rationaler Überzeugung. Auch der Relativismus müßte also die Bildung der kritischen Vernunftfähigkeit schützen, denn ihr verdankt er seine ganze Überzeugungskraft. Weiterhin können wir mit gutem Recht in gewissen Werten, die von der griechischen und römischen Kultur verfochten wurden, einen Ursprung entdecken, auf den – neben der Renaissance – die Aufklärung selbst zurückgriff und damit die lange Zwischenperiode des Absolutismus auslöschte. Man kann sogar noch weitergehen und hervorheben, daß das reformistische 18. Jahrhundert noch keinen Unterschied machte zwischen Wissenschaft und Philosophie; man ging vielmehr von der unwiderlegbaren Schlußfolgerung aus, daß die Gebote der Toleranz, der Gleichheit vor dem Gesetz, der Unantastbarkeit des Menschen und der freien Meinungsäußerung auf den Prinzipien einer wahren Wissenschaft des Menschen beruhten. Ohne diesen langen und langsamen Reifeprozeß zu dem die klassische Kultur, die Wissenschaft und die Philosophie unschätzbare Beiträge geleistet haben, wäre der Relativismus selbst gar nicht denkbar.

Für das Studium der Physiologie und der Anatomie könnte man auf Darwin verweisen, nach dessen Lehre die Natur keine Spezies hervorgebracht hat, deren Verhalten ausschließlich dem Wohle anderer Spezies dient. Es steht uns selbstverständlich frei, in unserem wissenschaftlichen Kampf gegen Schmerz, Krankheit und frühzeitigen Tod die Waffen zu strecken, um einzig und allein die Rechte anderer Spezies zu wahren; man möge aber in der Ökologie und in den Naturgesetzen nicht nach Prinzipien suchen, die diesen Verzicht rechtfertigen und schon gar nicht nach solchen, die ihn zwingend vorschreiben. Der moderne Relativismus läßt viele Werte unangetastet, deren authentische Wurzeln uns gerade durch den Unterrichtsstoff an den Schulen vermittelt werden. Man kann gegenüber dem Relativisten sehr wohl rechtfertigen, warum schriftliche Arbeiten an den Schulen Unterrichtspraxis sind, anstatt jeden frei entscheiden zu lassen, wie er sich am liebsten äußern möchte. Auch Lehrpläne müssen eine auf Tradition begründete Auswahl an Autoren und Werken vorsehen.

Die moderne Linguistik hat die Dialekte auf breiter Front aufgewertet, indem sie nachgewiesen hat, daß ein Dialekt ebenso komplex wie eine Sprache ist, ebenso viele Regeln hat und ebenso konsequent ist bei der Wahl zwischen zulässigen und unzulässigen Ausdrücken. Ein bedeutender Linguist hat einmal gesagt, daß eine Sprache nichts anderes sei als ein Dialekt mit Reisepaß und einer

Armee im Rücken. Demnach ist also die Entscheidung für die Landessprache an den Schulen unter gleichzeitigem Ausschluß von Dialekten nichts weiter als ein politisches Phänomen gemäß dem Gesetz des »survival of the fittest«. Der Relativist bestreitet eben diese politische Entscheidung, ihm geht es vor allem darum, den Dialekt aufzuwerten und zusammen mit dem Dialekt um eine angebliche (und falsch verstandene) Ausdrucksfreiheit. Was für einen Sinn soll es haben, unsere Kinder zu korrigieren, wenn sie etwas genau so zu Papier bringen, wie man es auch im täglichen Leben im allgemeinen ausdrücken würde? Es wird geltend gemacht, daß Sprache etwas Lebendiges ist, etwas, was sich fortentwickelt und verändert. Der Relativist leugnet gerade die Notwendigkeit von Regeln aufgrund derer ein für allemal geurteilt wird, was man sagt und was man nicht sagt. Er stellt in Abrede, daß es linguistische Autoritäten geben muß, wie zum Beispiel etymologische Wörterbücher oder spezielle Akademien, die den korrekten Gebrauch der Sprache festlegen.

Trotzdem hat dieselbe Linguistik, die die Dialekte so sehr aufgewertet hat, auch die Geschlossenheit jeder Sprache und jeden Dialektes nachgewiesen. Sprachen und Dialekte gehören, ähnlich wie Erdbeben und Gezeiten, zu den Dingen, über die wir keine direkte Macht haben. So können wir zwar den sprachlichen Äußerungen auf die Spur kommen und den Wirkungen nachgehen, aber keiner hat die Macht, über Veränderungen zu entscheiden. Wenn sich eine Regel verändert, löst das in wenigen Generationen eine Reihe solidarischer Veränderungen aus, die häufig zu Lasten sprachlicher Aspekte gehen, die, auf den ersten Blick, nichts miteinander zu tun haben. Viele dieser Phänomene wurden von den Linguisten mittlerweile eingehend beschrieben.

Jede Sprache, jeder Dialekt stellt deshalb ein System fest verankerter Optionen zwischen syntaktischen Verbindungen und Bedeutungen dar, die untereinander vollkommen kohärent und dabei ganz zufällig sind. Was man sagt und was man nicht sagt entscheidet bei einer Sprache oder bei einem Dialekt letzten Endes kein Institut, keine höhere Instanz und kein Über-Lehrer, sondern der innere Zusammenhang der jeweiligen Sprache oder des jeweiligen Dialekts. Die Veränderungen beanspruchen eine lange Zeit, viele Generationen sogar, und werden nie von dem bewußten Willen eines einzelnen gesteuert oder geplant. Sprachen und Dialekte sind engmaschige Netze. Man kann weder darüber entscheiden, Änderungen aus Bequemlichkeitsgründen der Reihe nach einzuführen, noch lassen sich lokale syntaktische Anleihen aus anderen Sprachen und Dialekten ungestraft einschleusen. Auch derjenige, der für das Unterrichten eines Dialektes anstelle der Hochsprache an den Schulen eintritt, müßte notgedrungen zugeben, daß das Korrigieren seitens der Lehrkräfte sowie die vernünftige Verfeinerung der Syntax durchaus legitim sind. Sicher hat auch jeder Dialekt eine ebenso reiche und ebenso strukturierte Syntax wie eine Hochsprache. Eine syntaktische Kreuzung zwischen einer Sprache und mehreren Dialekten wäre nichts anderes als ein Kartenhaus, das beim ersten Windstoß einstürzte. So kann im Kopf eines einzelnen Individuums zwar sehr wohl ein sprachliches Durcheinander herrschen, dieses kann man aber weder übermitteln noch unterrichten.

Es muß also gewisse Normen einer anspruchsvollen Spracherziehung geben, um genau spezifizieren zu können, was man sagt und was man nicht sagt. Diese basieren im einzelnen auf der internen Kohärenz der Sprache, auf einer fest verwurzelten Tradition, auf der Sprachgeschichte, auf dem allgemeinen Sprachgebrauch der Sprecher, die als repräsentativ gelten, auf der reinen Logik und auf dem Sinn für Stil. Die Beschäftigung mit Literatur, verschiedenen Textsorten und der Literaturgeschichte stellt noch immer das geeignetste Mittel dar, um diese komplexen Kriterien zu verinnerlichen. Diese Traditionsmerkmale, die in den Fels gerammten Signale, müßten eigentlich auch der Flut des Relativismus sowie dem zerstörenden Element einer Haltung standhalten, die alles über einen Kamm schert.

Die Bildung des Geschmacks

In einem Zeitalter, das von Relativismus geradezu durchdrungen ist, ist es nicht einfach, sich für einen bestimmten Geschmack zu entscheiden. Unsere kulturelle Tradition riskiert fortwährend, als überrationalistisch, elitär, maskulin, ethnozentrisch oder historistisch abgestempelt zu werden. Und doch könnte man dem Lernen kein höheres Ziel zugestehen als die Bildung des guten Geschmacks. Der gute und der schlechte Geschmack existieren nicht nur in der Kunst, in der Literatur, in der Musik, in der Architektur und in der Mode, sondern auch in der Wissenschaft, in der Philosophie und in der Technologie. Ganze Institutionen, ganze Ausschüsse, ganze Zeitschriften sind entweder mit dem einen gesegnet oder mit dem anderen geschlagen. Zudem ist es praktisch unmöglich, jemandem mit schlechtem Geschmack klarzumachen, daß er schlechten Geschmack hat. Der gute Geschmack ist wie die Gesundheit: Wenn man ihn wirklich hat, merkt man es nicht, wenn man ihn dagegen nicht hat, kann man sich nicht einmal vorstellen, wie es wäre, ihn zu haben. Könnte man es sich nämlich vorstellen, besäße man ihn ja bereits, aber das ist ein Widerspruch.

Um sich eine lebhafte und konkrete Vorstellung davon zu machen, wie ausschlaggebend, klar und vor allem irreversibel die Bildung ist, die man sich mittels einer vernünftigen Verarbeitung der Kultur angeeignet hat, können wir einige (zumindest in unseren Augen) extreme Äußerungen schlechten Geschmacks anführen. Es gibt Menschen, die beharren hartnäckig auf ihren Minaretten in Ligurien, ihren venezianischen Palästen in Kalifornien und ihren Schweizer Chalets in der Wüste. Gewiß, die großen Erneuerer schaffen bisweilen wahre Meisterwerke, indem sie eben gerade mit der Tradition brechen, dem Charakter eines Ortes Gewalt antun oder durch Kunst das Unmögliche möglich machen. So hat Le Corbusier futuristische Gebäude in Indien errichtet, Gauguin ließ sich von der naiven Welt Tahitis inspirieren, Carlo Emilio Gadda verpaßte in seinem Werk *Die Erkenntnis des Schmerzes* der brianzolischen Landschaft ein längst vergangenes südamerikanisches Milieu, und Puccini hat seine ganz und gar abendländischen Werke mit japanischen und chinesischen Motiven unterlegt. Der Relativist weist uns zu Recht darauf hin, daß es keine festen Formeln gibt, um ein für allemal den Unterschied zwischen einem Meisterwerk und scheußlicher Stümperei zu definieren. Allerdings ist die Folgerung nicht schlüssig. Die Bildung des Geschmacks über den Weg einer langsamen und schwierigen kritischen Assimilation unserer Tradition ist gerade deshalb notwendig, weil es keine Formeln gibt.

Auch in der Wissenschaft und in der Technologie gibt es sehr viele Vermischungen, Verwicklungen, Nachäffereien und übertriebene Mißverständnisse, die im allgemeinen auf einem überstürzten Aufoktroyieren von Kultur beruhen. In diesen Fällen geht es um

Millionenbeträge, die verpulvert werden, und das womöglich in Ländern, in denen es am Nötigsten fehlt.

Ein bedeutender Biologe, Nobelpreisträger seines Zeichens, erzählte mir einmal folgendes: Anfang der sechziger Jahre hielt er in einem Entwicklungsland eine Vortragsreihe, die von einem kleinen Pharmaunternehmen finanziert worden war. Zum Abschluß lud man ihn offiziell zur Besichtigung der Laboratorien sowie zu einem Zusammentreffen mit den ortsansässigen Wissenschaftlern ein. Das wissenschaftliche Interesse an der in dieser Industrie betriebenen Forschung war gleich Null, aber die Höflichkeit gebot es einfach, gute Miene zum bösen Spiel zu machen und die lästige Angelegenheit noch über sich ergehen zu lassen. Im Verlaufe der Besichtigung nahmen ihn der Präsident der Firma und der Leiter eines der Laboratorien plötzlich beiseite. Behutsam, aber stolz, wollten sie ihm zwei außerordentliche Geheimnisse anvertrauen. Sie waren nämlich gerade dabei, Arzneimittel herzustellen, die wahre Wunder vollbringen sollten. Eines, ein »Mittel zur Stärkung der Oberhaut«, basierte, man höre und staune, auf DNS, dem Träger der genetischen Information. Das andere, ein allgemeines Aufbaumittel, basierte auf nichts Geringerem als ATP (Adenosintriphosphat), dem Energielieferanten par excellence. Als der Gast sie darauf aufmerksam machte, daß die DNS in jeder Zelle enthalten ist, vom Salatblatt angefangen bis hin zum Steak, und daß außerhalb gewisser, spezieller Organellen der lebenden Organismen jedes ATP-Molekül augenblicklich zerfällt und zwar vollständig, unwiederbringlich und irreversibel, stieß er auf eine Mauer der Verärgerung und der Feindseligkeit. Eilends wurde er von einer Sekretärin zum Flughafen begleitet, und von da an hatte er keinerlei Kontakt mehr zu diesen Möchtegern-Genies, diesen Unternehmer-Forschern mit dem ausgesprochen schlechten wissenschaftlichen Geschmack.

Eines steht jedenfalls fest: An diesen Verfälschungen des lokalen Geschmacks tragen die westlichen Kolonisatoren, die Menschen mit dem sogenannten guten Geschmack, eine gehörige Portion Mitschuld. Diese obligatorische Feststellung kann uns jedoch nicht dazu bringen, uns einem Relativismus ohne Kriterien, ohne Maße und ohne jeglichen Fixpunkt zuzuwenden. Relativisten sind oftmals schwer zu überzeugen, aber im Schlußwort in Teil 4 dieses Buches werde ich es rein theoretisch einmal versuchen – ohne

Umschweife und so deutlich wie nur möglich. Einstweilen werde ich mich darauf beschränken, das Mißverhältnis des Geschmacks konkret »hinüberzubringen«, indem ich eine andere wahre Begebenheit erzähle, die hierfür als eine Parabel stehen mag.

Wir befinden uns an einem abgelegenen Strand, irgendwo in Südamerika, Anfang der siebziger Jahre. Die Sonne geht soeben unter. Am Horizont taucht aus den endlosen Fluten ein kleines Ruderboot auf, eine Art Einbaum. Mit außerordentlicher Geschicklichkeit gelingt es dem erfahrenen Ruderer, sich jede Welle und jede Strömung zunutze zu machen; der Laune der einzelnen Wogen ausgesetzt taucht er rhythmisch immer wieder auf, um unseren Blicken genauso schnell wieder zu entschwinden. Am Strand beginnt ein aufgeregtes Treiben. Eine Fischerfamilie, Vater, Mutter und zwei Töchter, winken ihm zur Begrüßung zu, tragen Speisen zusammen und entfachen draußen vor ihrer Hütte ein Feuer. Unter allgemeinem Jubel legt der Ruderer endlich an, und man lädt ihn in die Hütte des Fischers ein. Das Abendessen ist einfach, denn es besteht aus lokalen Produkten. Für uns wäre es das reinste Festmahl: Krustentiere, gegrillter Fisch, exotische Früchte, Palmwein. Auf einem alles andere als ruhigen Meer hat der Ruderer gut dreißig Meilen zurückgelegt, um seine Kunden zu besuchen. Tatsächlich ist dies, wenn man so will, ein Arbeitsessen, denn es gilt, eine komplexe und heikle Verhandlung zu führen. Sollte sie scheitern, wäre der Verkäufer mit seinem Ruderboot ganz umsonst von soweit hergekommen. Nach dem Essen, nach einer ausgiebigen und entspannten Unterhaltung, kommt man dann schließlich zum Geschäftlichen. Die Familie scheint sich über den Kauf noch nicht ganz im klaren zu sein. Man wägt das Für und Wider ab, man begutachtet die Ware, die im wahrsten Sinne des Wortes von Übersee kommt, wieder und wieder. Die beiden Mädchen nehmen lebhaft an der Diskussion teil. Endlich einigt man sich über den Preis, man erklärt sich mit dem Produkt zufrieden, nur die Farbe stimmt noch nicht. Wenn der Händler dieses Geschäft zum Abschluß bringen will, wird er noch einmal Dutzende von Meilen in seinem Boot zurücklegen müssen, um einen Artikel herbeizuschaffen, der auch die richtige Farbe hat, nämlich rot anstatt blau. Die betreffende Ware war übrigens – auch wenn man es kaum glauben mag – Plastikbesteck: ein Messer, eine Gabel und ein Löffel für jedes Familienmitglied, zwölf Teile insgesamt.

Es handelte sich um dieses Einwegbesteck, das bei uns in jedem Supermarkt für wenig Geld gleich im Hunderterpack angeboten wird. Am nächsten Morgen schob der Verkäufer, von der überschwenglichen Fröhlichkeit seiner Kunden begleitet, das Boot ins Wasser und verschwand erneut am Horizont. Zwar ist es nicht ganz sicher, aber es wird vermutet, daß er später mit dem zwölfteiligen Besteck in der richtigen Farbe zurückgekommen ist.

Diese Geschichte wurde mir aus zuverlässiger Quelle als wahr erzählt. Wir können sie als Parabel für Tausende von ähnlichen Begebenheiten ansehen. Achten wir doch einmal ganz unvoreingenommen auf die Reaktionen, die diese Episode in uns erzeugt; können wir im Grunde nicht einige dieser Reaktionen auch gegenüber einem Erzrelativisten rechtfertigen? Diese Familie und dieser Händler erregen unser Mitleid. Sich so viel Mühe zu geben und sogar sein Leben aufs Spiel zu setzen, und das alles für eine Handvoll abscheulicher Plastikgegenstände! Was für ein Wertechaos, was für eine Vergeudung an menschlichen Fähigkeiten und Material, was für ein schlechter Geschmack!

An dieser Stelle würde der Relativist nun wirklich in Zorn geraten. Für wen halten wir uns denn eigentlich, daß wir so altkluge Urteile fällen? Welche fragwürdige kulturelle Überlegenheit können wir ins Feld führen? Wir leisten uns den Luxus, Plastikbesteck nach einmaligem Gebrauch in den Müll zu werfen. Gewiß! Dafür ersticken wir beinahe am Qualm unserer Fabrikschornsteine, dafür ist uns der Sinn für Gastfreundschaft ebenso abhanden gekommen wie die Liebe zur Natur und die Abenteuerlust. Diese »einfachen« Menschen hingegen verfügen über den guten Geschmack, Tag für Tag einen Lebensstil zu genießen, dessen touristische Nachahmung uns ein Vermögen kosten würde, schon für eine einzige Woche. Der Kontrast zwischen unseren Reaktionen und denjenigen des Relativisten wäre mehr oder weniger ähnlich geartet.

Gibt es etwas, was wir dagegenhalten können? Gibt es an diesem Meinungsaustausch überhaupt irgendetwas, was nicht relativ ist? Weder uns noch anderen wünschen wir einen so aufwendigen Handel mit Waren, denen andere Kulturen, ohne daß wir die leiseste Ahnung davon hätten, kaum Beachtung schenken. Es sollte sich einfach niemand die materiellen Güter wünschen, die andere Kulturen leichten Herzens nach einmaligem Gebrauch wegwerfen.

Noch eines ist sicher: Es stimmt einen gerade dann traurig, sich in einer derartigen Lage zu befinden, wenn man sich darüber bewußt wird, wenn dieses aufgrund eines speziellen Mangels, in einer Notsituation geschieht. Es ist eine schreckliche menschliche Erfahrung, sich der Gefahr auszusetzen, sich schweren körperlichen Anstrengungen zu unterziehen, sich zu erniedrigen oder von wertvollen Möglichkeiten abzulassen, und das alles nur, um etwas zu bekommen, das andere, in anderen Situationen, in Hülle und Fülle und mit Leichtigkeit erhalten. Deshalb bewegen uns oftmals die Berichte von Gefangenen, Verbannten oder Entführten: Ihnen werden all die Güter vorenthalten, die für gewöhnlich überall preiswert erhältlich sind, und sie müssen viel durchmachen, um wenigstens ab und zu ein paar elende Brocken zu ergattern.

Wer sich jedoch, wie jene Fischer in der Parabel, in einer solchen Situation befindet, ohne sich darüber bewußt zu sein, der leidet nicht. Er meint, etwas ganz normal zu kaufen. Aber das stimmt uns erst recht traurig. Wie subjektiv, wie relativ diese Traurigkeit auch immer sein mag, wir fühlen sie ganz stark in uns. Auch wenn sie nicht zu rechtfertigen sein mag, so bleibt sie trotzdem irreversibel.

Geschmackswidrigkeiten finden wir genauso gut im kulturellen Bereich. Dort gibt es in der Tat literarische, musikalische, architektonische, filmische und wissenschaftlich-technologische Einwegware, die dem zwölfteiligen Plastikbesteck in nichts nachsteht.

Kritik an der Kritik

Betrachten wir doch einmal einen Moment lang die grundsätzliche Aufgabe der Kritik, denn die Bildung unseres individuellen Geschmacks hängt zum großen Teil davon ab, welche Rolle die kritischen Urteile, die wir in der Schule, aus den Lehrbüchern und außerhalb der Schule mitbekommen haben, für uns spielen. Die Lehrer sind unsere ersten und wichtigsten Kritikmodelle. Sie vermitteln uns ihre Ansichten und ihre ästhetischen Wertvorstellungen nicht nur direkt und lauthals in der Klasse, sondern auch indirekt, durch ihre Korrekturen, ihr Schweigen, den Gesichtsausdruck, die Intonation. Ein etwas geringerer Stellenwert kommt den Kritikmodellen zu, die wir in unseren Schulbüchern vorfinden. Doch bereits dort erscheint uns manches fremd und entrückt, denn viele Urteile klingen unnötigerweise rhetorisch, wenn nicht sogar überholt. Der Stil der Kritik drängt beinahe unwiderstehlich dazu, zuviel zu reden, einfach drauflosplappern, einen Trommelwirbel auszulösen. Bestimmte verschachtelte Satzgefüge, bestimmte geschraubte Ausdrücke der Kritiker bringen uns mal zum Lachen, mal zum Gähnen oder sie stopfen uns einfach ein für allemal den Mund. Wer trägt die Schuld? Die vernünftigste Antwort auf diese Frage erscheint mir, daß es zum Teil unsere Schuld ist, und zwar bedingt durch Unempfindlichkeit, Oberflächlichkeit und mangelnde Lust, sich genauer mit der Materie auseinanderzusetzen, aber zum Teil auch bedingt durch gewisse den Kritikern eigene Stilfehler. Um das ganze besser zu durchschauen, ist es nötig, eben diese Fehler auch außerhalb der Lehrbücher nachzuweisen.

In vielen Bereichen wird Kritik formuliert, die nichts mit Schule zu tun hat, und die einen wegen ihres intimen Charakters geradezu zum Schwadronieren verleitet: Dazu gehören zum Beispiel die Musikkritik und die Kritik an der Kochkunst. Nur wenigen gelingt es, auch dann noch hohe Literatur zu verfassen, wenn sie die Premieren an großen Häusern rezensieren. Die meisten Konzert-Programmhefte oder erläuternden Schallplattenbeilagen ergehen sich in schmalzigen Sätzen, gespickt mit hochgestochenen Wörtern, ohne Hand und Fuß. Sicherlich ist es nicht einfach, Empfindungen mit Worten auszudrücken. Der beste Beweis dafür ist die Charakterisierung von Weinen durch »voller Körper«, »Brillanz« und »vollmundig«, die den musikalischen Ergüssen wie »chromatisch«, »Levitation« und »Struktur« in nichts nachsteht. Merkwürdigerweise können diese beiden Kritikbereiche, die auf den ersten Blick ganz unterschiedlich scheinen, sich gegenseitig sehr gut die Eigenschaftswörter abspenstig machen. Wenn man auf diesen Gebieten nicht gerade ein Meister ist, dann besteht die ehrlichste Form einer Annäherung vielleicht darin, sich auf objektive Fakten zu beschränken und Informationen weiterzugeben. Dies kann etwa durch das Erzählen der Geschichte und der Kulturlandschaft des Produktes erfolgen, egal ob es sich dabei um einen Rotwein oder um eine Sinfonie handelt. Man sollte sich keinesfalls abmühen, das Unbeschreibbare zu beschreiben. Der Pennäler, der in einem Aufsatz über die Bildhauerei Michelangelos erklärte, vor allem »die Leere der Fülle und die Fülle der Leere« zu bewundern, befindet sich im Grunde genommen in bester Gesellschaft mit einigen reifen und versierten Kritikern.

Trotzdem erlebt man hin und wieder Situationen, die – aufgrund einer klugen und treffenden Bemerkung – plötzlich eine besondere Bedeutung erlangen und etwas lehren, was über das Gewöhnliche hinausgeht. Man muß gewiß nicht »bedeutend« und Nobelpreisträger sein, um mit einer scharfsinnigen Bemerkung genau ins Schwarze zu treffen. Bisweilen genügt auch der schlagfertige, vielleicht ironische Einwurf eines nicht außerordentlich »gebildeten« Menschen. Monatelang, möglicherweise jahrelang oder sogar für den Rest des Lebens ist diese Situation in unserer Erinnerung unvermeidlich und vollständig an die Bedeutung geknüpft, die ihr jene Bemerkung oder jener Einwurf gegeben hat. Ich bin sicher, daß das eine allen bekannte Erfahrung ist, von der ich nun ausgehen möchte, um die Grundfunktion der Kritik in ihrem Kern zu erfassen.

Als ich vierzehn Jahre alt war, nahm ich an einer organisierten Reise in die Sowjetunion teil. So wie man in Paris den Eiffelturm besteigt und in Rom das Kolosseum besucht, stand in Moskau die Besichtigung des Mausoleums auf dem Roten Platz auf dem Programm, wo die sterblichen Hüllen Stalins und Lenins noch nebeneinander aufgebahrt waren. Es war eine dieser üblichen Besichtigungen von Bildungsstätten, zumindest glaubten wir das. Das schicksalhafte Wort *Delegatzia* (also »Delegation«, eine Art Zauberformel, die damals alle Türen und Tore öffnete) vor uns hermurmelnd stellten wir uns nur wenige Meter vor dem Eingang in die Reihe und umgingen auf diese Weise ganz unverfroren eine kilometerlange Schlange, die sich, wie jeden Tag, unendlich weit hinzog. Wir erfuhren, daß jene disziplinierte Menschenmenge, die Warten ebenso gewöhnt ist wie diese Art von Übergriffen, aus allen Teilen der Sowjetunion herbeikam, Tage und Nächte im Zug gereist war und mit Sicherheit die ganze letzte Nacht lang unter freiem Himmel zugebracht hatte, nur um sich schon einmal einen Platz in der Schlange zu sichern. Ein sympathischer junger Mann aus Mailand, Sportjournalist, Mitglied unserer Reisegruppe und leidenschaftlicher Antikommunist (zumindest schätzte ich ihn so ein) betete eine ewige Litanei bissiger und geistreicher Bemerkungen herunter. Er war genauso verlegen wie wir alle wegen des Privilegs, das uns gewährt worden war (eine Viertelstunde Wartezeit, anstatt viele Stunden, wenn nicht sogar Tage), als er plötzlich, scharf wie immer, herausplatzte: »Das hätte man uns in Lourdes oder Loreto nicht erlaubt.« Wir folgten dem Besucherstrom, und als wir schließlich in der halbdunklen Krypta vor den beiden einbalsamierten Leichnamen standen, sagte er ganz leise zu mir: »Wer weiß, um was für eine Art Gnade man diese zwei Schurken hier bittet.« Der Vergleich setzte sich in mir fest, und noch heute gelingt es mir nicht, an das Mausoleum auf dem Roten Platz zurückzudenken, ohne daß mir zugleich dieser Satz einfällt. Offengestanden erscheint mir seine Bemerkung im Nachhinein simpel und grundlos zynisch. Aber damals herrschten andere Zeiten, ich war erst vierzehn Jahre alt, und diese Intuitionen sind zudem nur schwer analysierbar und begreifbar. Es handelt sich dabei vor allen Dingen um einen ganz intimen und persönlichen Bewußtwerdungsakt, den man anderen nicht so ohne weiteres vermitteln kann. Mein persönlich erlebtes Beispiel soll zeigen, wie ein Satz, eine Bemerkung oder ein bissiger Einwurf einer Situation einen völlig anderen Sinn geben kann. Fast immer stellt sich dieser Effekt dann ein, wenn eine Intuition, die schon längst in einem schlummerte, ohne jedoch an die Bewußtseinsoberfläche gekommen zu sein, klipp und klar beim Namen genannt wird. Der Effekt ist nicht auf irgendeine neue Information zurückzuführen, sondern etwas, was wir schon längst wußten – ohne daß uns jedoch bewußt war, daß wir es wußten – wird in Worte gefaßt. Die Grundfunktion der Kritik ist, wenn auch auf niedrigster Stufe, bereits in diesen kleinen, ganz persönlichen, »unübertragbaren« Episoden vorhanden. Auf diesem bescheidenen Niveau beeindruckt die Bemerkung oder der Einwurf nur uns und zwar ganz subjektiv. Selten wird der Sinn, die Lehre auch von anderen begriffen. Gerade wenn wir darüber berichten, verspüren wir unser Unvermögen, die Sinnvielfalt, die wir daraus gezogen haben, gleichermaßen weiterzugeben. Die Aufgabe der großen Kritik ist jedoch, diese Sinnvielfalt, diese plötzlich aufleuchtenden Intuitionen zu enthüllen und mitzuteilen und zwar allen. Sobald sich unser Geschmack einmal verfeinert hat, durch Bildung bereichert ist und sich auf reifere Erfahrungen stützen kann, hilft uns diese Art der Erleuchtung, Büchern, die wir lesen, Filmen, die wir sehen, und Kunstwerken, die wir bewundern, einen neuen, konzisen und unvergeßlichen Sinn zu geben. Die Aufgabe der Kritik ist es, unsere noch unausgegorenen Ideen und Intuitionen neu zu ordnen, uns Genaueres, Tieferes vor Augen zu halten, uns mit uns selbst und mit dem, was uns umgibt, in Einklang zu bringen. Kleine, banale Episoden zeigen, daß diese Funktion im Embryonalstadium auch in unseren alltäglichen Gesprächen vorhanden ist. Sie ist keineswegs das Monopol ausgewiesener Kritiker und übermäßig anspruchsvoller Fachliteratur.

Die Entwicklung einer ausgewogenen Kritik

Es war mir wichtig, die Kritikfunktion ein wenig zu entmythologisieren. Jeder wird schon einmal die Erfahrung gemacht haben, von den Äußerungen eines Lehrers, eines Journalisten, eines Schriftstellers, eines Redners, eines Gelehrten beeindruckt gewesen zu sein. Das unauslöschliche Zeichen, das diese Worte in uns hinterlassen, erkennt man daran, daß wir sie zitieren, sie auf andere Situationen anwenden, ja sie häufig sogar ganz arglos zu unseren eigenen machen. Auch auf den Gebieten der Literatur, der Kunst, der Geschichte oder der Wissenschaft prägen sich uns bisweilen Urteile, Formeln, Interpretationen, Erläuterungen ein, die dem, was man gelernt hat, einen endgültigen Sinn geben, die uns helfen, eine wichtige Vorlesung im Gedächtnis zu behalten, die Anhaltspunkte, intellektuelle Koordinatensysteme, Werte in uns festschreiben. Mit klarem und konzisem Gedanken werden so in wenigen Zeilen eine Unmenge von Fakten zusammengefaßt.

Die Liebe zur Sprache und Literatur

Seit Menschengedenken weisen die ersten Worte eines Kindes ein besonderes Charakteristikum auf: sie bestehen aus sich wiederholenden Lauten – Mama, Papa, Dada, Baba. Dies gilt für alle Sprachen. Am Anfang geben wir alle also den alliterierenden Wörtern den Vorzug, jenen, die den gleichen Anlaut haben. Die beinahe magische Macht der Alliterationen zeigt, daß vom zarten Kindesalter an, unser außergewöhnliches Sprachvermögen auch die Melodie der Sprache in hohem Maße zu berücksichtigen scheint. Das subtile Vergnügen, das uns das Hören von Lauten unserer Muttersprache verschafft, ist Teil unserer Natur. Wir empfinden es auch dann, wenn es uns nicht bewußt ist.

Phonetiker, Phonologen und Psycholinguisten haben herausgefunden, daß das spezielle Gehör für unsere Sprache eines der komplexesten, feinfühligsten und erstaunlichsten Systeme des gesamten Universums ist. Nicht einmal die ausgeklügeltsten Computer sind in der Lage, das Sprachgefühl sogar eines unbegabten Kindes im Alter von fünf oder sechs Jahren auch nur ansatzweise nachzuahmen. Für sich genommen oder in Kombination mit richtiger Musik, im Gesang, gehört das Sprachvergnügen zu den grundlegenden, wenn auch bescheidenen Genüssen des Lebens. So wundert es kaum, daß der Mensch seit jeher bestrebt war, diese hervorragende linguistisch-musikalische Fähigkeit auszukosten, zu erweitern und zu schulen. Die Dichtung ist vielleicht der vollkommene und reine Ausdruck dieser Fähigkeit, die zum größten Teil angeboren ist und Allgemeingültigkeit besitzt. In der Tat gibt es keine menschliche Kultur, die weder Dichtung noch Gesang hervorgebracht, beziehungsweise sich nicht daran ergötzt hätte. Das sprachliche Gehör und das musikalische Gehör sind voneinander getrennt. Es sind verschiedenartige Fälle von Gehirnschäden bekannt, die den einen Teil befallen, den anderen jedoch intakt lassen. Im Gesang gehen diese beiden separaten »Ohren« freilich eine Verbindung ein und bringen sich miteinander in Einklang.

Die Lust an Dichtung und Literatur wird mittlerweile nur noch in der Schule geweckt und vertieft. Längst sind die Zeiten vorbei, in denen Dichter und Bänkelsänger durch die Straßen zogen und Menschenmassen auf den Marktplätzen anlockten. Auch auf Hochzeiten, bei Tauffeiern und privaten wie öffentlichen Feierlichkeiten sind sie heute nicht mehr anzutreffen. Es wäre schwierig, gegenwärtig Institutionen der Literatur, »National«dichter oder Schriftsteller und Schriftstellerinnen als Symbolfiguren eines bestimmten politischen Regimes zu benennen, so wie es sie noch vor kurzem gab: Vladimir Majakovskij, Sergej Esenin und Anna Achmatova in der Sowjetunion, Paul Eluard, Louis Aragon und Jacques Prévert in Frankreich, Federico Garcia Lorca im republikanischen Spanien und Pablo Neruda im demokratischen Chile.

Die beiden letztgenannten wurden eben deshalb von den Faschisten verfolgt, weil sie Symbole waren, die es auszuschalten galt. Zu den Feierlichkeiten anläßlich seines Amtsantritts hatte Präsident Kennedy den großen amerikanischen Dichter Robert Frost eingeladen, Verse auf der Bühne zu deklamieren. Allerdings ist mir nicht bekannt, daß sich soviel lobenswerter guter Geschmack jemals wiederholt hätte, weder in Washington noch in irgendeiner anderen Hauptstadt. Mit dem Tode Montales, Ungarettis und Quasimodos ist auch in Italien die Tradition der Dichter erloschen, denen unisono nationaler Wert zugesprochen wurde. Literaten haben es in der heutigen Zeit sehr schwer. Es ist unvorstellbar, sich seinen Lebensunterhalt mit Lyrik zu verdienen, selbst wenn man noch so anspruchslos ist. Sogar die simpelsten Amateure verschwinden allmählich von der Bildfläche, und die noch vor wenigen Jahrzehnten in den besseren Kreisen gepflegten Dichterlesungen, die in wöchentlichem Abstand stattfindenden Treffen von Literaturliebhabern, werden immer seltener. Zwar lassen sich einige sporadische und ermutigende Anzeichen für ihr Wiederaufleben feststellen, aber im allgemeinen ist Literatur doch nicht mehr in, sie erregt einfach kein Aufsehen mehr.

Wie ich bereits angedeutet habe, zeigt uns die Geschichte unserer Kultur, daß es nicht immer so gewesen ist. Noch zu Beginn dieses Jahrhunderts waren die Aufforderungen zum Verse schmieden und die poetischen Improvisationen anläßlich eines Hochzeitsmahls durchaus üblich. Die Bänkelsänger zogen von Jahrmarkt zu Jahrmarkt, von Rummelplatz zu Rummelplatz, und selbst Marionetten sprachen häufig in Versen. Bevor es überhaupt Fernsehgeräte und bespielte Kassetten gab, die heutzutage selbst von den allerjüngsten geschickt in die entsprechenden gelben und rosafarbenen Rekorder geschoben werden, vergnügten sich Kinder an den Auszählreimen und Gedichtchen, die Mütter, Großmütter und Kindermädchen ihnen aufsagten. Sie waren begierig, immer wieder neue zu lernen, und es machte ihnen Spaß, eigene zu erfinden. Es herrschten andere Zeiten.

Wo würden wir heute, außerhalb der Schule, Ansätze von Poesie suchen? Da bleiben uns nur die Wortspiele, die Doppeldeutigkeit der Witze und die allgegenwärtigen Werbeslogans. Auch diese ganz dürftigen Äußerungen stützen sich auf unsere Fähigkeit, die Melodie der Wörter wahrzunehmen. Wer jemals mit wahrer Dichtung in Berührung gekommen ist, dem wird es in der Seele wehtun, wenn er sieht, wie jener erlesene Appetit an einem so kärglichen Büffet befriedigt wird. In diesem poetischen Ödland hat die Schule zweifelsohne die Aufgabe, die in uns steckende Fähigkeit weiter auszubauen, indem sie uns durch den Lernprozeß ermöglicht, einen guten Geschmack für Dichtung zu entwickeln.

Der Vergleich mit dem zwölfteiligen Plastikbesteck wird anhand der folgenden Anekdote noch deutlicher und offensichtlicher. Vor nunmehr vielen Jahren gestand mir ein damals längst pensionierter Polizist, der gelegentlich noch in der Firma meines Bruders aushalf, daß er sich häufig zum Spaziergang auf einen großen Friedhof begab, um die in Reime gefaßten Inschriften auf den Grabsteinen zu lesen und auswendig zu lernen. Er war ein unbescholtener Mensch, der kaum des Lesens und Schreibens mächtig war. Es gefiel ihm, die Inschriften wieder und wieder zu lesen, Inschriften, die in vergangenen Epochen von Menschen angebracht worden waren, die ein weitaus erbärmlicheres Dasein fristeten als wir. Sie stammten aus einer Zeit, in der die Dichter noch ein paar Groschen mit solch unbedeutenden Beschäftigungen einheimsen konnten. Einmal trug er mir ganz emphatisch und mit sichtbarer Ergriffenheit einige der von ihm bevorzugten Grabgedichte vor. Ich fand sie allesamt entsetzlich, hütete mich aber selbstverständlich davor, ihm das zu sagen. Statt dessen beschränkte ich mich darauf, ihn zu fragen, warum er nicht zu Hause oder in irgendeiner anderen, weniger düsteren Umgebung Gedichtbände läse, was doch bestimmt viel bequemer sei. Seine Antwort war herzergreifend und entwaffnend zugleich. Er entgegnete, daß er es vor allem genoß, im Freien zu sein und über diesen schönen, ruhigen Friedhof, zwischen Zypressen und Skulpturen zu spazieren. Da er sowieso regelmäßig das Grab seiner Frau besuchte, nahm er gleichzeitig die Gelegenheit wahr, ein wenig zwischen den Grabsteinen umherzuschweifen. Außerdem sah er schlecht, und die Grabinschriften waren in Großbuchstaben eingemeißelt. Alle Gedichte waren kurz, und das gefiel ihm sehr. Mit rührender Bescheidenheit fügte er schließlich hinzu, daß er diese Art Poesie verstand – ganz im Gegensatz zur Dichtung der großen Dichter. Seine Erklärung war um vieles ergreifender als seine Grabreime, und ich versicherte ihm, daß er sich wirklich glücklich schätzen konnte, einen so befriedigenden Zeitvertreib gefunden zu haben. Ich denke immer mit Zuneigung und Sympathie an ihn zurück, und das nicht zuletzt wegen seiner einfachen, grundlegenden Freude an Dichtung. Ich würdige ihn durchaus, wenn ich mir erlaube, seine Grenzen, seine eingestandene Unfähigkeit, die wahre Dichtung zu begreifen, als Aufforderung an uns alle zu benutzen, frühzeitig und gänzlich unsere Vorliebe für Lyrik zu entwickeln. Die Freude daran ist immer vorhanden, denn sie ist natürlich, aber man muß sie formen, damit sie auf die beste Art zum Ausdruck kommt.

Wenn wir diese Vorliebe für einfache Grabreime als das untere Extrem der Liebe zur Dichtung nehmen, dann scheint mir als entgegengesetztes Extrem der perfekte Genuß zu stehen, den ein Stück aus *Alcyone* von Gabriele d'Annunzio in uns auslöst, das Enzo Mandruzzato auf ganz geniale Weise an das Ende seines Buches *Il piacere del latino* stellte. Kapitel für Kapitel rekonstruiert er auf sorgfältige, aber auch unterhaltsame Art, den tiefen Sinn der lateinischen Sprache und der römischen Welt, der klassischen Kultur, des Ur-Italienisch. Dann läßt er vor unseren Augen die Kontinuität des poetischen Rhythmus der lateinischen Sprache und die Neuheiten, die das Versmaß unserer Dichter – von den ältesten bis hin zu den »Dekadenten« – darstellen, ineinanderfließen, ohne dabei die Übereinstimmungen mit den Rhythmen anderer europäischer Sprachen außer acht zu lassen. Schließlich konfrontiert er uns direkt, ohne jeden weiteren Kommentar, mit dem Gedicht von d'Annunzio. Die Wirkung ist erstaunlich. Alle Assonanzen kehren wieder, seine ganze wohl durchdachte Vorbereitung trägt mit einem Mal Früchte.

Das Ohr muß erst einmal darauf vorbereitet werden, die raffiniert einfache Melodie überhaupt zu erkennen. Für Mandruzzato fordert das Werk d'Annunzios vom Leser sowohl die Liebe zur Natur als auch zur Sprache.

Aber erfüllt unser Pensionär, der so gern über den Friedhof spazierte, etwa nicht diese beiden Voraussetzungen? Und ist nicht auch er vollkommen ergriffen von diesen erbärmlichen Gedichten? Wie schade jedoch, diese Vorlieben mit so billiger, dichterischer Ramschware befriedigen zu müssen.

Wir haben uns also vorzustellen, daß die Entwicklung unserer individuellen, poetischen Neigung zwischen diesen beiden Extremen heranreift. Die angeborene und häufig unterdrückte Freude an Dichtung ist die entscheidende Kraft, die uns auf diesem langen

Weg vorwärts treibt, gleichgültig ob dieser zwischen einfachen Grabsteinen oder zwischen den Meisterwerken der poetischen Tradition verläuft. Aber es gibt Wege, die sich nicht so einfach, ohne jegliche weiterführende historische und ästhetische Vorbereitung improvisieren lassen. Einmal mehr gilt auch hier der Grundsatz, daß keine noch so objektive Formel darüber entscheidet, was schön ist. Der Beurteilungsmaßstab besteht allein darin, daß nach der Lektüre früherer wie zeitgenössischer Meisterwerke unser Organ, unser Geschmack, nicht mehr auf ein gewisses Niveau verzichten kann und will. Die innige Liebe zur Natur und Sprache weiß jetzt, was sie von einem Gedicht verlangen kann.

Die Liebe zur Philosophie

In der großen, weiten Welt außerhalb der Schule gibt es drei verschiedene Arten, Philosophie zu begreifen und zu leben: Die Philosophie als Wissenschaft unter anderen Wissenschaften, bei der man sich präzise Probleme vornimmt und versucht, diese zu lösen, die Philosophie als Geschichte der großen Ideen, bei der man rekonstruiert, was große Denker der Vergangenheit wirklich gesagt haben, und die Philosophie, die der Erziehung zur Weisheit sehr nahekommt. Letztere entspricht der Vorstellung, die man sich gemeinhin macht, wenn man sagt, daß jemand die Dinge »philosophisch sieht«, das heißt, mit Gelassenheit zu nehmen weiß. Nach diesem verbreiteten Bild erwartet man, daß die Philosophie, im Gegensatz zu jeder anderen Wissenschaft, auch ein Stück Weisheit vermittelt. Sie soll uns dabei helfen, nicht nur mehr zu wissen, sondern auch ein besseres Leben zu führen, nicht nur die Welt zu verstehen, sondern auch uns selbst. Dem entgegengesetzt gehört die Philosophie, die man in der Schule lernt, fast ausschließlich der zweiten Kategorie an: eine sukzessive Rekonstruktion dessen, was einige große Denker der Vergangenheit (auch einer nicht allzu weit zurückliegenden Vergangenheit) geäußert haben. Die Komponente der Erziehung zur Weisheit ist darin nur ganz am Rande enthalten. Die erste Art von Philosophie, die Ausbildung zu einer philosophischen Spitzenforschung, spielt an den Schulen so gut wie keine Rolle. Nur selten steht am Ende der Schulzeit oder des Philosophiestudiums an einigen unserer Universitäten die Erkenntnis, daß es immer noch möglich ist, sich ein neues, philosophisches Problem zu stellen und es zu lösen. Man gibt sich bestenfalls der Hoffnung hin, neue Interpretationen der Philosophen ausfindig zu machen, die längst der Vergangenheit angehören, oder neue Zusammenhänge zwischen bekannten philosophischen Thesen nachzuweisen. Die Auffassung, die Philosophie sei bereits am Ende angelangt, wurde zu Beginn dieses Jahrhunderts zu Recht von Bertrand Russell verworfen. Dieser wies seine Oxforter Kollegen nämlich auf folgendes hin: Wenn Leibniz, Hume, Kant und Hegel die Philosophie ebenso aufgefaßt hätten, dann hätten sie sich darauf beschränkt, sich lang und breit über die Werke Platons und Aristoteles' auszulassen. Mit der Einführung (oder Wiedereinsetzung) einer anders gearteten Tradition entdeckte Russell viele neue philosophische Probleme, die er zum Teil auch löste. Dabei dachte er nicht daran, dort stehenzubleiben, wo seine Vorgänger haltgemacht hatten.

Man kann Philosophie für eine, wenn auch ungenaue und vorübergehende, Antwort auf alle großen »Warum-Fragen« halten, die jeden Menschen beschäftigen. Es gibt Fragen, die sich jedes Kind spontan stellt. Dabei beziehe ich mich nicht allein auf so weitreichende Fragen wie: Warum existiert die Welt? Warum existieren wir? Welchen Sinn hat unser Leben? Gibt es nach dem Tod noch etwas? Vielmehr beziehe ich mich auf eine Unmenge von viel präziseren Fragen, die das etwas größere Kind sich selbst wie auch Eltern und Lehrern stellt. Es sind Fragen, die uns überraschen und verblüffen, Fragen, auf die wir in Kürze keine befriedigende Antwort geben können. So hörte ich im Gespräch mit Kindern unter anderem: »Warum sind die Gedanken im Gehirn?«; »Gibt es etwas, was nicht aus Material besteht?«; »Warum haben die Dinge, die wir kaufen, einen Preis?«; »Warum steckt man den Soldaten, der im Krieg einen Feind erschießt, nicht wegen Mordes ins Gefängnis?«; »Befinden sich die Kunstwerke im Museum, weil sie allen gefallen, oder gefallen sie allen, weil sie im Museum sind?«; »Warum sprechen wir nicht alle dieselbe Sprache?«.

Das Verblüffende an diesen Fragen ist, daß sich zwar kurzerhand irgendeine Antwort finden läßt. Um jedoch eine rechte Antwort geben zu können, muß sich jeder von uns solch eine Frage erst einmal bewußt machen und unzählige Überlegungen anstellen, die ganz verschiedene Wissensgebiete berühren. Ein einziges Wissensgebiet nämlich gibt meist keine hinreichenden Antworten auf solche Fragen. Die Antworten gleichen vielmehr einem Mosaik von Kenntnissen und Reflexionen. Doch sollte die Philosophie eines Tages jedem ermöglichen, vernünftige Antworten auf Fragen dieser Art zu rekonstruieren. Das setzt jedoch voraus, daß Philosophie entsprechend gelehrt wird. Zwar wird sie uns selbst dann keine eindeutigen Antworten liefern, aber sie wird uns eine Methode sowie eine Reihe von Argumenten an die Hand geben, um die vielen, verstreuten Bausteine vernünftig zusammenzusetzen.

Jeder, der Lehrerfahrung mit Philosophie hat und an improvisierten philosophischen Diskussionen teilgenommen hat, die übrigens oftmals außerordentlich amüsant sind, weiß, daß der Laie (im besten Fall) das Fahrrad oder (im schlimmsten Fall) das Perpetuum mobile wiederentdeckt. Man ist immer versucht, in die Diskussion einzuwerfen: »Das hatte schon X gesagt, aber Y hielt dagegen, daß...« Wenn man nicht unbedingt den Pedanten herauskehren will, dann gibt es immer noch die Möglichkeit, ohne Namen zu nennen, darauf hinzuweisen, daß jene These, jene Argumentation aufgrund des einen oder anderen hinlänglich bekannten Einwandes unhaltbar ist.

Ich erinnere mich an eine angenehme Zugfahrt von Florenz nach Rom, während der ein junger Soldat, durch und durch Atheist, ein ausgiebiges, philosophisches Gespräch mit einer Gruppe von Pilgern begann, die – mitsamt Pfarrer – auf dem Weg nach Cortona und Assisi waren. Ohne sich im geringsten darüber bewußt zu sein, brachte der Soldat gegen den stolzen Widerstand der Gläubigen und des Pfarrers, der philosophisch um einiges besser gerüstet war, innerhalb von zwei Stunden, all die klassischen, skeptischen Argumente hervor, die schon die Philosophen ins Feld geführt haben. Ich blieb ganz ruhig und hielt mich aus dem sympathischen Wortgefecht heraus, kam aber unweigerlich zu dem Schluß, daß bei einem so ausgeprägten, spontanen Interesse für philosophische Gedankengänge die Kenntnis der Philosophiegeschichte von außerordentlichem Nutzen ist, um sich über die eigenen Ideen klar zu werden. Sie trägt dazu bei, die eigenen Argumentationsmöglichkeiten voranzubringen. Als die Gläubigen in Terontola ausstiegen, riet ich dem Soldaten, sein eindeutiges Interesse für Philosophie weiterzubilden und einige Klassiker des Atheismus zu lesen (wenn ich mich recht erinnere, empfahl ich ihm spezielle Schriften von Hume, Kant, Croce und Russell). Gewiß, typisch Lehrer, aber ich fand es schade, daß soviel Begabung und eine durchaus nicht übliche philosophische Intelligenz dazu verschwendet wurden, bereits Gesagtes zu wiederholen, wo es statt dessen die Möglichkeit gibt, an einem bereits erreichten Punkt anzusetzen und von dort aus weiterzugehen – auf jeden Fall weit über das Niveau der Diskussion hinaus, die kurz zuvor in jenem Zugabteil verstummt war.

In den darauffolgenden Jahren habe ich das Phänomen einer unbewußten und wilden Wiederentdeckung der Philosophiegeschichte häufig erlebt. Der Grund, weshalb diese Wiederentdeckungen nicht zu vermeiden sind, bleibt ein Rätsel, trotzdem können wir wenigstens einige Teilerklärungen wagen. Die besten philosophischen Köpfe entdecken sofort die natürlichsten und attraktivsten Ideen und formulieren diese so scharf wie nur möglich. Ausgehend von den Schlüssen, die ihre Vorgänger gezogen haben, entdecken große, philosophische Denker neue Widersprüche, sie schlagen neue Wege ein und verleihen ihren Gedanken einmal mehr den folgerichtigen und exemplarischen Ausdruck. So setzt sich die Kette fort. Da wir es mit großen Philosophen zu tun haben, sind diese auch in der Lage, klare Zusammenhänge und fast perfekte Exempel aufzuzeigen. In dem Moment, wo wir also wild vor uns hinphilosophieren und obendrein noch ein gewisses Talent dazu haben, ist es im besten Falle beinahe unvermeidlich, daß wir, ohne es zu wissen, bereits begangene Wege beschreiten. Deshalb halte ich die Kenntnis der Geschichte der Philosophie für absolut unerläßlich, um eigenständig zu philosophieren. Sie macht uns zu besseren Philosophen, und sie lehrt uns, wenigstens indirekt, besser zu leben; letzteres deshalb, weil sie uns sowohl mit den Ergebnissen konfrontiert, die die größten philosophischen Denker erzielt haben, als auch an die vorgerücktesten Punkte des Denkens bringt, von denen aus wir zu unserer persönlichen, unverfälschten Erkundung aufbrechen können. Ohne die Kenntnis der Philosophiegeschichte bleibt das philosophische Potential jedes einzelnen, vor allem wenn es groß ist, unterdrückt oder kreist im leeren Raum.

Wir werden entdecken, daß es überhaupt nicht wahr ist, daß die großen Philosophen kompliziert schreiben. Oft drücken sie sich sogar viel verständlicher aus als die weniger bedeutenden. So kommt es beispielsweise häufig vor, daß ein Klassiker der Philosophie um einiges lesbarer ist als das Vorwort und die Anmerkungen des Herausgebers. Bei der Entwicklung unserer philosophischen Neigung werden wir auch lernen, uns direkt in den Text selbst zu vertiefen und gewisse zähflüssige und zermürbende Vorworte einfach zu überspringen. Die großen Philosophen schrieben, weil sie die Welt und den Platz, den der Mensch darin einnimmt, besser begreifen wollten, während dieser oder jener Herausgeber heutzutage womöglich nur schreibt, um sich irgendwie einen Lehrstuhl zu ergattern. Wer diesen Unterschied wahrnimmt, hat bereits eine Liebe zur Philosophie entwickelt.

Die Liebe zur Mathematik

Die Liebe zur Mathematik ist bei weitem am schwierigsten zu entwickeln. Im Gegensatz zur poetischen Neigung haben wir sie nicht a priori in uns. Sie wächst und reift, wie wir sehen werden, indem sie eine Art Gewalt auf unsere fest verankerten geistigen Reflexe ausübt. In gewissem Sinne besteht das Vergnügen an der Mathematik darin, zu sehen, wie unsere Vernunft über unsere Natur siegt. Es versteht sich von selbst, daß auch die Vernunft Teil unserer Natur ist, aber das darf nicht die Tatsache verschleiern, daß wir uns bei der Mathematik ein wenig im Kampf mit uns selbst befinden. Dieser Kampf vollzieht sich vor allem in der Mathematik, wie sie an der Schule unterrichtet wird. Daneben existiert noch eine andere Mathematik, nämlich die der großen Mathematiker. Dieser Mathematik haben wir mehr als Seefahrern und Astronauten den Zugang zu neuen Welten zu verdanken. Die Mathematik jedoch, die wir uns jetzt vornehmen wollen, wird von vielen als sadistisch angesehen, weil sie zur Verzweiflung treibt. Versuchen wir zu ergründen, warum so viele sie so sehr hassen! Wir werden sehen, was man tun kann, um wenigstens einen heimlichen Waffenstillstand zwischen der Mathematik und denjenigen, die sie verabscheuen, herbeizuführen, wenn schon keine offene Verbrüderung möglich ist.

Es fällt uns schwer, Zahlen anders aufzufassen als das bloße Abzählen. Die Auffassung der Zahl als Mengenbestimmung kommt uns ganz natürlich und spontan. Wenn man drei Stifte hat und weitere sechs hinzufügt, dann macht das neun Stifte. Die Schwierigkeiten beginnen, wenn es darum geht, die Zahlen nicht unter dem Aspekt von »Quantität« zu betrachten, sondern nach dem, was sie darstellen. So ist die natürliche Zahl zwei nicht genau dasselbe wie die ganze Zahl mit positivem Vorzeichen +2, und sie ist auch nicht dasselbe wie die reale Zahl 2, die man aus einem gewissen Schnitt der Zahlengeraden oder mittels einer bestimmten unendlichen Summe erhält. Da hört es meistens schon auf. Für uns ist die Zwei die Zwei. Wenn sie dann auch noch all das andere darstellen soll und darüber hinaus die Quadratwurzel aus vier und die Kubikwurzel aus acht ist, dann erscheint uns das als unwahrscheinlich kompliziert. In unserer natürlichen Zahlenassoziation, auf die sich der Arithmetikunterricht an den Grundschulen stützt, sind die Zahlen in etwa Namen, wie Peter, Maria oder Robert. Einige dieser Namen sind uns vertraut, andere wiederum sagen uns gar nichts. In unserer Vorstellung existieren Zahlen, die diese Bezeichnung mehr verdienen als andere: eins, zwei, fünf, sieben, zehn, zwanzig, fünfzig, hundert, tausend. Psychologen haben entdeckt, daß gerade diese Zahlen in unserer geistigen Vorstellung, in unserer unbewußten, arithmetischen Gedankenwelt, eine privilegierte Stellung einnehmen. Das erklärt wenigstens zum Teil die Tatsache, weshalb weltweit Banknoten im Werte von eins, zwei, fünf, zehn, zwanzig, fünfzig, hundert, tausend oder deren Vielfachen im Umlauf sind. Es gibt einfach keinen Dreihundertundfünfzig- oder Fünfundsiebzigmarkschein. Nicht nur in unserem Portemonnaie, sondern auch in unseren Köpfen tragen wir also eine kleine Auswahl von Lieblingszahlen mit uns herum, die allerdings in der unendlichen und anonymen Menge der Zahlen untergeht.

Die vertrauten Zahlen

Spezielle psychologische Experimente und jüngste Forschungen bei Patienten, die wegen spezifischer Hirnschäden nicht zählen können, haben ergeben, daß wir alle auf Anhieb die von uns favorisierten Zahlen viel besser erkennen als jede andere Zahl. Obwohl wir gerade und ungerade Zahlen aus dem Effeff erkennen, halten wir die Zwei oder die Vier für »bessere Beispiele« gerader Zahlen als 74 oder 136. Das gleiche gilt für die Fünf oder die Sieben – es sind in unseren Augen einfach »treffendere Beispiele« für ungerade Zahlen als 29 oder 107. In der gesprochenen Sprache verwendet man gewisse Zahlen häufig, andere fast nie. Beim Schreiben werden Zahlen wie fünf, zehn oder einhundertundfünfzig automatisch ausgeschrieben, was sich schon bei sechsundsiebzig seltsam ausnimmt. Wir schreiben in diesem Fall einfach 76 (dabei wäre sechsundsiebzig doch eigentlich etwas kürzer als einhundertundfünfzig!).

All das hat nichts Rationales noch mathematisch Fundiertes an sich, es ist einfach psychologische Realität. Dafür spricht auch, daß wir dazu neigen, Zahlen in unserem Kopf abzurunden. Wieviel hast du für den Wagen bezahlt? Fünfzehntausendfünfhundert. Wieviel kostet das Buch? Achtzig Mark. Nur in ganz speziellen Zusammenhängen, bei Verhandlungen, an der Kasse, in der Bank halten wir uns an exakte Zahlen, im alltäglichen Gespräch kommt das so gut wie nie vor. Unsere Erinnerung rundet immer ab, und das gilt auch für unser Wahrnehmungsvermögen. Geschäftsleute wissen darüber bestens Bescheid, und ihnen ist außerdem klar, daß das Abrunden immer aus Schwäche erfolgt. Wenn ein Artikel im Schaufenster mit dem Preisschild 198,00 ausgezeichnet ist, dann erinnern wir uns nach einigen Minuten an »circa 190,00« und nicht an »circa 200,00«. Auch deswegen sind Preise fast niemals rund, sondern vielmehr ganz nahe an einer runden Zahl, wie etwa 995 oder 1.990. Seltsamerweise kommen sie uns zwangsläufig niedriger vor als sie eigentlich sind, sie liegen für uns näher an 900 beziehungsweise 1.900. Rein psychologisch betrachtet überschreiten sie nicht die Grenze zur nächsthöheren Einheit: an tausend oder zweitausend kommen sie nicht wirklich heran.

Wenn unser merkwürdiges Wahrnehmungsvermögen für Zahlen dem Handel vielleicht sogar zugute kommt, um so verheerender wirkt es sich beim Erlernen von Mathematik aus. Dort ist nämlich kein Platz für solch eine subjektive Werteskala. Dort sind alle Zahlen gleichwertig. Der Unterschied zwischen 1.999 und 2.000 ist eins, und das entspricht haargenau dem Unterschied zwischen 1.998 und 1.999. Bei 1.003 handelt es sich um eine ebenso ungerade Zahl wie 7. Unsere natürliche arithmetische Denkweise und die mathematische Logik stehen im Widerstreit.

Wen wundert es also, daß wir erbitterten Widerstand leisten, sobald man uns dazu bringen will, die psychologische Zahlenskala zu verlassen und uns einer objektiven, rationalen und absoluten Skala zuzuwenden. Wir haben es hier mit einem psychologischen Phänomen zu tun, das das Beispiel vom Kilo Blei und Kilo Federn sehr gut verdeutlicht. Das eine wiegt ebenso viel wie das andere, und trotzdem kommt uns das Kilo Blei schwerer vor. Entgegen der Logik des mathematischen Denkens versteifen wir uns darauf, die Richtigkeit unseres unmittelbaren Gefühls zu verteidigen. Beinahe fühlt man sich von der abstrakten, rein mathematischen Beweisführung hintergangen, unterscheidet sie sich doch so sehr von unserer intuitiven Wahrnehmung.

Nicht alle Wege führen nach Rom

Nehmen wir ein anderes banales Beispiel, das uns zeigt, mit welcher Art von psychologischem Phänomen wir es zu tun haben. Bettina stellt uns ein Rätsel: Was fällt einem spontan zu Rom ein? Es ist die Hauptstadt Italiens? Nein, falsch. In Rom ist der Sitz des Vatikans? Nein, auch falsch. In Rom steht das Kapitol. Wieder nicht geraten. Nach etlichen, angestrengten Versuchen geben wir schließlich auf. Die Lösung lautet: »Es hat drei Buchstaben«. Jetzt gibt es Krach. Bettina hat uns wohl auf den Arm genommen. Was haben die drei Buchstaben denn mit Rom zu tun? Wir dachten an die *Stadt* Rom und nicht an den *Namen* Rom. Du hättest uns sagen müssen, daß es um das Wort ging und nicht um die Sache. Habe ich vielleicht das Gegenteil behauptet? Nein, aber es war doch klar, wie das ganze zu verstehen war. Wieso klar?

Hier gehen die spontanen Denkweisen auseinander. Nur eine Minderheit denkt sofort und hauptsächlich an die drei Buchstaben und nicht ans Kapitol oder an den Papst. Die Mehrheit käme ohne entsprechende Hinweise und Anstöße niemals auf die drei Buchstaben. Aber gerade diese Minderheit hat eine Begabung für Mathematik. Es fällt ihnen nicht schwer, abstrakte und formale Eigenschaften unmittelbar zu erkennen. Bei ihnen handelt es sich um die seltenen Mutanten, denen das Abstrahieren und das Spiel mit abstrakten Entitäten leicht fällt, diejenigen, die auf der Stelle, sozusagen mit einem Spezialauge, die Regelmäßigkeiten und Unregelmäßigkeiten von Quantitäten, Figuren oder Relationen erkennen. Nur allzu gern stürzen sie sich auf Kalkulationen, Kongruenzen und Korrelationen. Rom, drei Buchstaben, drei Millionen Kraftfahrzeuge; London, sechs Buchstaben, sieben Millionen Kraftfahrzeuge (für die Richtigkeit dieser Angaben verbürge ich mich nicht, sie dienen mir nur als Beispiel). Sie addieren die Ziffern der Autokennzeichen und die zurückgelegten Kilometer und erklären uns dann, wie interessant es ist, zu beobachten, daß ... Der Mathematikunterricht an der Schule wird für sie wohl ein angenehmer Zeitvertreib sein.

Geben wir es ruhig zu, in unseren Augen sind es kleine Monster. Sie unterscheiden sich von der Mehrheit der normal Sterblichen, denen diese Art zu denken, diese Zahlengymnastik, diese Kabbala fremd, ja langweilig ist. Für die überwiegende Mehrheit ist die an den Schulen unterrichtete Mathematik bestenfalls eine bittere Pille, die es zu schlucken gilt, im schlimmsten Falle ist sie ein Grund, die Schule vorzeitig zu verlassen.

Um der Mathematik einen Reiz abzugewinnen, ist es erforderlich, das ganze einmal aus einem anderen Blickwinkel zu betrachten. Dabei will ich mich auf das Glücksgefühl stützen, das man empfindet, wenn man mit Mühe eine spontane Scheu, eine natürliche Angst überwunden hat, die einem bis dahin ein Stück Welt verschlossen und den Zugang zu angenehmen und vergnüglichen Aktivitäten versperrt hatte. Wer schwimmen lernt, dem bereitet es Vergnügen, die Angst vor dem Wasser zu überwinden, sich von dem Schrecken zu befreien, wenn den Füßen plötzlich der sichere Boden entzogen wird. Wer segeln lernt weiß, wie gut es tut, wenn die starke Seitenlage des Bootes plötzlich keine Angst mehr bereitet. Aber auch der Mathematikunterricht an der Schule kann uns diese Art Vergnügen verschaffen: zu fühlen, wie wir allmählich mit Größen, Mengen und reinen Relationen vertraut werden – und das entgegen unserer ursprünglichen Empfindung. Mit einiger Mühe und Anstrengung gelingt es einem am Ende doch, die drei Buchstaben als eine wesentliche und evidente Eigenschaft Roms zu betrachten – nicht der Stadt Rom, sondern des Namens oder des Symbols. Das ist der auf ein ganz banales Beispiel reduzierte Grundgedanke.

Beinahe hätte ich vergessen, zu erwähnen, daß die Mathematik auch ausgesprochen brauchbar ist, häufig sogar absolut notwendig. Seit Hunderten von Jahren versucht man, Schülern klarzumachen, wie nützlich die Mathematik ist. Und seit Hunderten von Jahren ist sie Millionen von Schülern derart verhaßt, daß sie es oft nicht einmal zu einer mageren, ausreichenden Note bringen. Das bedeutet, daß die Nützlichkeit nicht dazu beiträgt, die psychologische Sperre in uns zu überwinden. Versuchen wir es also auf andere Weise.

Jetzt geht's den mathematischen Abhang hinunter

Nachdem wir klargestellt haben, daß unsere natürliche Einstellung den Zahlen gegenüber ein reales und allgemein verbreitetes Hindernis darstellt, wollen wir nun versuchen, den Schüler zu motivieren, diese innere Sperre zu überwinden, die natürliche Einstellung zu besiegen. Kommen wir also noch einmal auf unser Rom-Beispiel zurück. So einleuchtend der Unterschied zwischen der Stadt Rom und dem Namen Rom auch sein mag, umso geringer wird er im Falle der mathematischen Größen. Wenn wir bei den Zahlen bleiben und von dem Konzept des Mengenmaßes ausgehen, dann können wir feststellen, daß der Name der Zahlen bzw. ihr schriftlicher Ausdruck, uns eine gewisse Denkweise vorschreibt. Damit hätten wir bereits zwei wenig natürliche und eben deswegen verhaßte Aspekte der Mathematik aufgedeckt: die wesentliche Rolle der Denkweise über die Symbole und die Tatsache, daß unsere Intuition über die Eigenschaften mathematischer Größen keine Gesetze erlassen kann. Anders gesagt sind die Existenz und die Eigenschaften der mathematischen Gebilde etwas, was es zu entdecken gilt, sie lassen sich nicht einfach erfinden oder festschreiben.

Es existieren unabdingbare Verbindlichkeiten, die die mathematischen Größen unserem Denken auferlegen. Wenn man bestimmte Rechenvorgänge durchführt, wenn man bestimmte Eigenschaften zuordnet, dann kommt man im folgenden nicht umhin, bestimmte andere Rechenvorgänge vorzunehmen und bestimmte andere Eigenschaften zuzuordnen. Die zwangsläufigen Merkmale der mathematischen Wahrheit machen uns zu schaffen, denn sie sind weit entfernt von unserer Alltagserfahrung, von unserer natürlichen Subjektivität. Uns ärgert umso mehr, daß die mathematischen Notwendigkeiten nicht etwa von Geldmangel, vom Klima, von der Ortslage, von Marktgesetzen bestimmt werden, sondern von den innewohnenden Eigenschaften der mathematischen Größen. Gleich auf Anhieb paßt es uns nicht, von Symbolen bestimmt zu werden. Dabei sind es gerade die mathematischen Symbole, die uns einen direkten und privilegierten Zugang zur intimen, tiefen Natur der mathematischen Größen verschaffen.

Um nur ein Beispiel davon zu geben, wie der Mathematikunterricht an den Schulen als Aufforderung betrachtet werden kann, sich aus den eigenen geistigen Zwängen zu befreien, wollen wir uns einmal vor Augen führen, wie gewisse Rechenverfahren mit numerischen Symbolen geradezu dazu zwingen, unseren Zahlenbegriff grundlegend zu erweitern. Ein vollständiger Überblick über Begriffe und Eigenschaften wird sich vor uns auftun, wenn wir uns nur einmal (gegen unseren natürlichen Widerstand) der Logik einer Betrachtung über reine Symbole hingeben.

Die unvermeidliche »Kurbelei« der Potenzen

Gehen wir einmal von einer einfachen, anscheinend banalen Konvention aus. Wenn man eine bestimmte Zahl x-mal mit sich selbst multipliziert, ist es keineswegs erforderlich, die ganze Multiplikationskette zu Papier zu bringen. Es genügt, die Basis niederzuschreiben, also die Zahl, die x-mal mit sich selbst multipliziert wird, und die Zahl hochzustellen, die angibt, wie oft sich diese monotone Operation zu wiederholen hat (diese Zahl wird Exponent genannt). Bis hierher erntet man nur ein müdes Gähnen. Nicht sehr anregend, das ganze! Es ist beinahe so, als müßte man sich für die beste Schreibweise entscheiden, um die noch fehlenden Kilometer bis zum nächsten Autobahnkreuz anzugeben: Autobahn Nummer 18, noch 15 Kilometer. Wir könnten zum Beispiel die erste Zahl in rot schreiben und die zweite in grün, oder die erste Zahl in etwas größeren Ziffern und die zweite in kleineren. Es gibt so viele Möglichkeiten. Man entscheidet sich einfach für diejenige, die einem am sinnvollsten erscheint, teilt sie allen Benutzern mit, und das Problem ist gelöst. Genauso verfährt man, wenn eine Vereinbarung getroffen wird. Stellen wir also einmal eine mathematische Konvention auf. Wenn die Zahl achtzehn siebzehnmal mit sich selbst multipliziert werden soll, schreiben wir nur:

$$18^{17}$$

Dabei ist darauf zu achten, das ganze nicht mit

$$17^{18}$$

zu verwechseln, und damit hat es sich. Wir haben Tinte, Papier und Zeit gespart. Die Konvention erweist sich als nützlich, denn wir kommen um das endlose Aneinanderreihen von Multiplikationen herum. Das Gähnen nimmt zu, unsere Aufmerksamkeit weiter ab. Dabei ist es sehr interessant, zu sehen, daß die Konvention uns unerbittlich hin zu einer Reihe ganz erstaunlicher Schlußfolgerungen führt. Was würden wir zum Beispiel zu einer Potenz mit gebrochenem oder gemischtem Exponenten sagen? Da sträubt sich doch alles in uns. Aber mal ehrlich, was für einen Sinn soll es haben, eine Zahl siebeneinhalbmal mit sich selbst zu multiplizieren? Oder ein fünfundzwanzigstel Mal? Das erscheint uns doch ganz absurd. In Fällen wie diesem, bei denen kein unmittelbarer Sinn zu erkennen ist, kann man so viele verschiedenartige Bedeutungen annehmen, daß man am Ende gar nicht weiß, für welche man sich entscheiden soll. Was bedeutet es, wenn einer behauptet, siebeneinhalbmal in Rom gewesen zu sein? Hat er einmal in einem Vorort halt gemacht, ohne ein einziges Mal in die Stadt selbst zu gehen? Oder hat er womöglich auf halbem Wege kehrtgemacht? Oder hat er ein Schlafmittel genommen und den gesamten Romaufenthalt verschlafen? Oder war es stockdunkel, und er hat nicht einmal gemerkt, daß er in Rom war? Alle diese Möglichkeiten und noch viele andere sind denkbar. Wenn wir gezwungen sind, eine Konvention aufzustellen, und ein für allemal zu definieren, was es bedeutet, x-einhalbmal in einer Stadt gewesen zu ein, dann steht es uns frei, uns für irgendeine dieser Situationen zu entscheiden. Wenn einem wirklich sehr daran gelegen ist, dann könnte man auch eine Meinungsumfrage – gekoppelt mit einer Portion gesundem Menschenverstand – heranziehen, die uns diese konventionelle Definition liefert. Stellen wir uns jedoch einmal die Frage, ob wir unbedingt eine solche Definition finden müssen. Ich bin durchaus nicht dieser Ansicht. Wäre sie hilfreich? Der Grund ist nicht einzusehen. Wenn wir uns aber trotzdem dafür entscheiden sollten, gibt es dann vielleicht eine Definition, die sich am Ende immer durchsetzt? Gibt es eine Definition, die logischer und natürlicher ist als jede andere? Die Antwort ist wiederum ein klares Nein.

Im Falle der Bruchzahl-Exponenten ist es jedoch obligatorisch, eine Definition zu finden, es ist äußerst nützlich, und es gibt immer eine, die sich mit unwiderstehlicher Kraft behauptet. Im Grunde geht es um nichts anderes, als dem Geist der ersten Konvention treu zu sein, und weder einer der Eigenschaften der Zahlen und der Operationen, die wir bereits festgelegt haben, zu widersprechen, noch dem Sinn der Konvention selbst entgegenzuhandeln. Gehen wir aber besser etappenweise vor und folgen wir den einzelnen Umdrehungen der Kurbel.

Wie man sich der Paradoxa entledigt

Auf zwei besondere Fälle hätten wir gleich unser Augenmerk richten müssen: Exponent eins und Exponent null. Auch hier entgeht uns der Sinn der Operation. Was bedeutet es, eine Zahl ein einziges Mal mit sich selbst zu multiplizieren? Oder gar nicht (nullmal)? Warum lassen wir diese Sonderfälle nicht einfach beiseite. Warum versuchen wir nicht, schwierige Fälle von uns fernzuhalten? Diese Feigheit wird uns jedoch von unserer Konvention selbst untersagt. Wenn wir uns nämlich einmal entschieden haben, zwei mal zwei mal zwei als zwei noch drei zu schreiben

$$2^3$$

und zwei mal zwei als zwei hoch zwei

$$2^2$$

dann müssen wir zwei hoch eins einfach als die Zahl selbst definieren, das heißt also als zwei. Indem man der Multiplikationskette nach und nach ein Element wegnimmt, verringert sich der Exponent schließlich auf eins; folglich ist jede zu eins erhobene Zahl die Zahl selbst. Hierbei handelt es sich um eine Definition, allerdings um eine Definition, die wir unmöglich hätten weglassen oder auf irgendeine andere Weise hätten geben können. Das verwendete Symbol für die Potenzen verpflichtet uns, einer Sache, die eigentlich keinen Sinn hat, einen präzisen Sinn, und nur das, zu geben: eine Zahl zu eins erheben.

Wir haben einen anderen scheinbaren Widerspruch entdeckt: Die Zahl Zwei einmal mit sich selbst multipliziert müßte vier ergeben, das Resultat lautet allerdings zwei. Die Konvention ist uns sozusagen aus der Kontrolle geraten. Das allgemeine Rezept schreibt vor, sich von den bewährten mathematischen Grundsätzen leiten zu lassen und ihnen bis in die letzten Konsequenzen zu folgen. Man soll keinen Widerstand leisten, man soll nicht immer alles auf die erste Intuition zurückführen.

Der Reiz der Mathematik (die auf diesem Niveau noch ganz elementar ist) besteht vielleicht auch darin, daß sie das einzige Getriebe ist, in das man sich getrost hineinziehen lassen kann. Man beginnt mit einer sicheren Intuition, mit einem bewährten Grundsatz und einem hilfreichen Symbol, es werden gewisse feste und präzise Regeln aufgestellt, und dann dreht man die Kurbel des Getriebes, das wir selbst konstruiert haben und, siehe da, die anfängliche Intuition leistet uns keinen Beistand mehr.

Ich setze den Begriff Konvention jetzt in Anführungszeichen, da es uns nicht ganz freisteht, beliebige Übereinkommen zu treffen. Ebenfalls gegen die Intuition ist es, eine Zahl in die »nullte Potenz« zu erheben. Rein dem Gefühl nach müßte eine nullmal mit sich selbst multiplizierte Zahl Null oder die Zahl selbst ergeben. Null bedeutet nie oder nichts (das sagt uns zumindest der gesunde Menschenverstand), folglich kann eine nie durchgeführte, nicht existierende Multiplikation nichts anderes als null ergeben. Einigen wir uns also auf das eine oder das andere und vergessen das ganze. Wenn wir das jedoch tatsächlich tun, dann kommt das Potenzgetriebe vor unseren Augen zum Stillstand. Wir sind nicht frei, diese Entscheidung zu treffen, noch sind wir frei, keinerlei Entscheidung zu treffen, das heißt, uns vor jeder Art von Definition für die Potenz Null zu drücken. Wir müssen dieser anscheinend so absurden Operation einen Sinn geben! Und es gibt einen Sinn, der sich mit unwiderstehlicher Kraft aufdrängt: Wir müssen zwingend folgern, nicht etwa übereinkommen, daß jedwede in die nullte Potenz erhobene Zahl eins ergibt. Es *muß* eins ergeben. Warum? Vor allen Dingen deshalb, weil unsere anfängliche Konvention uns vorschreibt, die Exponenten zu addieren, wenn weitere Multiplikationen einer Zahl mit sich selbst hinzukommen. Zwei mal zwei mal zwei macht zwei hoch drei.

$$\underset{1}{2} \times \underset{2}{2} \times \underset{3}{2} = 2^3$$

Machen wir weiter, und multiplizieren wir die Zahl zwei *ein weiteres Mal* mit sich selbst.

$$\underset{1}{2} \times \underset{2}{2} \times \underset{3}{2} \times \underset{4}{2} = 2^4$$

Nun erhält man zwei hoch vier (es genügt, zu zählen und die Konvention zu beachten). Sehen wir uns jetzt einmal die beiden folgenden, nur zu gut bekannten Tatsachen an:
1. Wenn man zu einer Summe Null addiert, so ändert das die Summe nicht. Das heißt:

$$4$$

ist haargenau dasselbe wie

$$4 + 0$$

2. Wenn man andererseits ein Produkt mit eins multipliziert, ändert sich das Ergebnis nicht. Das heißt:

$$2 \times 2 \times 2 \times 2$$

ist haargenau dasselbe wie

$$2 \times 2 \times 2 \times 2 \times 1$$

Ich überlasse dem Leser das kleine Problem, diesen Gedankengang zu Ende zu führen und sich davon zu überzeugen, daß aus diesen zwei zusammengenommenen Fakten und aus der bereits angewandten »Konvention« über Potenzen zu folgern ist, ja gefolgert werden *muß*, daß zwei hoch null eins ergibt. Da diese Art von Überlegung für jede x-beliebige Basis Gültigkeit hat, das heißt für jedwede Zahl, schließen wir daraus, ja müssen wir daraus schließen, daß irgendeine Zahl hoch null eins ergibt. Es genügt, sich das ganze einen Moment lang durch den Kopf gehen zu lassen. Unsere Ausgangskonvention, die Schreibweise für das Symbol der Potenz, die von vornherein beigemessene Indifferenz beim Addieren von Null und beim Multiplizieren mit eins, zwingen uns zu diesem Schritt. Eine Zahl in die nullte Potenz zu erheben bedeutet, daß das Ergebnis eins ist – was immer auch die Basis sein mag.

Wenn uns das ganze jetzt intuitiv erscheint, heißt das nichts anderes, als daß wir unsere Intuition aus den Fesseln der anfänglichen Denkweise befreit haben.

Eine letzte Drehung

Jetzt drehen wir die Kurbel weiter. Ist die Basis selbst eine Potenz, dann sagt uns die Berechnung, daß die Exponenten sich untereinander multiplizieren. So ergibt zwei hoch zwei als Einheit genommen und in die dritte Potenz erhoben zwei hoch sechs (es genügt, die Zweien zu addieren und die Konvention anzuwenden).

$$\underset{1}{(2} \times \underset{2}{2)} \times \underset{3}{(2} \times \underset{4}{2)} \times \underset{5}{(2} \times \underset{6}{2)} = 2^6$$

Aber zwei hoch zwei macht auch, wie jeder weiß, vier. Wir können also auch die soeben dargelegte Berechnung folgendermaßen schreiben:

$$\underset{1}{4} \times \underset{2}{4} \times \underset{3}{4} = 4^3$$

Es ist so, als ob man vom Großvater des Großvaters spricht, anstatt zu sagen, der Vater des Vaters des Vaters des Vaters. Zwei hoch sechs und vier hoch drei ist ganz genau dasselbe. Aber zwei ist die Quadratwurzel aus vier. Bitte immer weiterkurbeln! Folglich ist vier hoch drei dasselbe wie die Quadratwurzel aus vier hoch sechs. Ich habe nur das wiederholt, was wir soeben gesehen haben, allerdings in einer mathematischen Sprache, in der auch der Begriff der Quadratwurzel existiert. Das führt zwangsläufig dazu, daß wir den Exponenten zur Hälfte als mit der Quadratwurzel identisch betrachten müssen. Siehe da! Wenn wir also eine Zahl zum Exponenten ein x-tel (Bruchexponent) erheben, bedeutet das, die soundsovielte Wurzel der Basis zu erhalten. Die Logik des Symbols hat uns einen anderen Streich gespielt, sie hat uns gezwungen, den Bruchpotenzen einen Sinn zu geben (nämlich den der Wurzel).

Jeder beliebige Bruchexponent (ein siebtel, sechs fünfzehntel, dreiunddreißig dreißigstel) steht für das folgende Rechenverfahren: nicht nur die einfache Basis, sondern eine ihrer Wurzeln wird zur Potenz erhoben. Hier nun endlich die Bedeutung, die wir dieser sonderbaren Vorstellung – nämlich eine Zahl ein siebtel, sechs fünfzehntel oder dreiunddreißig dreißigstel mal mit sich selbst zu multiplizieren – beimessen *müssen*.

Wir müssen uns von den unmittelbaren, elementaren und erdrückenden Eingebungen unseres Innern freimachen. Die Aussage, die ich soeben gemacht habe (eine Zahl ein siebtel, sechs fünfzehntel oder dreiunddreißig dreißigstel mal mit sich selbst zu multiplizieren) hat einfach keinen Sinn. Um ihr einen Sinn zu geben, ist es in der Tat erforderlich, die Sprache zu wechseln, der Aussage mittels einer vollständigeren Sprache einen anderen Sinn zu geben. Dazu muß man seine Geisteshaltung ändern, eine andere Abstraktionsebene besteigen. Wir müssen die Bekanntschaft mit reifen Zahlen und reifen Relationen machen. Die Intuition selbst muß langsam wachsen und sich voll entwickeln.

Wenn wir weitermachten, würden wir sehen, daß dieser Exponent sich ferner »erlaubt«, zum Negativ-, Bruchzahl- oder Dezimalexponent zu werden und (warum eigentlich nicht?) zum Negativ- und Bruchzahlexponent, zum Negativ- und Dezimalexponent. Wir können davon ausgehen, daß auch er sich in absehbarer Zeit frei bewegen will und daß er sogar ... zu einer irrationalen Zahl zu werden gedenkt (die Zahlen, die nie aufhören, wenn man sie ausschreiben will, wie etwa das griechische Pi). Wir müssen allmählich verstehen, welche Bedeutung zwei hoch griechischem Pi hat. In diesem Fall hilft uns nicht einmal der Begriff der n-ten Wurzel, denn die irrationalen Zahlen lassen sich (wie schon der Name sagt) weder mit einem Bruch, noch mit einer Dezimalzahl – wie lang und kompliziert diese auch immer sein mag – ausdrücken. Man kann das als Logarithmus bezeichnen, als umgekehrtes Rechenverfahren zur Potenz. Dabei handelt es sich um eine ganz natürliche Handlung. Man kehrt das *Symbol* der Potenz um und gibt dem ganzen eine intuitive Bedeutung (intuitiv im Sinne einer mathematischen, nicht psychologischen Intuition, also erwachsen, nicht infantil).

Ich beabsichtige keineswegs, eine Abhandlung über Zahlentheorie zu verfassen. Davon gibt es schon sehr viele und ausgezeichnete! Ich wollte nur Neugierde insbesondere bei dem Leser wecken, der die Mathematik haßt.

Wenn wir bis hierher gekommen sind und wir endlich wissen wollen, was zum Teufel eine Potenz mit irrationalem Exponenten oder die Quadratwurzel aus einer negativen Zahl bedeuten kann, dann habe ich mein Ziel mehr als erreicht. Das nämlich sind die Dinge, die in den so verhaßten Mathematikbüchern stehen. Selbst wenn wir nur eine geringe Anregung verspüren, mehr darüber wissen zu wollen, und selbst wenn diese Anregung dann ohne Wirkung bleibt, haben wir, ohne es zu wissen, bereits ein Waffenstillstandsabkommen mit der Mathematik unterzeichnet und das Feuer zwischen uns und dem Mathematiklehrer eingestellt. Das ist immerhin ein ganz ordentliches Ergebnis.

Überlegen wir uns doch noch einmal, wie wir überhaupt zu diesem Ergebnis gekommen sind: Es ist gerade, als ob diese kleine, hochgestellte Zahl, der Exponent, zu einem eigenen Leben erweckt worden wäre. Eingeführt als einfache, harmlose Angabe, wie oft eine Zahl mit sich selbst zu multiplizieren ist, hat er sich plötzlich selbständig gemacht und ist das geworden, was er werden wollte. Als natürliche, ganze und positive Zahl hat er uns dazu gebracht, ihn das gesamte Zahlenuniversum erforschen zu lassen (ganze negative Zahl, Bruchzahl, Dezimalzahl etc.).

Auch wenn es uns anfangs nicht gelang, dem zu folgen, was er tat, ja wenn es uns sogar unmöglich erschien, daß er es tun konnte, oder wenn es uns absurd oder sinnlos vorkam, so stimmt am Ende doch alles. Unsere Intuition hat sich ebenso ausgedehnt wie das Feld, über dem sie schwebt. Hätten wir unbeirrt weitergemacht, wären wir auf neue Arten von Zahlen gestoßen, auf neue mathematische Größen, denen wir die Existenz nicht hätten absprechen können.

Schlußfolgerung: Wer kommandiert? Wir oder die Zahlen?

Meine Art, über Zahlen und mathematische Größen zu sprechen, mag kindisch erscheinen oder an Zeitungsjargon erinnern. Sind nicht vielleicht wir diejenigen, die sich die Zahlen ausdenken? Wie ist es möglich, daß sie uns entwischen, daß sie uns ihren Willen aufzwingen? Ich habe von Mechanismen gesprochen, denen wir uns ausliefern müssen. Es klingt beinahe so, als wäre die Mathematik ein Triebwerk, dem wir gehören und nicht eine Erfindung, die uns gehört. Diese Haltung wird, philosophisch ausgedrückt, als Platonismus bezeichnet und mit großer Sorge betrachtet. Ich bin zwar kein Platonist, trotzdem will ich aber dieses sehr reale Gefühl nicht verhehlen, das von den größten Mathematikern aller Zeiten bezeugt wurde: die Unabhängigkeit des mathematischen Universums und der mathematischen Wahrheiten von unserem Willen. Es ist, als ob die mathematischen Größen in einer eigenen, speziellen und abstrakten Welt existierten, und als ob sie uns ihre Gesetze und ihre Wahrheiten sozusagen von oben herab vorschrieben. Dieses »als ob« zu erklären würde einen breiten Raum beanspruchen, den ich hier nicht einnehmen möchte und eine Aufmerksamkeit, die ich hier nicht voraussetzen kann. Ich wollte die Schüler ein wenig dazu motivieren, sich der Mathematik wie einer Denkaufgabe zu nähern, anstatt sie wie eine Tortur zu erdulden. Es ging darum, ein Minimum an Neugier dafür zu zeigen, was dabei herauskommt. Neugier für die Fakten und die Methoden der Mathematik zu entwickeln, ist schon eine optimale Voraussetzung für einen Waffenstillstand. Zwar ist Neugier noch weit von Liebe entfernt, aber man wird schwerlich das hassen, was einen neugierig macht.

Die Liebe zur Physik

Der Reiz, den die Physik auf den Durchschnittsbürger ausübt, ist vor allen Dingen an die äußeren Dimensionen der physikalischen Objekte gebunden, an die legendären Persönlichkeiten ihrer großen Protagonisten und an die leistungsfähigen Maschinen, die heutzutage erforderlich sind, um die Forschung voranzutreiben. Die Tageszeitungen und Illustrierten präsentieren uns gigantische Beschleunigungsanlagen, die soviel Platz beanspruchen wie große Städte, und Nobelpreisträger, die von obskuren Instrumenten und grell erleuchteten Bildschirmen umgeben sind. Man liest Schlagzeilen wie *»die Struktur der Materie«*, *»der Ursprung des Kosmos«*,

»die Erforschung des unendlich Kleinen«, und wir vernehmen die faszinierenden Bezeichnungen der Entitäten, die nach und nach von den Physikern entdeckt wurden: Proton, Neutron, Neutrino, Quark, Meson, Boson und so weiter. Es muß auch gesagt werden, daß auf halber Strecke zwischen dem Schrecklichen und dem Faszinierenden die Geschichte der Atombombe eine Rolle gespielt hat, die möglicherweise durch die Aussicht auf warme und kalte Fusionen sowie durch die gutmütigen Gesichtszüge eines Albert Einstein abgemildert wurde. Das Abenteuer der modernen Physik ist wirklich und wahrhaftig faszinierend. Sobald wir aber unser Physikbuch aufschlagen, finden wir darin nichts anderes als Rollen, Pendel, Spulen und Kondensatoren. Zwischen der magischen, populären Vorstellung von Physik und der Entwicklung einer Liebe zur Physik durch den Unterricht liegen Welten. Wir resignieren, denn wir merken, daß uns die Physik, so wie sie an der Schule unterrichtet wird, überhaupt nicht interessiert. Oft (und zu Recht) wird betont, daß man zunächst die Gesetze lernen muß, die Pendel, Wärmemesser oder Stromkreise steuern, also die grundlegenden, ein wenig langweiligen, aber unbedingt erforderlichen Regeln, bevor man sich mit den großen Geheimnissen des physikalischen Universums auseinandersetzt. Man kann sich nicht eine schöne Krawatte umbinden, wenn man nicht zuvor das Hemd anzieht, man kann nicht das Dach aufsetzen, wenn man nicht zuvor das Fundament aushebt. So oder ähnlich lauten die zwar richtigen und vernünftigen Argumente, die die Lehrer immer wieder auftischen, für die sie aber nur ein müdes Gähnen ernten.

Eines Tages ist die Schule dann endgültig beendet, und wer sich für das humanistische, das juristische oder das medizinische Studium entscheidet, wird für immer enttäuscht bleiben. Die neuen Entdeckungen der Physiker aus Stanford, Genf, Brookhaven oder Frascati werden ihn zwar weiterhin in Erstaunen setzen, aber er wird nie wissen, wie er Pendel und Spulen, die ihm noch aus der Schulzeit in Erinnerung sind, mit solch abgehobenen Wunderdingen in Zusammenhang bringen soll. Lichtjahre scheinen dazwischen zu liegen. Was haben diese Entdeckungen schon mit dem Ohmschen Gesetz, den idealen Gasen und der Formel für kinetische Energie zu tun? Letztere sind doch nur entfernte Erinnerungen an unumgängliche und lästige Dinge, die man machen mußte und gemacht hat, ähnlich wie die Steuererklärung.

Die Frustration jedenfalls besteht ganz real; mir scheint jedoch, daß ihr nicht genug Beachtung geschenkt wird. In der Schule erwartet man nun überhaupt nicht, daß die Physik auch nur mit einem Funken intellektueller Spannung durchsetzt sein könnte, daß ihr irgendetwas Ästhetisches anhaftet, was das ganze sozusagen aufwiegen könnte. Oft und zu Recht hat Giuliano Toraldo di Francia beklagt, daß man gemeinhin der Ansicht sei, Physik mache keine Kultur. Er hat ein ganzes Leben damit zugebracht, das Gegenteil zu beweisen; seine Vorlesungen und seine Bücher zeugen davon. Meine folgenden Ausführungen sind auch ein bescheidener Tribut an ihn, der mich so vieles gelehrt hat.

Mit einem ganz einfachen Beispiel werde ich versuchen, zu beweisen, daß auch die Schulphysik einen ästhetischen Glanz verbreitet.

Ein Aufstieg mit dem Fahrrad

Beginnen wir mit einer alltäglichen und bei Jugendlichen heiß begehrten mechanischen Vorrichtung: der Gangschaltung des Fahrrads. Mit einer Gangschaltung können wir Steigungen überwinden, ohne vom Rad abzusteigen und zu schieben. Können wir richtig damit umgehen, dann müssen wir uns beim Treten viel weniger anstrengen; wir fahren wie von selbst. Bei größeren Steigungen schalten wir einfach in einen kleineren Gang, und weiter geht die Fahrt.

Für den Antrieb sorgen einzig und allein unsere Beine. Warum also waren wir gerade noch fast am Ende unserer Kräfte und treten jetzt wieder mühelos in die Pedale? Wir haben die einfache Beobachtung gemacht, daß das Einlegen eines kleineren Ganges unseren Pedaltritt beschleunigt. Auf unserem Anstieg erhöht sich bei gleichbleibender Geschwindigkeit die Anzahl der erforderlichen Pedalumdrehungen, um dieselbe Distanz zurückzulegen. Man radelt mit weniger Muskelkraft, muß dafür aber häufiger treten. Wieviel mehr? Eine kurze Überlegung sagt uns, daß das, was wir an Muskelkraft gewinnen mit großer Wahrscheinlichkeit genau (oder proportional, je nach Maßeinheit) dem entspricht, was wir an Geschwindigkeit beim Treten verlieren, entweder was die zurückgelegte Distanz bei jedem Pedaltritt anbelangt oder die Geschwindigkeit des Fahrrads (es ist leicht einzusehen, daß diese Größen alle präzise miteinander verbunden sind). Wenn diese Gewinn- und Verlustbilanz nicht ganz genau eingehalten würde, dann hätten wir es mit Zauberei zu tun. Da auch kein Motor vorhanden ist, sondern nur ein mechanisches Getriebe und die Kraft unserer Beine, muß die Bilanz bis ins kleinste Detail eingehalten werden. Es muß eine exakte Kompensation, eine präzise Erhaltung geben. Aber was genau wird beibehalten? Nicht die Muskelkraft, die mit der auf die Pedale einwirkenden körperlichen Kraft in wechselseitiger Beziehung steht. Wir haben die Gangschaltung ja deshalb, um sie zu drosseln. Auch nicht die Geschwindigkeit des Pedaltritts, denn beim Hinunterschalten müssen wir schneller und häufiger treten. Deshalb kommt auch die Gesamtzahl der Pedaltritte nicht in Frage. Konstant bleibt die Einheit, in der die physikalische Bilanz berechnet werden muß. Das ist eine abstraktere Größe, abstrakter als die Zahl der Pedaltritte, als das Gefälle des Anstiegs, als die auf das Pedal ausgeübte Kraft und als die Anzahl der Zähne des Kranzes. Sie ist ganz eng mit all dem verbunden, aber sie stimmt mit keiner dieser Größen völlig überein, sie erschöpft sich, für sich allein genommen, in keiner einzigen. Diese abstraktere Einheit besteht nicht aus Dingen, aus materiellen Objekten, sondern es ist eine Kombination aus Eigenschaften, die einfachste Kombination, die uns etwas wirklich Konstantes gibt. Wir haben gesehen, daß beim Hinunterschalten die Anstrengung nachläßt, während der Rhythmus des Pedaltritts zunimmt, und wir haben angenommen, daß eine gegenseitige Kompensation im Spiel ist. Nun gut, die einfachste Lösung wäre also eine Größe, die das Produkt aus beidem darstellt. Das einfache, gewöhnliche Produkt zweier Faktoren ist ein mathematischer Vorgang, bei dem sich das Resultat nicht ändert, wenn der eine Faktor genau um das zunimmt, was der andere abnimmt.

Und in der Tat, wenn wir die auf das Pedal einwirkende Kraft direkt mit der Anzahl der Pedaltritte multiplizieren, erhalten wir genau eine konstant bleibende Größe.

Wenn ich das Fahrrad wechsle (ich nehme eins mit größeren Rädern oder mit einem anderen Zahnrad), dann bleibt das Produkt bei ein und demselben Aufstieg ebenfalls konstant, allerdings wird es sich von dem vorherigen unterscheiden. Und wenn ich die Strecke ändere? Wenn ich zwei verschiedene Wege einschlage, um auf die Spitze ein und desselben Hügels zu gelangen, sagen wir einen ganz direkten und steilen und einen anderen mit nur leichtem Gefälle? Stellen wir uns einmal ein mit einem Schaltgetriebe ausgerüstetes Motorfahrzeug auf unserem Anstieg vor. Wir sehen, daß das Problem sich ändert, auch wenn es dem ursprünglichen Problem weiterhin sehr ähnelt. Auch im Falle des Motorfahrzeugs nimmt beim Zurückschalten die Zahl der Motorumdrehungen pro Zeiteinheit zu (das Brummen des Motors wird stärker). Außerdem haben wir am Ende mehr Benzin verbraucht.

Nehmen wir uns noch eine andere Variante des Problems vor: Wir sollen ein Gewicht von fünfzig Kilogramm heben, aber uns fehlen die Kräfte. Es gelingt uns nicht, zusätzliche Muskelkraft zu entwickeln, um das Gewicht von fünfzig Kilogramm zu überschreiten. Sogleich sind die berüchtigten Flaschenzugrollen zur Stelle, der Fluch eines jeden Schülers. Dabei reicht ein Seil, das über eine einzige Rolle läuft, noch nicht aus, um das Gewicht zu heben. Erst mit einem wesentlich längeren Seil und einem System mit mehreren Rollen, bei dem das Seil nach oben und nach unten Spielraum hat (der nicht minder berüchtigte Flaschenzug), gelingt es, die Kraft zu reduzieren. Auf diese Weise sind wir in der Lage, ein Gewicht von fünfzig Kilogramm zu heben und dabei lediglich eine Kraft von, sagen wir, zehn Kilogramm aufzuwenden. Diese Kraft von zehn Kilogramm muß auf eine Seillänge angewandt werden, die fünfmal größer ist als die Höhe, an der das Gewicht angebracht war. Das Produkt aus der angewandten Kraft und der Länge des eingeholten Seils ist konstant. Eine geringere, aber auf eine höhere Seillänge angewandte Kraft erlaubt, das Gewicht zu heben.

Jetzt geht uns allmählich ein Licht auf. Führen wir uns noch einmal alle Fälle zusammen vor Augen: das Fahrrad, den Motor und den Flaschenzug. Dann verallgemeinern wir, abstrahieren und suchen eine Bilanz, die in all diesen sowie in unzähligen anderen

Fällen gleicher Art aufgeht. Die Quotendifferenz zwischen der Ausgangsposition und der Endposition kommt uns wie ein solider und bezeichnender Anhaltspunkt vor. Solide und bezeichnend erscheint uns auch das Produkt aus der ausgeübten Kraft und der Distanz, über die diese ausgeübt wird, das heißt, der Entwicklung der Kraft. Bei Fahrrad, Motor und Flaschenzug bleibt das Produkt zwischen Kraft und Entwicklung annähernd (ohne Berücksichtigung der Reibung) konstant. Es hängt keinesfalls von der Art des zurückgelegten Weges ab (ob ganz direkt oder mit schöner Aussicht, ob bei direkt oder mit Hilfe des Flaschenzuges gehobenem Gewicht). Das Produkt aus der ausgeübten Kraft und dem zurückgelegten Weg (Anstrengung für die Gesamtzahl der Pedaltritte oder Kraft für den gesamten Seilzug) erscheint uns mit einem Mal wie eine physikalische Größe, die unser Interesse verdient. Man bezeichnet sie als physikalische Arbeit. Man erkennt sogleich, daß eine bestimmte Tätigkeit (das Besteigen eines Bergpasses oder das Heben eines Gewichts auf eine gewisse Höhe) einer bestimmten physikalischen Arbeit entspricht. Unterschiedliche Tätigkeiten entsprechen unterschiedlichen Quantitäten an physikalischer Arbeit. Die Quantität an physikalischer Arbeit ist davon unabhängig, wie »beschwerlich« oder ermüdend eine bestimmte physikalische Arbeit sein mag.

Wieviel physikalische Arbeit jeder einzelne von uns oder der Motor eines bestimmten Typs im Höchstfall pro Zeiteinheit verrichten kann, ist eine andere interessante physikalische Größe, die sogenannte Leistung. Diese hängt jedoch mit einem bestimmten physikalischen System zusammen und nicht etwa mit einer Tätigkeit. Ein Motor, der auf bestimmte Art und Weise geplant und konstruiert wurde oder ein Mensch in einem bestimmten Alter und mit einer bestimmten Statur verfügt über eine bestimmte Kraft. Wenn sie nun eine gewisse Arbeit im physikalischen Sinn verrichten wollen, so können sie das nur innerhalb einer gewissen minimalen Zeitspanne oder mit einer gewissen maximalen Geschwindigkeit. Die Leistung stellt eine Art innere Beschränkung des Systems dar. In der Physik kommt es häufig vor, daß mit großer Präzision festgelegt wird, welches die inneren Grenzen jedweder Systemarten sind (ein wie auch immer gearteter Benzinmotor, ein wie auch immer gearteter Düsenmotor, ein wie auch immer gearteter Elektromotor etc.). Das Charakteristische an der Physik ist dieser progressive Aufstieg hin zu immer abstrakteren aber auch immer zuverlässigeren Größen. Zuverlässiger nicht zuletzt auch deshalb, weil es sich um abstraktere Größen handelt, die folglich nicht an die momentanen Gegebenheiten, beziehungsweise an die Eigentümlichkeiten eines besonderen Systems gebunden sind. So nähern wir uns den festen, grundlegenden Strukturen der Natur. Wir nähern uns einem äußerst stabilen Käfig von Zwangsrelationen zwischen Größen, Prozessen, Vorfällen, Kräften und Körpern, die das Universum darstellen. Die Grenzen des Universums liegen nicht nur in der entfernten Galaxis, Millionen von Lichtjahren entfernt, sondern sie existieren auch innerhalb unserer alltäglichen Systeme. Die Grenzen der Physik sind die Grenzen des Möglichen, die allgegenwärtigen, konkreten und unüberschreitbaren Grenzen der realen Welt. Es gibt niemanden, der sie alle kennt. Die Physik schreitet weiter voran und entdeckt immer wieder neue, was aber keinesfalls bedeutet, daß noch alles möglich ist. Häufig schließt der Fortschritt der Physik (und des Wissens im allgemeinen) sogar ein für alle Male Türen, die noch offen zu sein schienen. Während bestimmte Grenzen sich wegbewegen oder in der Ferne verschwimmen, rücken andere schlagartig zusammen, und es stellt sich heraus, daß sie unüberwindbar sind. Wer die jüngsten Wechselfälle und Enttäuschungen der sogenannten »kalten Fusion« verfolgt hat, wird darin die ganze Aktualität und Dramatik dieser inneren Grenzen, die von den physikalischen Gesetzen sanktioniert werden, wiedererkennen. Ob es uns gefällt oder nicht, jenseits der Grenzen der Physik kann allenfalls das Vorstellbare, das Begreifliche liegen, aber nicht das Reale, ja nicht einmal das, was real sein könnte, wenn es sich nur materialisieren ließe. Obwohl diese Grenzen höchst abstrakt sind, sind sie andererseits doch wieder sehr konkret.

Eine Liebe zur Physik entwickelt sich gerade in dieser intimen und faszinierenden Durchsetzung des »realeren« Realen mit dem »abstrakteren« Abstrakten. In der Physik beginnt und endet der Aufstieg zum Abstrakten (den wir auch in der Mathematik und in der Philosophie wiederfinden) immer mit einem Eintauchen ins Konkrete. Wir müssen jedoch immer wieder in unsere reale Welt zurückkommen. Vielleicht finden wir sie verändert vor, voller neuer Interpretationen und neuer Bedeutungen, voller neuer Möglichkeiten (und neuer Unmöglichkeiten). Wichtig aber ist, daß wir sie wiederfinden, daß sie uns nicht unterwegs abhanden kommt. Die Invarianten, die ganz zentrale Größe der Physik, ändern sich selbst dann nicht, wenn sich alles verändert. Die Physik machte die faszinierende Entdeckung, daß die Invarianten um so abstrakter sind, je tiefer sie gehen. Einstein sagte, daß er seine Relativitätstheorie gern in »Invariantentheorie« umbenannt hätte. In der Tat besteht das Wesentliche seiner Entdeckungen darin, gerade das nachgewiesen zu haben, was trotz der Relativität der Betrachtungs- und Meßsysteme, unverändert bleibt. Die tiefgreifendste, kulturelle Botschaft, die uns ein Erfolg innerhalb der Physik übermitteln kann, ist und bleibt die Entdeckung einer Invariante.

Die Liebe zu den Naturwissenschaften

Gabriele d'Annunzio wurde einmal gefragt, ob er deutsch spräche. Er verneinte, fügte aber hinzu, daß er »es sich vorstellen könne«.

Ein russischer Großherzog bat einen äußerst begabten Pianisten und Komponisten im Anschluß an ein Solokonzert am Hofe, ihm doch noch die »Mondscheinsonate« von Tschaikowskij vorzuspielen. Die Anwesenden, die einiges von Musik verstanden, waren mit einem Mal wie versteinert. Seine Hoheit hatte sich gehörig im Namen des Komponisten getäuscht. Schließlich gibt es nur zwei bekannte und allseits beliebte Mondscheinsonaten, eine von Beethoven, die andere von Debussy. Verständlicherweise wagte niemand, den Großherzog zu korrigieren. Unter der allgemeinen Verwunderung spielte der Pianist ganz gelassen ein gefälliges Stück, das niemand so recht einzuordnen wußte. Als der Applaus verklungen war, murmelte der Großherzog enttäuscht: »Schön, aber es war nicht das, was ich hören wollte«. Der Pianist verneigte sich: »Hoheit, hätte Tschaikowskij jemals eine Mondscheinsonate geschrieben, dann wäre sie in etwa so ausgefallen.«

Wenn wir über die Liebe zu den Naturwissenschaften sprechen, dann möchte ich mich gerade auf unsere Fähigkeit stützen, etwas aus der Vorstellung heraus zu rekonstruieren. Sie erlaubt uns nämlich, die Naturwissenschaften ohne Umschweife einzustufen. Das eine Extrem ist die Chemie, die von wenigen grundlegenden Regeln und der unerschütterlichen, inneren Logik bestimmt wird.

Bei Wissenschaften kommt es im wesentlichen darauf an, diese Regeln und diese Logik auf eine Reihe konkreter Fakten anzuwenden. Es sind Wissenschaften, die nicht allzu weit von der Mathematik entfernt liegen und deren Fakten man sich weitgehend vorstellen kann, indem man sie mit Hilfe eigener Überlegungen rekonstruiert. Gewöhnlich werden diese Wissenschaften mit dem Begriff »deduktiv« umschrieben. Die Königin dieser Wissenschaften ist natürlich die Physik. Auch die Biologie hat sich nach und nach einen festen Platz unter eben diesen Wissenschaften erobert. Heute gibt es in den Biologiebüchern für Gymnasien Kapitel über die Evolution, die Struktur der Gene und das genetische Gleichgewicht. Auf diesen Grundlagen werden dann eine Reihe interessanter, spezifischer Anwendungen abgeleitet.

Das andere Extrem innerhalb der Naturwissenschaften sind die Botanik und die Anatomie. Sie konzentrieren sich darauf, Fakten zu sammeln und diese systematisch einzuordnen. Die Fakten dieser Wissenschaften lassen sich keineswegs vorstellen. In diesem Fall kann also die Überlegung das Gedächtnis nicht ersetzen. Gewöhnlich bezeichnet man diese Wissenschaften als »taxonomisch« oder »systematisch«.

Die erforderlichen Lernstrategien für diese beiden Prototypen der Wissenschaft sind ziemlich unterschiedlich. Für die Chemie und die moderne Biologie gilt zum Teil, was auch für die Theoreme Gültigkeit hat: Man muß sie eigenhändig rekonstruieren. Es bringt wenig, die sauer-alkalischen Reaktionen oder die Proteinsynthese so zu lesen wie man eine normale Erzählung lesen würde. Wir müssen die einzelnen Umwandlungen, wie zum Beispiel die Berechnung von Bilanzen über Ladungen und Valenzen, eine nach der anderen auf einem separaten Blatt Papier rekonstruieren. Dieses geschieht zunächst unter Anleitung des Lehrbuchs, später dann ganz selbständig. Das schöne daran ist, sich auszumalen, was bei einer neuen Reaktion, die sich zwischen zwei unbekannten Substanzen abspielt, herauskommt; dabei kann man sich sogar die Zwischenreaktionen vorstellen. Angesichts einer nie zuvor erlebten Mutation sowie der Anordnung der benachbarten Gene auf den Chromosomen ist es gerade interessant, sich auszudenken, wie diese Mutation sich auf die nachfolgenden Generationen verteilen wird. Wir müssen nach und nach dahin kommen, uns die Dinge vorzustellen. Die geistige Anstrengung läßt nämlich in dem

Moment nach, in dem es uns gelingt, uns diese Resultate korrekt vorzustellen. So verschafft man sich allmählich Zugang zur Logik der jeweiligen Wissenschaft.

Die eher deskriptiven Wissenschaften hingegen stützen sich hauptsächlich auf unsere unmittelbare Neugierde, mehr über die Welt, in der wir leben, wissen zu wollen. Da man sich ihre Anschauung und ihre Systematik nicht vorstellen kann, muß man sie direkt beobachten, auswerten und dann das zurückbehalten, was man sich geistig erarbeitet hat. Unsere spontane Neugier gegenüber dem, was in der Welt vor sich geht, muß gefiltert und neu geordnet werden, damit uns das Studium der Naturwissenschaften voll und ganz befriedigt.

In der Stunde der Naturwissenschaften wird unsere spontane Neugierde in ganz raffinierte Rätsel übersetzt. Die natürlichen, von diesen Wissenschaften vorgenommenen Zuordnungen von Objekten und Phänomenen stimmen schon nicht mehr mit unseren gewöhnlichen Einordnungen überein. Je mehr es sich bei diesen wissenschaftlichen Zuordnungen um das Ergebnis authentischer Entdeckungen handelt, und somit folglich nicht nur um willkürliche Einheiten, die einem ganz gelegen kommen, desto näher sind wir denjenigen, die man zu Recht als Verbindungen und als Gelenke der Natur selbst bezeichnen könnte. Das Netz systematischer Beziehungen, das die natürliche Welt zusammenhält, hat an ihren Knotenpunkten eben diese ganz spezifischen Einheiten, und nicht etwa die Gegenstände des täglichen Lebens als solche. Die naturwissenschaftlichen Gesetze befehlen nämlich nicht über Katzen, Stühle, Lampenschirme und Türschlösser. Ihre typischen und zentralen Objekte sind ganz andere: adiabatische Zylinder, zweiwertige negativ geladene Ionen, Zellen in der Metaphase, Grundwasser, Silikon-Magnesiummäntel. Ausgehend von diesen an und für sich schon ganz »natürlichen« Objekten erforschen die Naturwissenschaften weitere ebenso »natürliche« Eigenschaften wie das Wärmegefälle, das Aktivierungspotential, den Dehnungskoeffizienten, die Transportkapazität, den Phasenübergang. Die naturwissenschaftlichen Gesetze stellen feste, kausale Zusammenhänge zwischen diesen Eigenschaften dar. Bevor man das Studium der Naturwissenschaft beginnt, sollte man seine Neugierde hinsichtlich dieser anderen Stufen neu ordnen und sich eine klare Vorstellung von der Natur dieser Größen und ihrer Eigenschaften machen. Anderenfalls wäre es doch so, als ob man eine Pinakothek beträte, ohne genau zu wissen, worin eigentlich der Unterschied zwischen den Gemälden, den Bilderrahmen und den Wänden besteht. Zwar können wir hier und da Kommentare und Urteile einholen, aber wir werden doch nie wissen, worauf sich diese beziehen und welches Maß an Überlegung ihnen zugrunde liegt.

Jede Naturwissenschaft hat ihr Maß an Zuordnungen, ihre »natürliche Spezies« langsam vervollkommnet und diesen nach und nach bestimmte wichtige Eigenschaften entnommen. Die Argumentation dieser Wissenschaften bezieht sich ständig auf diese Größen und diese Eigenschaften. So spricht man über die Welt, indem man sie unter Beachtung gewisser Phänomene zerlegt. Die Terminologie der verschiedenen Wissenschaften, diese schwierigen und eigenartigen Wörter, haben eine präzise und wichtige Funktion. Ganz klar umreißen sie vor unseren Augen die grundlegenden Einheiten, über die diese Wissenschaft spricht. Jede Naturwissenschaft gestaltet ihre eigene Welt, und über diese Welt sollte man sich so schnell wie möglich eine geordnete und fortwährende Landkarte anfertigen. Nicht durch das Wiederholen von Listen und Formeln lernt man die Naturwissenschaften, sondern indem man sich unter Anleitung in ihre Welten begibt. Es ist viel besser, sich mit all unserer Vorstellungskraft in ihre Bilder zu vertiefen, als sie aus der Ferne zu betrachten.

Ein bedeutender Biologe gestand mir einmal, daß er sich derart mit den Enzymen identifiziere, deren Struktur er gerade erforsche, daß er sogar mit seinem Körper die Drehungen dieser Moleküle imitiere, indem er Ellbogen, Füße und Knie bewege. Zwar mag er damit übertrieben haben, doch hilft es enorm, sich der Phantasie oder sogar der Muskeln zu bedienen, um mit seinem Studienobjekt völlig eins zu werden. Man hat bestimmt weitaus mehr davon, ab und zu in die Rolle eines Moleküls oder eines Neurons zu schlüpfen und ihre Bestimmungen, ihre Bewegungen und Transformationen zu durchleben, als passiv darüber zu lesen. Sätze bleiben uns auf die Dauer fremd, wenn wir sie nicht geistig in Bilder übertragen. Nur indem man sich in die Bilder hineinbegibt und sie von innen her lebt, lernt man, sich in diesen Welten zurechtzufinden; mit einer außerordentlichen Vielfalt an Strukturen, Prozessen und Relationen gelangt man somit gleichsam »auf Du und Du«. Auch die deskriptiven Wissenschaften, die sich nicht vorstellen lassen, werden auf diese Weise mit einem Schuß Phantasie angereichert. Bei Prüfungsfragen werden wir nicht zwangsläufig im Geiste unser Lehrbuch oder unsere Aufzeichnungen durchblättern, um die entsprechende Seite nochmals nachzulesen. Es wird sich vielmehr der Reflex einstellen, daß wir uns mit Hilfe unserer Vorstellungskraft in einer Zelle, in einer Nährlösung oder in einem geologischen Zeitalter einnisten, uns dort umschauen und das beschreiben, was wir sehen beziehungsweise vorweg bekanntgeben, was mit uns geschehen wird. Da es sich dabei genau um die Art von Vorstellung handelt, zu der die größten Wissenschaftler fähig sind, muß es dafür auch einen Grund geben. Die Stunde der Naturwissenschaften muß einer Zeit- und Raummaschine gleichen, sie muß sozusagen imaginäre Metamorphosen in uns auslösen.

Während einer Konferenz am Pariser Collège de France versuchte ein bekannter japanischer Genetiker sein Publikum zu beeindrucken, indem er lebhaft und anschaulich beschrieb, wieviele Bakterienkulturen anzulegen sind, um sicherzugehen, einen ganz seltenen Mutanten zu finden. Für eine gewöhnliche Mutation genügt ein Reagenzglas. Der Vortragende schüttelte dieses imaginäre Glas vor den Augen seiner Zuhörer, indem er es senkrecht zwischen drei Fingern hielt. Für zwei simultane Mutationen ist schon eine ganze Flasche erforderlich. Scheinbar ergriff er eine solche und schüttelte sie ebenfalls. Weiter ging es mit drei, vier unabhängigen Mutationen. Jedesmal waren die gesamten imaginären Bakterien in ihrer imaginären Kultur eine Million mal zu multiplizieren. „Und doch, meine Damen und Herren, wenn wir wirklich sichergehen wollen, gleichzeitig fünf voneinander unabhängige Mutationen zu erhalten, dann müßten wir eine solche Masse an Bakterien kultivieren, die so groß ist wie die Erde.« Indem er seinen zügellosen und realistischen Diskurs fortsetzte, breitete er angesichts dieser ungeheuren Menge an Bakterien die Arme aus, krümmte den Rücken und ... fiel rücklings vom Rednerpult ins Publikum. Böse Zungen behaupten noch heute, er hätte es mit Absicht getan.

Die Liebe zu den Fremdsprachen

Fremdsprachen zu beherrschen, ist immer und überall von Vorteil. Selbst diejenigen, die die Nützlichkeit des Mathematik-, Philosophie-, Literatur- oder Geschichtsstudiums stark in Frage stellen, geben unumwunden zu, daß Fremdsprachen wichtig sind und gute Dienste leisten. Vielleicht nimmt gerade deshalb das Studium der Fremdsprachen im allgemeinen und des Englischen im besonderen, einen außerordentlichen Platz auf den Lehr- und Studienplänen ein. Viele junge Menschen möchten lieber Sprachen lernen, ohne sie zu studieren. Eine solche Entscheidung ist folgenschwer und äußerst riskant, aber sie ist gewiß nicht absurd. So gibt es nämlich auch außerhalb des Schulsystems viele verschiedene Möglichkeiten, eine Sprache zu erlernen. Man kann zum Beispiel ins Ausland gehen und dort arbeiten, einige Zeit in einer Familie verbringen oder sich für einen Sprachkurs vor Ort entscheiden.

Wer sich für ein Studium der Sprachen entscheidet, ist sich wohl darüber im klaren, daß diese ein Mittel sind und kein Zweck, sozusagen ein Kanal und kein Inhalt (es sei denn, man möchte Linguist oder Literaturwissenschaftler werden). Die Sprachen versorgen einen wertvollen, bisweilen unentbehrlichen Kanal, um dann andere Dinge passieren zu lassen. Dazu ist jedoch erforderlich, daß im Kanal etwas ist, was sich befördern läßt: ein Inhalt, eine Sachkenntnis, ein Beruf, ein Körper, dem die Sprachkenntnis Flügel verleiht, um zu fliegen. Wer ausschließlich Fremdsprachen spricht, kann leicht in die Situation geraten, in vielen Sprachen nichts zu sagen zu haben. Manager, Direktoren, Physiker, Biologen, Ärzte oder Unternehmer sollten Fremdsprachen beherrschen, und im allgemeinen beherrschen sie sie auch, eben um bessere Manager, bessere Physiker und bessere Unternehmer zu sein. Das alleinige, wenn auch perfekte Beherrschen einer Fremdsprache beschränkt den geistigen Horizont stark und reduziert die Berufsmöglichkeiten auf ein ziemlich niedriges Niveau. Wenn man einen anspruchsvolleren Beruf anstrebt als den einer einfachen Sekretärin oder eines assistant buyer, dann sollte man sich zusätzlich Kenntnisse eines Sachgebiets aneignen. Das Studium der Fremdsprachen sollte mit dem Studium eines anderen Faches einhergehen, anstatt ein solches zu ersetzen.

Viele Jugendliche träumen vielleicht von einem Leben als Dolmetscher, sie sehen sich bereits im Geiste von einem Flugzeug ins nächste steigen und bei Staatsempfängen vor laufenden Fernsehkameras gleich neben Clinton, Mitterrand oder anderen Staats- und Regierungschefs stehen. Kaum realistischer ist der Wunsch, Konferenzdolmetscher zu werden und mit dieser Tätigkeit astronomische Summen zu verdienen, die zusätzlich durch hohe Tagegelder und Aufwandsentschädigungen aufgebessert werden. All das wird leider für die überwiegende Mehrheit nur ein Traum bleiben. Der Beruf des Simultandolmetschers verlangt zudem eine ganz besondere Begabung. Auch ist es unbedingt erforderlich, von frühester Kindheit an zwei (oder mehr) Sprachen zu sprechen. Es ist fast unmöglich, ein guter Konferenzdolmetscher zu werden, wenn man nicht wenigstens zweisprachig aufgewachsen ist. Wer erst mit fünfzehn oder sechzehn Jahren anfängt, eine Sprache zu lernen, wird nie ein erfolgreicher Dolmetscher werden. Warum das so ist, werden wir gleich sehen.

So bleibt noch die bescheidenere Perspektive, ein ganz normaler Übersetzer zu werden und sich, sagen wir, mit technischen Texten abzugeben. Aber auch in diesem Falle läßt die Enttäuschung nicht lange auf sich warten. Selbst die besten Übersetzer schlagen sich oft finanziell mehr schlecht als recht durchs Leben und haben im allgemeinen noch irgendwelche Nebenjobs. Das, was sie letztendlich auszeichnet, sind immer andere, zusätzliche Kenntnisse. Übersetzer, die auf keinem Spezialgebiet zuhause sind, werden immer das Problem haben, die Fremdsprache nicht gut genug zu beherrschen, und darüber hinaus mangelt es ihnen am kulturellen Background. Die Texte, die sie abliefern, sind eine wahre Katastrophe, sie sind unlesbar und gespickt mit groben Fehlern. Diese Sorte von Übersetzern bringt es tatsächlich zuwege, in einer Sprache, der sie nicht völlig Herr sind, über Dinge zu schreiben, von denen sie nichts verstehen.

An einem Forschungslabor für Genetik in Paris wohnte ich einmal dem Gespräch zwischen einem französischen Genetiker, der kein Englisch sprach, und einem berühmten japanischen Genetiker, der kein Französisch sprach, bei. Ich mußte mich in etwas einmischen, das geradezu groteske Züge hatte. Seit Jahren waren sich die beiden Genetiker über einige grundlegende Punkte der mathematischen Theorie zur Evolution uneinig, ein Streit, der bis dahin nur über die jeweiligen Publikationen ausgetragen worden war.

Die Tafel war mit Gleichungen übersät, der einzigen, ihnen beiden vertrauten Sprache. Die Meinungsverschiedenheiten lagen natürlich im Bereich der Lösungen, der Interpretationen und der Werte, die den verschiedenen Parametern dieser Gleichungen beizumessen sind. Eine reizende, junge Japanerin, die eigens von der Botschaft geschickt worden war, versuchte verzweifelt, zwischen den beiden zu dolmetschen. Offensichtlich verstand sie von all diesen Dingen überhaupt nichts, bemühte sich aber, ihr bestes zu geben. Trotzdem machte sich bei jeder ihrer Äußerungen große Ratlosigkeit breit. Das Ritual war äußerst höflich und vollzog sich folgendermaßen: Kurze Darlegung auf Französisch unter Hinweis auf diesen oder jenen Teil einer Gleichung. Dann einen Moment Pause. Kurze Erläuterung der jungen Dolmetscherin auf Japanisch. Diese hatte ein etwas längeres Schweigen zur Folge, ganz offensichtlich stand der japanische Wissenschaftler vor einem Rätsel. Kurzer Einwurf des Wissenschaftlers auf Japanisch: eine Bitte um Präzisierung. In ausgezeichnetem Französisch stellte die Dolmetscherin eine Frage, der es an jeglichem wissenschaftlichem Sinn mangelte. Jetzt war der französische Wissenschaftler einen Moment lang verblüfft, es folgte eine erneute Bitte um Klarstellung auf Französisch, und so ging es weiter. Nachdem dieses unergiebige Zeremoniell bereits zwanzig Minuten im Gange war, dachte man, daß es vielleicht ganz sinnvoll wäre, jemanden hinzuzuziehen, der etwas von der Materie verstand und direkt aus dem Englischen ins Französische und umgekehrt zu übersetzen imstande war. Aufgrund der Tatsache, daß mich die interessanten Differenzen zwischen diesen beiden Genetikern schon seit Jahren interessiert hatten, profitierte ich beim Dolmetschen davon und ließ mir von beiden vieles genauer erklären, was mir auf diesem ziemlich esoterischen und speziellen Gebiet bis dahin entgangen war. Die junge Japanerin blieb trotz allem freundlich und sah mir absolut nicht danach aus, als wolle sie in den nächsten Minuten Seppuku begehen (das, was man im Westen fälschlicherweise als Harakiri bezeichnet). Diese Anekdote zeigt einmal mehr, daß jemand, der mit einer gewissen Materie vertraut ist und zwischen zwei Sprachen hin und her übersetzt, von denen nicht einmal eine seine Muttersprache ist, immer noch einen besseren Dolmetscher abgibt als jemand, der in einer oder sogar in zwei Sprachen zuhause ist, von dem, was er übersetzt, jedoch keinen blassen Schimmer hat.

Wenn man auf Dauer Erfolg haben wird, dann wohl hauptsächlich deshalb, weil man noch andere Qualifikationen besitzt, die, in Kombination mit den Sprachkenntnissen, die bessere Ausübung einer speziellen Tätigkeit garantieren. Sprachkenntnisse sind keine Rarität, im Gegenteil, sie werden als etwas ganz Selbstverständliches hingenommen. Sie reichen nicht aus, um davon zu leben, und man darf sie nicht zum Dreh- und Angelpunkt bei der Arbeitssuche machen. Um eine erste Anstellung zu finden, mögen exotischere Sprachen, die spezialisiertere, sprachliche Fähigkeiten fordern, ja durchaus von Vorteil sein, aber auch das bedeutet keine absolute Garantie für die Zukunft. So können zum Beispiel die Kontakte zu diesem oder jenem Land auf dem einen oder anderen speziellen Sektor mit einem Schlag einschlafen. Vielleicht stehen dem nationalen Markt aber auch ganz plötzlich mehr als die zwanzig oder dreißig Personen zur Verfügung, die er benötigte und mit einem Mal macht sich ein harter Konkurrenzkampf breit. Außerdem kommt noch hinzu, daß jemand, der alles auf eine exotische Sprache setzt, auch dazu bereit sein muß, in dieser Sprache zu leben, das heißt, in einer Art Ghetto: er wird mit Menschen aus diesem bestimmten Land Umgang haben und Zeitschriften und Bücher in dieser bestimmten Sprache lesen. Die Entscheidung fällt also nicht nur zugunsten einer Sprache aus, sondern zugunsten einer Lebensweise. Wer einen solchen Schritt tut, wird sich das ganze zuvor zumindest gründlich überlegen.

Meine Darlegung mag übertrieben pessimistisch erscheinen, das ist sie aber ganz und gar nicht. Eine Sprache völlig zu beherrschen, ohne von klein auf in einem mehrsprachigen Ambiente gelebt zu haben, gelingt einigen gut, anderen wiederum überhaupt nicht. Wie bei der Musik, der Malerei oder der hohen Mathematik gibt es eine unauslöschliche, individuelle Komponente in unserer Haltung gegenüber dem Sprachstudium. Mit einer gewissen Anstrengung und nach einigen Jahren Praxis und Übung kann es jeder soweit bringen, sich verständlich zu machen und zu verstehen. Solange wir jedoch nicht an unsere persönlichen Grenzen gestoßen sind, was eigentlich nur nach dem jahrelangen Studium einer bestimmten Sprache passiert, können wir nicht wissen, ob es uns jemals gelingen wird, diese Sprache annähernd perfekt zu sprechen. Es ist riskant, eine ganze Karriere oder den eigenen Wert auf dem Arbeitsmarkt aufs Spiel zu setzen, indem man davon ausgeht, daß man es schaffen kann; vielleicht gelingt es uns ja auch niemals. Nach einer gewissen Zeit tendieren wir dazu, uns mit unserem individuellen Kenntnisstand einer Fremdsprache zufriedenzugeben. Von diesem Niveau kommt man dann nicht mehr weg. So gibt es beispielsweise in den Vereinigten Staaten jede Menge Emigranten, die seit Jahrzehnten ein Englisch sprechen, das mit Fehlern gespickt ist. Sie werden sich nie verbessern, und wahrscheinlich ist das auch gar nicht wichtig, denn einige von ihnen werden nichtsdestotrotz beruflichen Erfolg haben.

Im Grunde ist der Nutzen, den man hat, wenn man eine Fremdsprache gut spricht, gar nicht so hoch anzusetzen. Wir müssen deutlich unterscheiden zwischen dem Vergnügen, eine Sprache gut zu sprechen, das heißt, der Liebe zu der Sprache und dem effektiven Vorteil. Es ist durchaus denkbar, daß selbst das perfekte Beherrschen einer Fremdsprache von ganz geringem, praktischem Nutzen ist. Ich kenne eine Menge Wirtschaftspraktiker, Verleger, Ingenieure, Mathematiker, Biologen und Wirtschaftsexperten, die um die halbe Welt reisen und mit Kollegen aus aller Herren Länder in Kontakt stehen, obwohl ihr Englisch sehr zu wünschen übrig läßt. Sie wissen gerade soviel, wie unbedingt nötig ist. Den Rest steuert ihre Intelligenz, ihr Mitteilungsbedürfnis und ihre Fachkompetenz bei. Viele von ihnen sind außerordentlich beliebt. Sie werden nicht nur beruflich geschätzt, sondern persönlich geliebt, man applaudiert ihnen, wenn sie, ohne Problem, mit starkem Akzent in radebrechendem Englisch vor Publikum sprechen. Das alles zeigt, daß sich einige den Luxus leisten können, Fremdsprachen nur schlecht zu sprechen, ohne daß ihnen daraus irgendwelche Nachteile erwachsen. Letzten Endes ist es ein noch »exklusiverer« Luxus, sich ausschließlich mit Sprachen zu beschäftigen.

Eine gefährliche Täuschung: die Fachsprache

Am besten lernt man Sprachen nebenbei, etwa während des Studiums oder der Berufsausbildung. Auf jeden Fall sollte man so früh wie möglich damit beginnen, denn in jungen Jahren fällt es einem leichter als im fortgeschrittenen Alter. Der sprachliche Kanal muß sich in Verbindung mit richtigen Inhalten entwickeln. Ich möchte jedoch davor warnen, daß man eine Sprache, die auf ein einziges

Fachgebiet bezogen ist, auf die Schnelle lernen kann, wie zum Beispiel ein »Textilenglisch«, ein »Antiquitätenfranzösisch«, ein »Elektronikdeutsch« und so weiter. Zwar läßt sich die Lexik eines bestimmten Fachgebietes ziemlich schnell und selektiv erlernen, das trifft aber nicht auf die Sprache im allgemeinen zu. Abgesehen von der Fachterminologie muß die Existenz einer Fachsprache »an sich« schlichtweg geleugnet werden. Die Ergebnisse der modernen Linguistik und die schmähliche Niederlage, die die künstliche Intelligenz, insbesondere die Verfechter sogenannter Expertensysteme, in den letzten Jahren haben einstecken müssen, lassen keinen Zweifel zu: Jenseits des Fachvokabulars gibt es keine Nische der Grammatik, die ausschließlich dazu dient, über bestimmte Dinge zu sprechen und die ausreicht, um über diese Dinge zu sprechen. Die englische Sprache verfügt ebensowenig über eine eigene Unter-Syntax für den Textilbereich wie das Deutsche über eine eigene Unter-Syntax für das Gebiet der Elektronik. Eine Sprache ist ein Ganzes. Um auf Englisch über Textilien oder auf Französisch über Möbel zu sprechen, ist es erforderlich, die eine wie die andere Sprache zumindest annähernd zu beherrschen. Die spezielle Terminologie und die Idiome (die Redewendungen) des Gebietes sind zwar äußerst hilfreich, aber es reicht nicht aus, sie anstelle der Sprache zu lernen.

Das ganze leuchtet auch dann noch ein, wenn wir im Bereich unserer eigenen Sprache bleiben. Geht es beispielsweise um Textilien, dann müssen wir einfach die folgende Aussage machen können und sicher sein, daß sie verstanden wird: »Keine Ihrer Lieferungen des laufenden Jahres kann sich mit irgendeiner der ausgezeichneten Lieferungen des Vorjahres messen.« Dieses Urteil unterscheidet sich sehr wohl von einem anderen wie: »Beinahe alle Ihre Lieferungen des vergangenen Jahres übertrafen die durchschnittliche Qualität der diesjährigen Lieferungen.«

Andererseits kann es vorkommen, daß der Elektrotechniker seinem ausländischen Lieferanten folgende Mitteilung machen will: »Obwohl wir nicht gänzlich enttäuscht sind, erfüllen die Bestandteile Ihrer letzten Serie bei weitem nicht unsere Erwartungen.« Die Antwort könnte dann so lauten: »Die Kostenreduzierung hat einige unvermeidliche Standardisierungen zur Folge gehabt, aber wir können die Möglichkeit überprüfen, Ihnen bei Vorgabe einer Mindestbestellmenge hochwertige Teile zu angemessenen Preisen zu liefern.«

Diese Sätze haben überhaupt nichts Fachspezifisches, kein einziger der verwendeten Begriffe ist eng an die Bereiche »Textilien« oder »Elektronik« gebunden, aber ich kann mir nicht vorstellen, wie ein erfolgreiches Geschäftsgespräch zustandekommen soll, wenn einer der Gesprächspartner den Sinn nicht versteht. Um Mitteilungen dieser Art auszutauschen, bedarf es einfach aller Ausdrucksmöglichkeiten einer Sprache. Wer außer der Übersetzung von Termini technici sowie einem ganz geringen Grundvokabular (zum Beispiel die Verben sein, haben, kaufen und verkaufen) keine weiteren Kenntnisse hat, wäre nicht einmal in der Lage, eine Geschäftsbeziehung auch nur anzubahnen. Es ist eine Illusion, wenn man meint, ausschließlich mit der Fachsprache auskommen zu können. In der Welt der künstlichen Intelligenz hat diese Illusion das sogenannte *frame problem* erzeugt, ein Problem, das sich als unlösbar erwiesen hat. Es ist interessant, es näher zu beleuchten, rechtfertigt es doch auf hervorragende Weise meinen offenkundigen Pessimismus.

Die Illusion des Kontexts oder das ›frame problem‹

Stellen wir uns doch einmal einen hochspezialisierten Computer vor, der sich darauf beschränken muß, nur die Situationen und Sätze zu begreifen, die in irgendeiner Form mit dem Bereich Gastronomie zu tun haben. Man speichert einfach eine Reihe von Fachbegriffen (Cordon Bleu, Kalbsleber nach venezianischer Art, Parmaschinken mit Melone usw.) und erweitert das Programm um ein Schema oder *frame* von Verbindungen. Wenn ein Gast also »Kalbsleber nach venezianischer Art« bestellt, dann wird der Ober ihm auch eine Portion bringen; sobald er das Wort »Rechnung« ausspricht, wird die Bedienung all das zusammenrechnen, was er bis dahin konsumiert hat. Werden unter hinreichender Berücksichtigung aller Situationen, die in einem Restaurant auftreten können, unendlich viele Verbindungen dieser Art und unendlich viele Daten über Gerichte, Preise oder Abfolge der Gänge in den Rechner eingegeben, dann könnte man zu folgendem Schluß kommen: Sobald der Computer einmal an Fernsehkamera und Mikrofone angeschlossen ist, »versteht« er, was Moment für Moment in einem Restaurant vor sich geht und ist sogar in der Lage, die

Küche und das gesamte Bedienungspersonal zu »steuern«. Aber der Schein trügt. Der Rechner ist nämlich unfähig, zu verstehen, warum man die Rechnung erst nach dem Essen bezahlt (und nicht vorher), warum man zuerst bestellt und dann wartet und nicht umgekehrt, warum man unter Umständen die Speisereste mit nach Hause nehmen kann, aber nicht die Teller und das Geld in der Kasse, warum das Restaurant nachts geschlossen ist, oder warum ein Gast niemals einhundertzwanzig Gänge zu sich nimmt. Man kommt leicht in die Versuchung, zu sagen: Geben wir doch noch andere Verbindungen ein, erhöhen wir doch die Speicherkapazität, und der Computer wird auch diese Dinge begreifen, die schließlich jedem Kind einleuchten. Vielleicht verfügt unser Rechner oder unser Expertensystem über einen zu begrenzten Speicher, vielleicht reichen die Informationen (das heißt, die Verbindungen im Programm) und die Kapazität einfach nicht aus. Das ist zwar zum Teil auch richtig, aber das wirkliche Problem ist, daß sich diese Grenzen niemals überwinden lassen. Für das *frame problem,* also das Problem, wie der Informationsumfang, den der Rechner speichern muß, a priori zu umschreiben ist, gibt es keine Lösung. Bestenfalls läßt sich der Schaden begrenzen (aber niemals auf Null reduzieren), wenn man eine gewisse »Welterfahrung« in den Computer einbaut. Damit meine ich ausdrücklich eine ganze Welt, nicht nur die Welt der Gastronomie. Die Antwort auf diese so banalen Fragen liegt in biologischen, sozialen und ökonomischen Tatsachen, die weit über die Szenerie *(frame)* der Gastronomie als solcher hinausgehen.

Diese und tausend andere Fragen zeigen, daß wir uns auf Fakten, Gesetze und Prinzipien stützen, die das große Theater des Lebens bestimmen, um zu verstehen, was innerhalb der begrenzten Szenerie eines Restaurants vor sich geht. Man muß wissen, wieviel ein Mensch während einer einzigen Mahlzeit zu sich nehmen kann, man muß wissen, daß man beim Schlafen nicht ißt, und daß man erst nach dem Essen bezahlt, oder daß der Gast, sobald er einmal bezahlt hat, keinen Anspruch mehr auf sein Geld hat. All diese Dinge sind völlig banal, aber ein Computer weiß sie eben nicht.

Das Problem des *frame* ist, daß es keine Möglichkeit gibt, die anderen »Szenerien« (außerhalb der Gastronomie) zu umschreiben, denen diese Informationen, diese Kenntnisse zu entnehmen sind, nämlich »jedwede andere Szenerie«. Uns allen ist klar, daß der Rechner weder die Namen der sieben Könige Roms zu wissen braucht, noch das Geburtsdatum Dantes oder die chemische Formel für Schwefelsäure. Und doch ist es uns unmöglich, eine vollständige Liste mit all den Punkten aufzuführen, die ein Computer wissen muß, um ein Restaurant führen zu können oder sogar einfach nur zu verstehen und passiv zu verfolgen, was in einem Restaurant vor sich geht. Jedes aufmerksame und pfiffige Kind wird das ausgeklügeltste Expertensystem schlagen.

Nicht einmal bei den Sprachen gibt es Szenarien

Betrachtungen, die diesen sehr nahekommen, zeigen auch, daß es unmöglich ist, einer Sprache die Szenerie *(frame)* von wenigen Grammatikregeln zu »entnehmen«, die dann ausreichen, um uns *nur* das verständlich zu machen, was in einem bestimmten Kontext gesagt wird. Die Bereiche mit fachbezogenem Inhalt stimmen nicht mit Bereichen der Syntax überein, ja nicht einmal die Grundfunktionen der Kommunikation stimmen mit den spezifischen, grammatikalischen Funktionen (oder Konstruktionen) überein. So entspricht zum Beispiel die Funktion Aufsetzen und Verwalten von Verträgen keiner einzigen spezifischen, grammatikalischen Funktion. Auf den ersten Blick scheint die Formulierung: »Wenn du mir dies gibst, dann gebe ich dir jenes« die grammatikalische Grundkonstruktion einer vertraglichen Beziehung darzustellen, aber bei näherem Hinsehen ist das nicht der Fall. Auch die folgenden Wendungen drücken »vertragliche« Beziehungen aus:

Es wird gebeten, die Ware vor dem Abholen an der Kasse zu bezahlen.
Der Eintritt ist nur Mitgliedern gestattet.
Gekaufte Ware ist vom Umtausch ausgeschlossen.

Schon diese einfachen Beispiele zeigen, daß die kommunikative Funktion der Vereinbarung von Regeln und Verträgen keiner präzisen grammatikalischen Kategorie entspricht. Für eine einzige kommunikative Funktion können alle expressiven Möglichkeiten der Sprache zum Einsatz kommen. Linguisten wissen sehr gut, daß dieses nicht nur für Verträge gilt, sondern auch für Verweigerungen, Forderungen, Befehle oder Vermutungen. So wie es im Prinzip und in der Praxis der Kenntnis von Fakten und Gesetzen des gesamten Universums bedarf, um die Szenerie eines Restaurants zu begreifen, so bedarf es, theoretisch wie praktisch, der Kenntnis von Prinzipien und Regeln der gesamten Grammatik, um in einer Fremdsprache über den Textil- oder Elektronikbereich (oder irgendein anderes Teilgebiet) zu sprechen. Einmal abgesehen vom Wortschatz kann der Sprachunterricht niemals auf einen einzigen Bereich bezogen sein oder ausschließlich eine bestimmte kommunikative Funktion abdecken.

Eine Sprache zu lernen heißt, ihre fundamentalen Besonderheiten (das, was in der Linguistik als »Parameter« bezeichnet wird) im weitesten Sinne zu lernen. Das ist etwas völlig anderes, als sie perfekt zu lernen oder sich jede Einzelheit, jede Ungereimtheit und jede Ausnahme anzueignen.

Über den Erwerb von Fremdsprachen vor Ort, also durch den Kontakt mit den Sprechern der jeweiligen Sprache, gibt es wenig zu sagen. Wie der große Linguist Noam Chomsky treffend bemerkt hat, ist der Spracherwerb etwas, das »uns widerfährt«, nicht etwas, das »wir tun«. Sehen wir uns lieber einmal etwas genauer an, was es mit einer Fremdsprache auf sich hat, die man an der Schule lernt, also das, was wir machen, wenn wir – bewaffnet mit Papier und Stift – in der Klasse, zu Hause, am Schreibtisch oder sonstwo mit dem Grammatikbuch dasitzen.

Das Fremdsprachenstudium am Schreibtisch

Beim Erlernen einer Fremdsprache am Schreibtisch ist die Kenntnis der Muttersprache unsere Hauptverbündete und unsere Erzfeindin zugleich. Ersteres weil die Grammatik, die wir lernen, sich unsere genaue und umfassende Kenntnis über die vielen grundlegenden, linguistischen Fakten zunutze macht, die uns bis dahin nicht einmal bewußt waren. Die unzähligen Frustrationen der Wissenschaft bei ihrer Bemühung, Computer zu konstruieren, die fähig sind, eine Sprache zu sprechen und zu verstehen, haben uns deutlich vor Augen geführt, wie tief und wie komplex gerade das ist, was uns so selbstverständlich scheint. Für uns ist der Unterschied zwischen Substantiven, Verben, Adjektiven und Pronomen eine Selbstverständlichkeit, ein Rechner jedoch, der diesbezüglich völlig unbedarft ist, kommt zu den verrücktesten Schlußfolgerungen.

Computer wissen mit unseren Grammatiken ebensowenig anzufangen wie der imaginäre Marsmensch. Letzterer könnte niemals in eine Buchhandlung gehen, sich eine Grammatik der deutschen Sprache kaufen, diese einige Monate oder Jahre einüben und dann, vielleicht schlecht, vielleicht mit einem harten, außerirdischen Akzent, Deutsch sprechen. Die herkömmlichen Grammatiken berücksichtigen nämlich nicht gewisse absurde und übertriebene Mißverständnisse. Die Fehler des Marsmenschen oder des Computers würden sich also als unkorrigierbar erweisen. Die üblichen Schulgrammatiken, die uns beim Erlernen von Sprachen unentbehrlich sind, setzen genau das als selbstverständlich voraus, was für den Linguisten am interessantesten und rätselhaftesten ist: elementare und ganz zentrale Fakten, die jeder Sprache eigen sind, und die wir bereits kennen, ohne daß sie uns jemals beigebracht worden wären. Wir haben es mit Kenntnissen zu tun, die von innen her kommen – ganz umsonst und ohne Mühe.

Dieses stumme, selbstverständliche und natürliche Wissen ist unser engster Freund beim Erlernen von Femdsprachen. Versuchen wir nun einmal herauszufinden, warum es auch unser ärgster Feind ist. Flüchtig betrachtet bringt es uns dazu, die allgemeinen, grammatikalischen Formen unserer Sprache wortwörtlich, auf oberflächliche und gleichförmige Art und Weise, auf die anderen Sprachen zu übertragen. Die Liebe zu den Sprachen besteht aber gerade darin, sich nicht zum Sklaven muttersprachlicher Strukturen machen zu lassen. So gibt es im Italienischen Konstruktionen, die in anderen Sprachen fürchterlich klingen, wenn man sie Wort für Wort übersetzt. Die Wendung »Il mio libro« ist im Italienischen beispielsweise korrekt, aber im Deutschen ist »Das mein Buch« ein derart gravierender Fehler, daß einem bei der bloßen Vorstellung die Haare zu Berge stehen. Offensichtlich gilt auch der umgekehrte Fall: Bisweilen bekommen wir eine Gänsehaut, wenn Ausländer Wendungen ihrer Sprachen ganz brutal auf unsere Muttersprache übertragen: »Er hat angekommen« *(He has arrived)*, »Ist schön haben ähnliche Freunde« *(E' bello avere simili amici)* was im Deutschen richtigerweise heißen müßte »Es ist schön, solche Freunde zu haben«.

Wir sind alle, der eine mehr, der andere weniger, in dem Netz elementarer, sprachlicher Strukturen unserer Muttersprache verstrickt. Die Auswirkungen dieser Fesseln lassen sich auch bei denjenigen feststellen, die mehrsprachig sind, aber eine Sprache als Hauptsprache bewahren. Linguisten haben nachgewiesen, daß diejenigen, die mehr als eine Sprache wirklich perfekt und absolut unterschiedslos sprechen, an den Fingern einer Hand abzuzählen sind. Zwar sprechen viele Menschen mehr als eine Sprache gut oder sehr gut, aber fast niemand ist, im wahrsten Sinne des Wortes, zweisprachig.

So wird ein Ausländer, der bereits über sieben oder acht Jahre alt war, als er Englisch gelernt hat, Ausdrücke akzeptabel finden (und auch benutzen), die für einen native speaker grammatisch ganz falsch sind – egal wie fließend und korrekt er die Sprache auch immer sprechen mag. Umgekehrt wird er Wendungen grammatisch falsch und unakzeptabel finden, die für einen Muttersprachler völlig korrekt sind. Ich selbst habe erst sehr spät entdeckt, daß man im Englischen folgendes nicht sagt (wie die Linguisten verwende ich ein Sternchen, um grammatisch falsche Wendungen zu kennzeichnen):

☆ I recommend you that restaurant
(Man sagt I recommend that restaurant to you oder allenfalls I recommend that you eat in that restaurant. Allerdings ist die Wendung I give you this book sehr wohl korrekt.)

☆ Its knowledge
(zum Beispiel in Sätzen wie That was no secret, because its knowledge was widespread; richtig muß es heißen the knowledge of it)

Die Linguisten entwickeln ein Gehör für diese Art grammatikalischer »Taubheit« sowie für bestimmte falsche, beinahe zwangsläufige linguistische Analogien. Es handelt sich um Phänomene, die um so interessanter sind, je automatischer und unkorrigierbarer sie sich für alle Sprecher einer bestimmten Muttersprache oder einer begrenzten Sprachfamilie erweisen. Die Botschaft, die uns diese überaus anschaulichen Beispiele vermitteln, lautet, daß die Muttersprache uns zeit unseres Lebens zu Fehlern verleitet, selbst wenn man eine andere Sprache noch so gut spricht.

Dieses Phänomen wird besonders offensichtlich, wenn es um den Akzent geht: Mit Ausnahme einiger wirklich außergewöhnlicher Fälle reicht es im Normalfall schon, ein paar Worte von sich zu geben, um sogleich als Ausländer entlarvt zu werden. Der Akzent läßt sich nur dann vermeiden, wenn man eine Sprache als Kind, im Alter von vier, allerhöchstens sechs Jahren lernt. Danach spezialisieren sich unsere Sprechwerkzeuge, sie erstarren sozusagen. Jüngste Forschungen der Linguistik und Psycholinguistik haben ergeben, daß der Mensch sehr schnell unfähig wird, nicht nur gewisse Laute einer Fremdsprache zu artikulieren, sondern sogar den Unterschied zwischen diesen Lauten zu hören. So wird beispielsweise der Unterschied zwischen dem Klang des italienischen »r« und des italienischen »l« von vielen Sprechern orientalischer Sprachen buchstäblich nicht wahrgenommen. Untersuchungen haben ergeben, daß ein japanisches oder chinesisches Kind, das in einem einsprachigen Ambiente aufwächst, bereits im Alter von drei oder vier Jahren nicht mehr in der Lage ist, diesen Unterschied zu hören. Uns geht es da übrigens nicht anders – für gewisse Klänge einiger orientalischer Sprachen oder sogar für den Unterschied zwischen Akzenten haben wir einfach kein Gehör. Zwischen dem in New York und dem in Boston gesprochenen Amerikanisch nimmt, zum Beispiel, ein italienisches Ohr nicht den geringsten Unterschied wahr. Unser Mund und unsere Ohren befinden sich recht bald schon in den Fängen muttersprachlicher Strukturen. Wir hören nur die Akzente unserer Heimat.

Wenn schon der Akzent unumgänglich ist, können wir dann wenigstens etwas gegen unsere grammatikalische Taubheit tun? Theoretisch ist das sehr wohl möglich, in der Praxis gestaltet es sich als sehr schwierig. Es genügt nämlich nicht, die Grammatikregeln einer anderen Sprache zu lernen, das Grammatikbuch selbst müßte uns klipp und klar und ohne Umschweife sagen: lieber Italiener, der du gerade Englisch lernst, liebe Japanerin, die du gerade Französisch lernst (undsoweiter), du bist zwar versucht, dieses oder jenes zu sagen, sag es aber nicht, denn es ist falsch. Solche Grammatiken sind noch nicht im Handel, Sprachwissenschaftler überlegen allerdings, ob es nicht sinnvoll wäre, sie zu schreiben. Das Hauptproblem besteht darin, daß dann unzählige Grammatiken erforderlich wären: eine englische für Italiener, eine französische für Japaner... Länder, die ein größeres Kontingent an Einwanderern aus einem bestimmten Sprachgebiet aufgenommen haben, tun bereits jetzt schon alles in ihrer Macht stehende, um beim Unterrichten der Zielsprache (zum Beispiel Englisch) die Besonderheiten der Basissprache (zum Beispiel Spanisch) so weit wie möglich einfließen zu lassen. Ein guter Fremdsprachenlehrer wird ohnehin bereits im Vorfeld die Fehler korrigieren, von denen er weiß, daß sie am wahrscheinlichsten sind.

Jede Sprache hat ihre ganz besondere Logik oder, wie man eine Zeitlang sagte, ihren eigenen »Genius«. Sobald wie möglich sollte man diese Logik erfassen und zulassen, daß dieser Genius Besitz von uns ergreift. Es ist weitaus besser, sich völlig in eine Sprache hineinzubegeben, ja sogar in dieser Sprache zu denken, als ständig auf die Muttersprache zurückzugreifen und Vergleiche anzustellen. Sobald man einige Grundkenntnisse der Sprache erworben hat, würde ich empfehlen, unverzüglich damit zu beginnen, sich von da ab Unterrichtsnotizen bereits in der jeweiligen Sprache zu machen anstatt in der Muttersprache. Dabei spielt es keine Rolle, ob wir viele Fehler machen, die Übung wird von doppeltem Nutzen sein. Denken wir doch nur einmal daran, welche Befriedigung wir empfinden werden, wenn uns unsere Fehler nach einigen Monaten in die Augen springen und wir in der Lage sind, sie eigenhändig zu korrigieren.

Die falschen Freunde

Über die falschen Analogien der Lexik müssen wir unbedingt noch ein paar Worte verlieren. Hier gehen die Fehler geradezu ins Groteske. Wer den Kellner in einem amerikanischen oder englischen Restaurant mit dem Ausruf: »Waiter, when will I become the steak!« an seine Bestellung erinnert, wird für allgemeine Erheiterung sorgen. ›Become‹ bedeutet auf Englisch nämlich ›werden‹ und nicht – wie unbewußt aus dem Deutschen übertragen – ›bekommen‹. Je mehr sich zwei Sprachen ähneln, desto größer ist die Gefahr, solche Ungereimtheiten von sich zu geben. Man muß sich vor der hemmungslosen Übersetzung von Begriffen hüten, die zwar ähnlich klingen, aber gar nichts miteinander zu tun haben. Nur das ständige Nachschlagen im Wörterbuch schützt vor Blamage und schlechten Noten.

Grammatiken und Wörterbücher, die von den verschiedenen Muttersprachen der Benutzer ausgehen, wären sicher von Vorteil. Das englische *delusion* entspricht nun einmal nicht dem italienischen *delusione* (was man mit *disappointment* übersetzt), sondern bedeutet »Täuschung, Irreführung«. »Be sensibel« steht im Englischen für »Sei vernünftig«, im Deutschen wird ›sensibel‹ hingegen im Sinne von ›einfühlsam, empfindlich‹ gebraucht. Das sind nur einige von unzähligen Fallen, die einem die Muttersprache beim Erwerb der Fremdsprache stellt. Tatsächlich besteht das Problem bei diesen falschen Analogien darin, daß wir uns unserer Sache derart sicher sind, daß wir gar nicht auf die Idee kämen, im Wörterbuch nachzuschlagen.

Welcher Italiener käme schon auf die Idee, die Übersetzung des englischen Begriffs *stomach* zu kontrollieren – insbesondere dann, wenn aus dem Kontext ganz klar hervorgeht, daß es sich um ein Organ handelt, das Beschwerden verursacht (ital. stomaco, m. = der Magen; A.d.Ü.). Und doch sollten wir das einmal tun, denn während der gesamten Viktorianischen Ära bedeutete stomach nämlich Darm (und offengesagt auch Stuhlgang). Ich habe unzählige, staatlich geprüfte Übersetzer dabei ertappt, wie sie in solche Fallen gegangen sind. Einer übersetzte *blind alley* (Sackgasse) mit *blinder Verbündeter.* Ein anderer machte aus *turnover* (Umsatzerlöse) *Überschlag.* Wenn wir nicht lernen, gewissenhaft, ja sogar pedantisch zu werden, wenn wir nicht lernen, den scheinbaren Ähnlichkeiten verschiedener Sprachen zu mißtrauen, dann werden wir niemals Fortschritte machen. Eigentlich müßte ich präziser sagen, daß natürlich nur den falschen Analogien mit Argwohn zu begegnen ist, aber wie sollen wir zwischen richtigen und falschen Analogien unterscheiden? Im Zweifelsfalle ist es jedenfalls immer besser, allen Analogien gegenüber Vorsicht walten zu lassen. Dies gilt vor allem dann, wenn es sich um lexikalische Entsprechungen handelt, insbesondere wenn Wörter völlig gleich zu sein scheinen. Erst nachdem wir sie eins nach dem anderen kontrolliert haben, können wir diejenigen, die wirklich übereinstimmen, getrost übernehmen. Es gibt keinen ärgeren Feind als den Glauben, etwas zu wissen, besonders wenn es um Dinge geht, die uns doch so offensichtlich erscheinen.

Wenn, abgesehen von groben Fehlern und lächerlichen Mißverständnissen, der Zweck allein derjenige ist, sich verständlich zu machen, dann spielt all das so gut wie keine Rolle. Die Intelligenz und die gute Erziehung unserer Gesprächspartner werden all unsere Fehler wettmachen. Die Art und Weise, in der Fremdsprachen an den Schulen unterrichtet werden, ist jedoch anders. Dort besteht der Zweck nicht darin, sich verständlich zu machen, sondern es gilt, eine Sprache korrekt zu lernen. Es zählt die Grammatik; auf die Übereinstimmungen von Genus, Tempus und Numerus wird ebenso viel Wert gelegt wie auf komplexe, syntaktische Konstruktionen und deren Feinheiten. Das hat bisweilen ganz paradoxe Folgen. So gibt es Personen, die Fremdsprachen ausschließlich in der Schule gelernt haben und Listen mit Ausnahmen und unterschiedlichen Raffinessen der betreffenden Sprache im Schlaf hersagen können, aber nicht in der Lage wären, in einem Restaurant oder auf dem Bahnhof zurechtzukommen, geschweige denn ein paar Worte mit einem Taxifahrer zu wechseln. Im Gegensatz dazu habe ich häufig Menschen getroffen, bei denen ein grober Fehler den anderen jagt, denen es aber trotzdem hervorragend gelingt, zu verstehen und sich in einer anderen Sprache verständlich zu machen.

Nur aus einer vernünftigen Kombination dieser beiden verschiedenartigen Begabungen entwickelt sich die wahre Liebe zu den Sprachen.

Die Liebe zur Geschichte

Im Vergleich zu allen anderen Unterrichtsfächern nimmt die Geschichte eine privilegierte Stellung ein. In der Tat gibt es keine andere Materie, die für sich genommen soviel Bildung vermittelt wie die Geschichte. Ideologien und Philosophien, die untereinander sehr verschieden oder sogar entgegengesetzt sind, wie der liberale Idealismus und der marxistische Materialismus, waren sich plötzlich einig, als es darum ging, eine Kultur nach Umfang und Tiefe der historischen Kenntnisse zu beurteilen, über die diese verfügt. Aus einer langen und bedeutenden Tradition heraus wird die Geschichte häufig als autonomer Stoff, als eine mit eigener Existenz und einem eigenen Willen ausgestattete Entität dargestellt. Während niemand auf die Idee käme, daß die Geographie auch jenseits und außerhalb der Kontinente, der Gebirgsketten und der Ozeane existiert, wird uns andererseits suggeriert, daß Geschichte mehr sei als die bloße Abfolge von Fakten, Aktionen, Personen und Wechselfällen. So wird behauptet, daß Geschichte hervorbringt, verursacht, bestimmt, verurteilt und freispricht. Über eine Ideologie, eine Neigung oder eine Unternehmung hingegen sagt man, daß sie außerhalb, am Rande oder inmitten eines historischen Schemas stehe. Verschiedentlich wurde Geschichte auch als Lehrmeisterin, als Geburtshelferin, als Werkstätte, als Schmiede und als Motor bezeichnet. Gewiß, all das sind Metaphern, aber Metaphern, die wir so gut wie nie verwenden, wenn wir über Chemie, Arithmetik oder Musik sprechen.

Gerade weil sie so privilegiert ist, so eigenständig und so willensstark, stellt sich uns diese große Lehrmeisterin zugeknöpft und rückständig dar. Sie flößt Respekt ein und verbreitet Schrecken, aber nicht etwa deshalb, weil sie schwierig ist, sondern weil sie sich mit außergewöhnlicher symbolischer Macht schmückt. Es gibt einen ganz klaren Unterschied zwischen der Geschichte, die an den Schulen unterrichtet wird, und der Geschichte, die den Stoff liefert für Schundliteratur einerseits sowie für zahlreiche Erfolgsromane (man denke nur an die Bücher von Umberto Eco) und Filme andererseits. Zwischen der Roman-Geschichte, die uns im Alltag so sehr fasziniert, und der Grundlagen-Geschichte liegen Welten. Anregungen zum Studium der Roman-Geschichte zu geben würde bedeuten, offene Türen einzurennen, denn diese Geschichte erscheint uns schon von vornherein faszinierend. Vielmehr ist es erforderlich, Anstöße zum Studium der Geschichte zu vermitteln, so wie sie an den Schulen unterrichtet wird. So seltsam es auch erscheinen mag, diese Grundlagen-Geschichte ist nicht nur die Geschichte, sondern *eine* Geschichte.

Einheiten und Zeiträume

In unseren Lehrbüchern ist weder von großen Liebschaften oder Treuebrüchen die Rede noch von kriminellen Machenschaften, grausamen Racheakten und jenen belebenden Elementen wie Macht, Liebe und Tod, die die historischen Romane füllen. Selbst der besondere Zauber, der von dem ausgeht, was man als *quantitative Geschichte* bezeichnet, also die Geschichte der Demographie, des natürlichen Reichtums, des Klimas, der Preise, der Techniken und der Mentalitäten, ist – aus mir unerfindlichen Gründen – in diesen Büchern nicht enthalten. Es fehlen gerade die Themen und die Bereiche der Forschung, die heutzutage für viele Historiker ganz zentral sind. Das Bild dieser Grundlagen-Geschichte ist gleichzeitig viel umfangreicher als dasjenige der Persönlichkeit einzelner, berühmter Protagonisten, dem unerschöpflichen Schatz des historischen Romans, und viel begrenzter als dasjenige, das von gewissen modernen Historikern aufgezeichnet wird. Einige der neuesten und interessantesten Themen, denen sich diese Historiker in den letzten Jahren gewidmet haben, sind zum Beispiel die Geschichte kulinarischer Vorlieben und Tischmanieren (ihr liegen Statistiken der Nahrungsmittelindustrie, Tagebücher, Briefe, Rezepte und Erzählungen, Speisekarten und eine anthropologische Untersuchung dessen, was bei den sogenannten Naturvölkern gang und gäbe war, zugrunde), sowie die Geschichte der Sexualität und der Empfängnisverhütung (die sich auf Briefsammlungen, auf Handbücher für Beichtväter, auf Krankenhausannalen oder auf derbe, obskure Berichte stützt). Die Bücher, die solche Themen behandeln, fanden meist reißenden Absatz. Vor allem in der meist angelsächsischen Welt machen heutzutage die Geschichte der Frauen und die Geschichte der Minderheiten von sich reden. Nicht weniger interessant, wenn auch fachspezifischer, sind Bereiche wie die Geschichte des Körperbaus (hier stützt man sich auf Aufzeichnungen von Schneidern, die beim Militär Dienst taten), der Familiennamen (unter Zugrundelegung von Kirchenregistern), der Syntax, der Hexerei, des Buchdrucks, der Metalle, der Krankheiten, der Landkarten. Man sieht sogleich, daß sich diese Phänomene deutlich von denen unterscheiden, die in unseren Schulbüchern stehen. Die jüngeren Geschichtsforscher rekonstruieren häufig Tagesereignisse, selbstverständliche und verbreitete Meinungen, die Macht dessen, was einst von allen als ganz selbstverständlich hingenommen worden war. Ihre Geschichte erschöpft sich möglicherweise in Ereignissen, die sich nur zehn entscheidende Jahre oder über ein ganzes Jahrtausend erstrecken. In der Schule beschäftigt man sich hauptsächlich mit einer Geschichte des öffentlichen Lebens, die auf offiziellen Dokumenten basiert und sich immer auf einen Zeitraum von einem Jahrzehnt oder einem Jahrhundert beschränkt. Diese offizielle Geschichte (von seiten der feministischen Bewegung wurde immer wieder darauf hingewiesen) hat oft einige der naheliegendsten und wichtigsten Bereiche, wie die Geschichte der Frauen, der Kindheit oder der Hausarbeit vernachlässigt. Die beinahe ausschließliche Beschäftigung mit Staatsgebilden und Territorien hat darüber hinaus dazu geführt, daß die Grundlagen-Geschichte beispielsweise die Meere und Straßen ausgeklammert hat. Es schien fast revolutionär, daß ein großer Wegbereiter dieser neuen Geschichtsauffassung, der Franzose Fernand Braudel, eine Geschichte des Mittelmeerraumes verfaßt hatte, seines Schiffsverkehrs, seiner Küsten, seiner Völker und deren Handelsbeziehungen. Gleichermaßen überraschend erschien es, eine Geschichte der Mentalitäten rekonstruieren zu können, die einer ganzen Bevölkerung oder einer sozialen Schicht bis hin zu der eines Müllers aus dem sechzehnten Jahrhundert, eines Geistlichen aus dem achtzehnten Jahrhundert oder eines Lehrers zur Zeit des Bürgerkönigs Louis Philippe. Sobald diese Geschichte im wörtlichen Sinne quantitativ wird, beschäftigt sie sich damit, wie sich über einen langen Zeitraum hin der Charakter des Planeten zum Beispiel im Hinblick auf Regen, Temperaturen oder Ernten verändert hat. Sie rekonstruiert, oft über lange Zeiträume hin, die durchschnittliche Lebensdauer, die Geburtenrate, die Häufigkeit von Eheschließungen, den Preis von Brot und Arbeit oder die Widerstandsfähigkeit von Mensch, Tier und Pflanze gegen große Epidemien. Mikroskopisch genau verfolgt sie sogar die Migration von Bazillen, Flöhen und Ratten, den Überträgern der Pest, entlang der Seidenstraße. Sie vereinigt ihre Kräfte mit anderen Wissenschaften, um den Wechsel der Natur, die Veränderungen der Erde, der Krankheitserreger und der menschlichen Physiologie nachzuvollziehen. Die Geschichte, wie sie an der Schule unterrichtet wird, ist auf ganz andere Bereiche ausgerichtet.

Die Geschichte der Herrscher

Die Geschichte unserer Schulbücher neigt zu einer Rekonstruktion des öffentlichen Lebens, des politischen wie ökonomischen Systems. Es handelt sich um eine Geschichte, die uns Einblick gibt in die genaue Abfolge der Herrscher sowie deren Art zu herrschen. Dies erlaubt uns, all die anderen Ereignisse der ›Roman-Geschichte‹ oder der quantitativen Geschichte, die sehr viel bedeutender oder sehr viel nichtiger sind, sehr viel universaler oder sehr viel privater, vor dem Hintergrund von Zeit und Macht einzuordnen. Da es sich um eine Geschichte handelt, die allgemeiner und unbestimmter ist als die Vertraulichkeiten eines Romans, gibt sie keinen Anlaß zu persönlichen Deutungen, sie versetzt uns nicht in Empörung, sie läßt uns nicht von Abenteuern träumen, sie bringt uns nicht dazu, lange zu grübeln, um des Rätsels Lösung zu entdecken. Da sie jedoch auch lokaler ist als die großen Gemälde, die die quantitative Geschichte schafft, eignet sie sich nicht dazu, unsere durchaus berechtigte Neugierde zu befriedigen. Diese Schulgeschichte von Staatsangelegenheiten ist wohl vor allen Dingen darauf ausgerichtet, mehr als den normalen Bürger, den zukünftigen Staatsmann, den zukünftigen General und den zukünftigen Finanzier zu begeistern. Wer die Schule mit hervorragenden Zensuren in Geschichte verläßt, wird Fragen über Herrscherhäuser, Ministerpräsidenten, Seeblockaden und Kolonialpolitik aus dem Effeff beantworten können. Man frage ihn jedoch bloß nicht, was und wieviel ein Bauer im frühen Mittelalter für gewöhnlich aß, wieviel ein Sklave zur Zeit Plinius des Älteren kostete, wieviele Menschen im Napoleonischen Frankreich ein Stück Land oder ein Haus in der Stadt besaßen oder im spätviktorianischen London des Lesens und Schreibens mächtig waren. Man erwarte besser nicht, daß er auf solche oder irgendwelche anderen, durchaus historischen Kuriositäten eine Antwort weiß.

Die Berufung auf den Staat, die die Geschichte der Schulbücher bestimmt, bereitet uns vielmehr darauf vor, historische Bauwerke einzuordnen oder die Topographie unserer Städte mit ihren Umschließungsmauern und ihren Stadtvierteln zu lesen. Sie gibt uns einen Schlüssel an die Hand, mit dessen Hilfe wir besser verstehen, wann bestimmte große Entscheidungen getroffen worden sind, von wem, warum und mit welchen dauerhaften Folgen. Sie rekonstruiert Jahrzehnt für Jahrzehnt die Veränderung von Bündnissen und Grenzen, die Entwicklung von Gesetzen und Ordnungen. Sie erklärt Völkerwanderungen, die Existenz von sprachlichen Minderheiten in gewissen Gebieten, Tendenzen zu bestimmten Siedlungsformen und Beschäftigungsarten, Föderationen, politische Autonomien, das wirtschaftliche Ungleichgewicht zwischen einem Bereich und einem anderen, zwischen einer Nation und einer anderen, zwischen einer sozialen Schicht und einer anderen. Das sind, kurz gesagt, die Lektionen, die uns diese Art Geschichte erteilt. Sie macht uns zu bewußteren Bürgern unserer gemeinsamen Vergangenheit, die mehr in den sozialen Prozeß eingebunden sind, aus dem Rechte, Pflichten, Einschränkungen und Freiheit herrühren. Sie ist mit Sicherheit weder so faszinierend wie die historischen Romane, noch so grundlegend wie die quantitative Geschichte, und doch ist das, was sie uns lehrt wichtig, und man sollte bis ins letzte davon profitieren. Eines der ausschlaggebenden Motive zum Studium dieser Geschichte ist, daß wir tagtäglich ihre Spuren in unserer unmittelbaren Umgebung wahrnehmen. Selbst wenn wir nur einen winzigen Bruchteil dieser Geschichte gepaukt haben, betrachten wir die Welt um uns herum plötzlich mit ganz anderen Augen und bemitleiden diejenigen, die von dieser Geschichte nicht die leiseste Ahnung haben. Wir erschaudern geradezu, wenn jemand – mir fällt da der Prototyp des amerikanischen Touristen ein – sich bei der Datierung einer geschichtlichen Begebenheit oder eines unserer berühmten Denkmäler um einige Jahrhunderte irrt. Wir bemitleiden ihn und sind stolz darauf, nicht wie er zu sein. Uns wurde wieder und wieder gesagt, daß diese Grundlagen-Geschichte Kultur vermittelt, und schließlich haben wir es geglaubt. Möglicherweise gar nicht einmal zu Unrecht.

Geschichtsbetrachtung

Im Speisewagen des Schnellzugs Paris-Rom saß ich einmal zufällig mit einem eleganten, älteren amerikanischen Ehepaar zusammen. Ein Fluglotsenstreik hatte die beiden an diesen Ort verschlagen, denn so eine Tuchfühlung mit dem alten Europa war nicht im mindesten geplant gewesen. Von New York hätte die Reise eigentlich direkt nach Jerusalem gehen sollen, lediglich unterbrochen durch einen einstündigen Aufenthalt auf dem Pariser Flughafen. Als gute Katholiken wollte das Ehepaar eine Pilgerreise zu den heiligen Stätten unternehmen. Sie kamen aus Syracuse (im Bundesstaat New York) und waren, man konnte es deutlich sehen, sehr wohlhabend. Erschütternd war allerdings ihre Hilflosigkeit, ihnen fehlte jegliche sprachliche, geographische und geschichtliche Orientierung. So hatten sie nicht den blaßesten Schimmer davon, welche Grenzen der Zug auf dem Weg von Paris nach Rom überqueren mußte. Besorgt fragten sie mich, ob wir womöglich durch ein kommunistisches Land fahren würden. Nachdem ich sie beruhigt hatte, zeichnete ich ihnen auf einer Papierserviette den Teil Europas auf, den wir durchqueren würden. Nein, weder Dänemark noch Jugoslawien oder Deutschland, nur Frankreich, ein kleines Stück der Schweiz, dann Italien.

Zu ihrer größten Sorge sollten sie zwei Tage in Rom verbringen. Sie fragten mich deshalb, wie sie dort am besten vorgehen, was sie sich ansehen sollten. Ihre absolute historische Unkenntnis brachte mich völlig aus der Fassung. Hätte mir jemand davon berichtet, ich hätte ihm nicht geglaubt. Offengestanden hätte ich es nie für möglich gehalten, daß zwei so höfliche und gesittete Menschen im Zweifel darüber sein können, ob die Renaissance vor oder nach Napoleon kommt oder ob das Kolosseum aus der Zeit vor oder nach dem Mittelalter stammt. Recht bald wurde mir klar, daß sich keine einzige Besichtigung für die beiden als lohnend erweisen konnte, dazu fehlte ihnen einfach jeglicher Bezug. Aus religiösen Gründen wollten sie den Petersdom besichtigen. Es war ein schwieriges Unterfangen, ihnen zu vermitteln, wie alt dieser war, da sie ja über keinen Maßstab verfügten, um die Zeit zu messen. Auch das Kolosseum wollten sie sich unbedingt ansehen, wußten sie doch, daß dort »sehr viele Katholiken« *(sic)* wilden Tieren zum Fraß vorgeworfen worden waren. Das hatten sie nämlich im Kino gesehen, und es hatte sie sehr erschüttert. Ich hielt es für sinnvoll, sie auch auf einige Plätze hinzuweisen, die mehr an die direkten Eindrücke appellierten als an Kultur: Die Aussicht von den Hügeln, die spanische Treppe (ach ja, die einst Gregory Peck und Audrey Hepburn hinuntergingen), das Trajansforum mit seiner zentralen Marktanlage (ich glaubte, es würde sie beeindrucken, einen »uralten« Supermarkt hinter den Hügeln Roms zu entdecken) und die Fassade des Palazzo Farnese (eines der schönsten Bauwerke der Welt). Später schickten die beiden mir dann eine Ansichtskarte aus Jerusalem und bedankten sich vielmals.

Was einen in solchen Fällen schockiert, ist nicht so sehr das absolute Fehlen dessen, was wir Kultur nennen, sondern vielmehr das daraus herrührende Unvermögen, eine Stadt zu erleben. Welchen Eindruck kann einem schon der Besuch Roms vermitteln, wenn man nicht im geringsten zwischen Vorher und Nachher zu unterscheiden vermag? Was für ein Gefühl soll der Baustil des Petersdoms in uns hervorrufen, wenn wir glauben, daß er aus derselben Epoche stammt wie die Paläste der Via della Conciliazione? Wie soll einem das Kolosseum rein äußerlich betrachtet vorkommen, wenn man die ganze Welt, die es geschaffen hat, ignoriert? Einige historische Filme hatte unser amerikanisches Ehepaar jedoch gesehen, und sie hatten auch einige Romane über Ivanhoe und die Ritter aus König Artus' Tafelrunde gelesen. Ihnen fehlte aber vollkommen jegliche Kenntnis oder irgendeine vage Erinnerung eben der Geschichte, die man in der Schule lernt. Für sie hatte die Welt keinerlei Konsistenz. Die ganze Welt war soeben erst entstanden, historische Drehbücher über das Römische Reich, Ivanhoe und Desiree eingeschlossen. Die ausschließliche Kenntnis von Romangeschichte entspricht insofern völlig ihren Unsicherheiten in einer eintönigen Augenblickswelt ohne die geringsten Bezugspunkte.

Wie rückschrittlich sie auch sein mag, wie wenig aufregend sie uns bisweilen vorkommen mag, die öffentliche Geschichte ist trotz allem die Geschichte einer Welt der Menschen, die unseren Städten Basis, Raum und Konsistenz verleiht. Zumindest, ich sage zumindest, in diesem Sinn wird zurecht behauptet, sie vermittle Kultur.

Teil 2

Die Prüfungsangst: Symptome und Behandlung

Das Unterstreichen – oder von Gebrauch und Mißbrauch des Lehrbuchs

Als Gebrauchsgegenstand zeigt das Lehrbuch sehr schnell erste Anzeichen für eine gebrochene Haßliebe des Benutzers. Bereits wenige Stunden nach dem Kauf sind zwei Exemplare ein und desselben Lehrbuchs längst nicht mehr identisch. Das eine etwa steckt in einem Schutzumschlag und trägt ein Namensschild. Mit der Zeit wird es dann bekritzelt, es wird Eselsohren bekommen und sonstige Arten von Ermüdungs- und Abnutzungserscheinungen aufweisen. Unter allen anderen kann man es auf Anhieb erkennen. Die gewiß ökonomische, aber vor allem gefühlsmäßige Investition lädt diese typischen Zeichen, die sich vervielfältigen und ansammeln, auf das Buch ab. Als wären es dieselben Wiederholungen einer immer anderen und dann doch wieder gleichen Handschrift, mehren sich Woche für Woche im eigentlichen Text diese unauslöschlichen, mühsam erworbenen und äußerst wertvollen persönlichen Markierungen – die Anmerkungen und Unterstreichungen. An den Rändern oder in kurzen Textzwischenräumen sind Mitteilungen zu lesen, die an uns selbst gerichtet sind: das Ich von heute wendet sich an das Ich der nächsten Woche oder an ein entferntes Ich eines der nächsten Monate, das kurz vor einer Prüfung noch einmal alles wiederholt. Es ist beinahe so, als wollte ein Teil von uns, ein Teil unseres Gehirns mit einem anderen Teil von uns, mit einem anderen Teil unseres Gehirns kommunizieren. Das verantwortungsbewußte und rechtzeitig planende Ich nimmt mit einem nachlässigen Ich Kontakt auf, dem alles gleichgültig ist. Wir haben es mit einem Ich zu tun, das vor allem auf sein eigenes träges, unzuverlässiges, unstetes und doch so wertvolles Gedächtnis Einfluß nehmen will. Wir schicken ihm oder, besser gesagt, uns verschlüsselte Botschaften: »Das darfst du nicht vergessen, hier mußt du aufpassen, diese Stelle ist noch einmal zu wiederholen, diesen Punkt kannst du getrost streichen, jener Paragraph ist unwichtig, das wird in der Prüfung nicht gefragt.«

Die Seiten des Lehrbuchs werden zu kleinen Friedhöfen, zu Zeugen unserer privaten Kämpfe, die wir mit einer bestimmten Materie ausfechten. Sie entpuppen sich zudem als die reinsten Logbücher oder Reisetagebücher. Überall stolpert man über schräge Kreuze oder Ausrufezeichen jeder Größe, die als Meilensteine an den Anfang und ans Ende von Textpassagen gesetzt wurden, die einen zentralen, sich wiederholenden Gedanken aufzeichnen. Nur wir kennen sie und hoffen, sie auf diese Weise zum richtigen Zeitpunkt wiederzufinden. Leuchttürme, Bojen, Hinweisschilder und Ampeln weisen uns auf unserer ganz persönlichen Forschungsreise den Weg zu den Stellen, die zu wiederholen oder zu umgehen, zu vertiefen oder wegzulassen sind. Beim Durchblättern eines mit solchen Privathinweisen gespickten Lehrbuchs springen Angaben wie *nein, ja, wichtig, wiederholen, für Donnerstag* und fast alle möglichen Kombinationen sogleich ins Auge. Manchmal nimmt man auch durchdachtere Aussagen wahr, Zeichen, die einen richtigen Inhalt haben und zusätzliche Informationen liefern: *Anfang des zwanzigsten Jahrhunderts entdeckt, gibt den Winkel in Radiant an* oder *kennzeichnet das Ende des Unabhängigkeitskrieges.*

Allzu häufig füllt die Stimmung des Augenblicks das Buch mit vollkommen unnötigen Hinweisen und Mitteilungen. Man unterstreicht das, was im Text selbst bereits klar und deutlich, etwa durch Fettdruck, hervorgehoben wird oder man wiederholt etwas, was man längst im Kopf hat. Wenn der Lehrer zu Beginn des Schuljahrs darauf hingewiesen hat, daß die kleingedruckten Zusätze nicht gelernt werden müssen, dann ist es doch vollkommen unnötig jedesmal ein Nein an den Rand zu kritzeln oder womöglich einen riesigen Strich durch den ganzen Text zu ziehen. Solche Eingriffe sind nämlich ausschließlich der augenblicklichen Stimmung unterworfen und zeugen nicht von Intelligenz. Durch sie sagen wir nur zu uns selbst (und auf magische und irrationale Weise auch zu unserem Buch): »Dich brauche ich nicht zu lernen, verschwinde aus meinem Blickfeld, lös dich in Wohlgefallen auf.« Dabei könnten wir unser Lehrbuch als Hilfsmittel bei der Arbeit sowie unsere geistigen Fähigkeiten um so vieles besser verwenden. Es wäre empfehlenswert, Selbstkontrolle zu üben, anstatt unser wertvolles, geliebt-verhaßtes Lehrbuch mit solchen faden Randbemerkungen zu versehen. Es lohnt sich, die folgenden Grundsätze einmal deutlich hervorzuheben:

- ✰ Die persönlichen Anmerkungen und Unterstreichungen müssen von Anfang an auf die zukünftige, nochmalige Lektüre und Wiederholung abzielen; sie dürfen nicht der Stimmung des Augenblicks unterworfen sein.
- ✰ Das zusätzliche Unterstreichen und Kommentieren von Stellen, die bereits im Text selbst auf irgendeine Weise hervorgehoben sind, sollte vermieden werden.

Wir müssen uns stets vor Augen halten, daß objektiv wichtige – und zwar für alle wichtige – Textstellen von den Autoren bereits gebührend hervorgehoben sein werden. Anmerkungen und Unterstreichungen sollten demnach ausschließlich dazu dienen, individuell für uns Wichtiges zu markieren. Wir haben es hier mit zwei ganz verschiedenen Kriterien zu tun: Die im Buch selbst hervorgehobenen Stellen müssen in jedem Fall gelernt werden, während die von jedem einzelnen vorgenommenen Unterstreichungen und Anmerkungen uns sagen, *wie* wir sie zu lernen haben. Die im Text hervorgehobenen Stellen kennzeichnen sozusagen die speziellen Schwerpunkte der jeweiligen Materie (wichtige Gesetze, grundlegende Konzepte und Formeln, denkwürdige Daten, usw.). Anmerkungen und Unterstreichungen hingegen müssen unsere persönlichen Lücken widerspiegeln und nach Möglichkeit kompensieren. Ausschließlich dazu sind sie wertvoll, denn sie können und müssen uns das geben, was kein Autor uns jemals zu vermitteln vermag: die Dinge, die subjektiv betrachtet für uns wichtig sind. Ähnlich wie ein Fingerabdruck müssen die Anmerkungen und Unterstreichungen über unsere ganz spezifischen, individuellen Schwierigkeiten Auskunft geben. Dinge, die wir eigentlich wissen müßten, aber vergessen haben, sollen uns durch sie ebenso ins Auge springen wie wichtige Zusammenhänge, die uns so schnell nicht einfallen oder Punkte, mit denen wir uns besonders schwertun.

Bei nochmaliger Lektüre bzw. Wiederholung genügt also ein einziger Blick, um auf der Stelle zu erkennen, wieviel, objektiv betrachtet, wichtig ist (das steht im Text geschrieben) und wieviel uns besondere Mühe abverlangt.

Da sich diese subjektiven Schwierigkeiten im Verlaufe des Studiums ändern (das jedenfalls bleibt zu hoffen), sollten wir uns von vornherein angewöhnen, *dynamisch* zu unterstreichen, das heißt, in der Wiederholungsphase sollte eine gewisse Entwicklung bei den Unterstreichungen sichtbar werden. Unterschiedliche Farben oder unterschiedliche Zeichen, die auf unterschiedliche Phasen unseres Lernprozesses hindeuten (zum Beispiel im ersten Halbjahr unterstreichen wir grün, im zweiten blau und bei der Abschlußlektüre schwarz, etc.), werden uns sofort sagen, ob wir Fortschritte gemacht haben, und wenn ja, worin. Wir werden augenblicklich feststellen, ob wir uns jetzt an Dinge erinnern, die wir uns noch vor einigen Monaten einfach nicht merken konnten, oder ob wir jetzt das verstehen, was uns einfach nicht einleuchten wollte, ober ob es nach einigen Monaten Dinge gibt, die uns immer noch unklar sind. In diesem Fall sollten wir rechtzeitig Vorsorge treffen, indem wir, zum Beispiel, den Lehrer um Rat fragen, uns von jemandem helfen lassen, der von der Materie mehr versteht als wir, ein anderes Lehrbuch konsultieren oder im Lexikon nachschlagen.

Wir werden gleich sehen, wie hilfreich Unterstreichungen und Anmerkungen sind, wenn der folgende für jedes Fach und für jede Phase des Studiums geltende Grundsatz beachtet wird:

☆ Bei der ersten Lektüre eines Textes sollte man *niemals* gleich unterstreichen oder Kommentare an den Rand schreiben.

Dazu eignet sich am besten die zweite Lektüre des Textes, insbesondere nachdem man versucht hat, einmal mit sich selbst oder mit einem Klassenkameraden Rücksprache zu halten. Jemand, der rasch und ohne Schwierigkeiten lernt und zudem problemlos wiedergibt, was er sich bei der ersten Lektüre angeeignet hat, kann sowieso getrost auf Unterstreichungen und Anmerkungen verzichten. Anmerkungen und Unterstreichungen müssen dem vorbehalten bleiben, was einem nicht so leicht in den Kopf geht. Bei der nachfolgenden Lektüre haben diese Markierungen also die Funktion, uns das, was man immer wieder vergißt, oder das, was unbedingt noch einmal wiederholt werden muß, unmittelbar vor Augen zu führen. Das ideale, sagen wir platonische Ziel einer intelligenten Textmarkierung ist, uns dahin zu bringen, ausschließlich die Stellen noch einmal zu lesen und zu wiederholen, die unterstrichen oder mit einer Anmerkung versehen sind. Mit dieser Strategie, die jedoch immer das Resultat eines vorausgegangenen Lernvorgangs sein muß und einen solchen nicht ersetzt, spart man wirklich Zeit und Mühe.

Es sollte eigentlich jedem einleuchten, daß eine Seite, auf der mehr als die Hälfte des Textes aus Unterstreichungen besteht, schlecht ausgezeichnet ist. Angenommen, es kommt sogar soweit, daß wir achtzig Prozent des Textes hervorheben, dann ist es doch besser, gleich die ganze Seite im Hinblick auf eine spätere Wiederholung zu kennzeichnen. Ein gut sichtbares Zeichen am oberen linken Rand sagt uns, daß diese Seite für uns sehr wichtig ist. Sollte das auch bei den darauffolgenden Seiten der Fall sein, dann ist das gesamte Kapitel oder Unterkapitel zu markieren. Die Anmerkungen und Unterstreichungen müssen nach einer bestimmten *Rangordnung* erfolgen. Nachdem wir ein Unterkapitel oder eine gesamte Seite angestrichen haben, können wir im Text Paragraphen, Abschnitte und einzelne Begriffe oder Sätze unterstreichen. Wer hingegen rein mechanisch Zeile für Zeile, von links nach rechts unterstreicht, unterstreicht schlecht. Alles was über zwei, im Höchstfalle drei Zeilen hinausgeht, sollte mit einer senkrechten Linie am Rand versehen oder als Paragraph eingerahmt werden. Innerhalb einer Zeile selbst müssen die Unterstreichungen (die waagerechten – damit wir uns richtig verstehen) kurzen Ausdrücken und einzelnen Wörtern vorbehalten bleiben.

Ich wiederhole (und werde nicht müde, zu wiederholen), daß der Autor bereits die wichtigsten Namen, Titel, Begriffe und Sätze besonders hervorgehoben hat (durch Fett- oder Kursivdruck, Großbuchstaben usw.). Nun geht es darum, daß von uns und *für uns* die Textstellen anzustreichen sind, an die wir uns nicht erinnern, die uns immer wieder entfallen. In einem historischen Text werden die wichtigen Daten bereits vom Autor herausgestellt worden sein. Diejenigen, die wir immer wieder vergessen, müssen auch von uns unterstrichen oder umrahmt werden. Falls es ein Datum gibt, an das wir uns gut und mühelos erinnern (was weiß ich, vielleicht den Todestag Napoleons), wird es unserer Erinnerung nützen, wenn wir einfach an den Rand schreiben »sieben Jahre nach dem Tod Napoleons« oder »zwanzig Jahre vor der Achtundvierziger Revolution«. In der Geschichte helfen diese relativen Zeitabstände nicht nur, sich an gewisse Daten zu erinnern, sondern sie tragen auch dazu bei, die Ereignisse aus der richtigen Perspektive zu betrachten, wobei vor allem interessante Fragen aufgeworfen werden. Ganz spontan kommen einem Gedanken wie: »Sieh da, nur sieben Jahre nach Napoleons Tod hat sich Europa bereits derart verändert!« Unsere ganz privaten Anmerkungen und Unterstreichungen müssen unbedingt solche Aufhänger bieten, sie müssen sich auf das stützen, was wir bereits wissen, und woran wir uns mühelos erinnern. Durch sie geben wir dem, was wir lernen, einen Sinn. Kein Lehrer und kein Autor kann uns diese Arbeit abnehmen, denn niemand vermag, sich voll und ganz in unsere Lage zu versetzen. Was für den einen einleuchtend und aufschlußreich sein mag, ist für den anderen womöglich völlig überflüssig und umgekehrt.

Welchen Stoff wir mit Hilfe eines Lehrbuchs lernen müssen, entscheiden Autor und Lehrer, darauf haben wir so gut wie keinen Einfluß. Unsere privaten Anmerkungen jedoch erleichtern uns das Lernen, und darauf haben wir großen Einfluß.

Ein Steak bleibt immer ein Steak und enthält, objektiv betrachtet, eine gewisse Menge an Proteinen, Fetten und anderen Nährstoffen. Die Berechnung des Nährwerts eines Nahrungsmittels oder, bildlich gesprochen, eines Lehrbuchs ist für jedermann gültig. Je nachdem, ob man dieses Steak kurz oder lang brät, ob es um ein Uhr mittags oder um acht Uhr abends gegessen wird, oder ob man es mit Pfeffer, Salz, einer Senfsoße oder anderen Gewürzen abschmeckt, macht man es dem einen schmackhaft und dem anderen ungenießbar. Der Unterschied kann sogar darin bestehen, daß der eine es problemlos verdaut, es dem anderen hingegen schwer im Magen liegt. Wie man den Inhalt eines Lehrbuchs verdaut, unterliegt den persönlichen Geschmacksvariationen sogar noch mehr. Jeder von uns hat Stärken und Schwächen. Der Umgang mit dem Lehrbuch muß diesen unterschiedlichen, individuellen Fähigkeiten Rechnung tragen. Anmerkungen und Unterstreichungen, die die persönlichen Erfordernisse entsprechend berücksichtigen, können in besonderem Maße dazu beitragen, intellektuelle Unterernährung in Sättigung zu verwandeln. Sie können sogar entscheidend dafür sein, ob man eine Prüfung besteht oder ob man durchfällt. Aus diesem Grunde bin ich geneigt, in einem Land, das wohlhabend und verschwenderisch ist, immer den Kauf neuer Lehrbücher zu empfehlen.

Lehrbücher aus zweiter Hand würde ich entweder den sehr guten und/oder den notgedrungen sparsamen Schülern überlassen. Die Unterstreichungen und Anmerkungen der anderen sind immer eine Ablenkung. Noch heute erinnere ich mich an ein Geschichtsbuch, das Seite für Seite, von der ersten bis zur letzten Zeile, völlig gleichförmig unterstrichen war. Von dem Geld, das ich gespart hatte, indem ich mir ein gebrauchtes Buch kaufte, obwohl meine Eltern mir das Geld für ein neues Buch gegeben hatten, ging ich ins Kino. An den Film erinnere ich mich überhaupt nicht mehr, die vielen qualvollen Stunden, die ich mit Lesen der verunstalteten Buchseiten zubrachte, sind mir dagegen noch bestens im Gedächtnis. Nach so vielen Jahren frage ich mich immer noch, wie der unbekannte Vorbesitzer jede Zeile so systematisch, hartnäckig und neurotisch unterstreichen konnte. Vielleicht war er einer von denen, die nicht lesen können, ohne ständig vor sich hinzuflüstern (und denen der Zugang zu öffentlichen Bibliotheken untersagt werden sollte), oder einer, der bei jedem Musikstück gleich mitträllern muß. Vielleicht wollte er unbewußt jenen verhaßten Gegenstand Zeile für Zeile, Seite für Seite zerstören. Ich spreche absichtlich von Haß und nicht von Haßliebe, denn nur jemand, der die Bücher und das Lernen haßt – und ich würde auch sagen sich selbst –, bringt es fertig, das eigene Lehrbuch derart zu verschandeln.

Wie man Notizen macht

Von Napoleon wird berichtet, daß er gleichzeitig fünf oder sechs Briefe verschiedenen Inhaltes diktieren konnte, und den großen Meistern im Schach gelingt es, viele Partien parallel zu spielen und zu gewinnen. Dabei handelt es sich jedoch um außergewöhnliche Leistungen, die nur von ganz besonderen Menschen vollbracht werden. Normalerweise fällt es uns schwer, mehr als eine geistige Tätigkeit auf einmal angemessen zu verrichten. Psychologen haben herausgefunden, daß unwillkürlich lästige Interferenzen entstehen, wenn wir über einen speziellen Kopfhörer mit dem rechten Ohr eine bestimmte Botschaft empfangen (zum Beispiel die Lektüre eines literarischen Textes) und mit dem linken Ohr eine andere (wie etwa die Aneinanderreihung von Zahlen). Das könnte ja noch einleuchten, aber die Sache wird insofern interessanter, als die Interferenz auch dann vorliegt, wenn man ausdrücklich von uns verlangt, eine der beiden Mitteilungen völlig zu ignorieren. Die ausschließliche Aufmerksamkeit, die wir dem aktiven Kanal, zum Beispiel dem literarischen Text, schenken, wird zwangsläufig von der passiven Existenz der Zahlenkette gestört. Interessant ist auch die Tatsache, daß die Interferenz zunimmt, je mehr sich die Mitteilungen auf den zwei Kanälen ähneln. Empfangen wir über den anderen Kanal (das heißt, im anderen Ohr) einen anderen literarischen Text (wobei wir uns bemühen, es sei noch einmal daran erinnert, diesem nicht die geringste Aufmerksamkeit zu schenken), so werden wir uns dadurch mehr gestört fühlen als durch eine Zahlenreihe. Natürlich wird das gleiche passieren, wenn auf beiden Kanälen unterschiedliche Zahlenketten übertragen werden, von denen wir eine absichtlich ignorieren. Diese einfachen Erkenntnisse der Psychologie zeigen bereits, wie schwierig es sein muß, während des Unterrichts Notizen zu machen. Es fällt gerade deshalb schwer, weil zwei Dinge gleichzeitig von uns verlangt werden: Zuhören und Verstehen auf der einen Seite, schriftliche Wiedergabe in eigenen Worten auf der anderen.

Während wir uns Notizen machen, schalten wir ganz automatisch für kurze Zeit ab. Sobald wir dann wieder zuhören, kommt es häufig vor, daß uns das, was in der Zwischenzeit gesagt wurde, entgangen ist. Je wichtiger das Thema und je konzentrierter und origineller der Unterricht, desto wichtiger ist es, Stichworte zu machen. Aber gerade dann besteht die Gefahr, daß wir ganze Stellen einfach nicht mitbekommen. Deshalb ist es durchaus angebracht, einmal von Grund auf zu lernen, Notizen zu machen.

Bevor wir uns nun genauer ansehen, *wie* man während des Unterrichts oder in einer Konferenz Notizen macht und wie man sich dieser dann am besten bedient, ist es erforderlich, sich darüber Gedanken zu machen, *ob* überhaupt und *wann* solche Aufzeichnungen sinnvoll sind. Bisweilen lenkt das Niederschreiben von Stichworten nämlich nur unnötig vom wesentlichen ab und ist nichts anderes als Zeitvergeudung. Nur bei gewissen Lehrern und in gewissen Fächern sind Notizen hilfreich, um die eigenen Kenntnisse bis zu einem gewissen Grad zu vertiefen. Im übrigen gibt es Lehrer, die einen dazu ermutigen, und Lehrer, die einem davon abraten. Jeder von uns muß dann von Fall zu Fall für sich entscheiden, welche Unterrichtsfächer, welche Vorlesungen später im Studium dieser zusätzlichen Mühe bedürfen. Wir wollen immer daran denken, daß Notizen ebenso wie Unterstreichungen als Gedächtnisstütze dienen, vor allem sind es Botschaften, die wir an uns selbst richten. Als solche fällt ihnen die Aufgabe zu, uns im zweiten Anlauf, in der Phase der nochmaligen Lektüre, der Vertiefung, der Verarbeitung und der Wiederholung hilfreich zur Seite zu stehen. Zwar lernen wir durch aufmerksames Zuhören besser, allerdings bleibt uns dabei nicht genügend Material, auf das wir uns dann im folgenden stützen können. Machen wir Notizen, so laufen wir im ersten Augenblick Gefahr, hier und dort etwas nicht mitzubekommen, dafür sorgen wir aber für die Zukunft vor. Stehen etwa die von Lehrern oder Dozenten dargelegten Themen und Stoffe wortwörtlich im Lehrbuch, dann ist es selbstverständlich unnötig mitzuschreiben. Wenn eine Lehrerin den Unterricht hingegen meisterlich improvisiert, wenn sie sich der Tafel bedient, um die Themenkreise genau abzustecken und immer neue Beispiele anzuführen, wenn der Stoff beim Zuhören reicher, verständlicher und interessanter erscheint als das, was uns das Lehrbuch bietet, dann ist es beinahe unumgänglich, Stichworte zu machen.

Hier nun zunächst ein erster Rat:

☆ Gibt es Unterrichtsstunden, die es verdienen, in Stichworten festgehalten zu werden, dann sollte man sich diese Aufzeichnungen wenige Stunden nach dem Unterricht wieder vornehmen.

In solchen Fällen lohnt es sich, zunächst provisorische Notizen zu machen, um diese dann *sobald wie möglich* in richtige Stichworte zu verwandeln, solange unser Gedächtnis und unsere Geistesgegenwart noch frisch sind: einige Stunden danach, auf keinen Fall mehr. Wir können uns nicht erlauben, Tage und Wochen verstreichen zu lassen, weil unsere Erinnerung in dieser Zeit verblaßt und unsere Aufmerksamkeit im Hinblick auf das jeweilige Thema abnimmt. Wenn wir zu lange warten, werden unsere Notizen unverständlich, sie werden zu einem Rätsel anstatt zu einer Verständnishilfe.

Wenn wir also von vornherein wissen, daß wir uns nur wenige Stunden später gründlich mit unseren Aufzeichnungen auseinandersetzen werden, ist es sehr zweckmäßig, die ersten Notizen wirklich nur in Stichwortform anzulegen. So fängt man gleich zwei Fliegen mit einer Klappe: Es gelingt uns, dem Unterricht mit ungebrochener Aufmerksamkeit zu folgen und zudem grundlegende Informationen schriftlich festzuhalten. Wenn wir wissen, daß wir unsere Stichworte unmittelbar nach dem Unterricht oder noch im Laufe des Tages überarbeiten werden, dann können wir uns den Luxus leisten, uns kurz und knapp, nahezu im Telegrammstil, auf das Wesentliche zu beschränken. Die eigentliche Arbeit der Rekonstruktion und der Ausarbeitung wird ja erst später erfolgen.

An den entscheidenden Stellen einer Unterrichtsstunde, wenn es darauf ankommt, nichts zu verpassen, erweist es sich seltsamerweise sogar als sehr nützlich, direkt, fast ohne zu überlegen, auch nur den Anfang oder das Ende bestimmter Sätze oder bestimmter einzelner Begriffe ganz mechanisch mitzuschreiben. Wenn wir uns dann daransetzen, unsere noch frischen Notizen zu überarbeiten, diktiert uns die Erinnerung den Rest. Ganz unvorhergesehen setzt sich in irgendeiner Falte unseres Gehirns zumindest der Sinn, vielleicht sogar der genaue Wortlaut dessen, was wir gehört haben, zusammen. Bestimmte, vom Lehrer verwendete Adjektive und Adverbien sind bisweilen sehr wertvoll. Ich rate nicht allzu sehr dazu, neue Begriffe, Definitionen und fachspezifische Ausdrücke zu notieren (diese finden wir später sowieso in den Lehrbüchern wieder), sondern vielmehr allgemeine Wendungen (»man *vermutet*, weiß aber nicht mit Sicherheit, daß ...«; »das geschieht *unwillkürlich*, wenn...«; »es ist durchaus *legitim*, diesen Aspekt *unberücksichtigt* zu lassen, denn ...«). Ich habe hier die Wörter hervorgehoben, die wir mechanisch als Stichworte übernehmen können. Das nimmt nur wenige Sekunden in Anspruch und bedarf einer ganz geringen geistigen Anstrengung; folglich gehört unsere Aufmerksamkeit voll und ganz dem Unterricht und wird durch nichts abgelenkt. Wenn wir dann später vor diesen nacheinander aufgeführten Redefetzen sitzen, werden diese wortwörtlich wiedergegebenen, wenn auch aus dem Kontext gerissenen Ausdrücke uns trotzdem sehr dabei helfen, den gesamten Gedankengang zu rekonstruieren. Das Geheimnis liegt darin, ich wiederhole es noch einmal, schnellstmöglich mit der Rekonstruktion zu beginnen, ohne zuviel Zeit verstreichen zu lassen.

Unsere Stichworte

Wir wollen nun versuchen, unsere Notizen auf die bestmögliche Art und Weise zu verwenden. Einen Vorteil haben wir bereits erkannt: Die Notizen verewigen etwas Unwiederholbares, etwas, das nicht oder nicht so klar im Lehrbuch steht. Es gibt aber einen anderen, nicht weniger wichtigen Vorteil: Aufgrund der Funktion der Privatmitteilung, von der ich zuvor sprach, wird uns ein bereits vollständig von uns und für uns geliefertes Wissen geliefert. Ein Handbuch, das sich ganz unpersönlich an alle wendet, kann sich lang und breit über Dinge auslassen, die wir längst wissen und andererseits Bereiche, die uns weniger einleuchten, nur ganz kurz anschneiden. Das wird bei unseren Notizen nicht der Fall sein. Gerade weil es sich um unsere ureigenen Aufzeichnungen handelt, spiegeln sie unsere persönliche Rangordnung von Prioritäten und Interessen exakt, beinahe automatisch, wider.

✰ Es wäre geradezu ideal, wenn wir uns beim Lernen ausschließlich auf unsere Notizen stützen könnten. Das wäre etwa so, als hätte jemand ein Lehrbuch nur für uns verfaßt.

Bisher habe ich nur von den Notizen gesprochen, die man während des Unterrichts macht. Dabei hält uns nichts davon ab, auch das Lehrbuch als Grundlage für Stichworte zu verwenden. Dies mag zwar als unnötige Arbeit erscheinen, das ist es aber ganz und gar nicht. Die schriftliche Wiedergabe mit eigenen Worten ist eine nützliche Übung und sie sorgt gleichzeitig für eine hervorragende Assimilation der Inhalte. Der größte Vorteil besteht darin, daß wir das Lehrbuch auf unsere individuellen Bedürfnisse zuschneiden, indem wir es in eine Sprache übertragen, die wirklich unsere eigene ist. Bei der abschließenden Wiederholung werden wir uns dann darauf beschränken können, einzig und allein unsere

Stichworte zu lernen. Auch eine Schülerin oder ein Schüler, die oder der sich nicht imstande fühlt, das Lehrbuch in Stichworte zu übersetzen, wird trotzdem die persönlichen Unterrichtsnotizen mit dem, was das Lehrbuch sagt, vergleichen müssen. Ein genauer Vergleich ist immer sehr aufschlußreich. Sogar in der Mathematik gibt es verschiedene Ausdrucksmöglichkeiten, verschiedene Arten, Eigenschaften untereinander zu verbinden oder alternative Versionen eines Lehrsatzes; von Geschichte, Philosophie oder Literatur einmal ganz zu schweigen! Wenn man die Annäherung an ein Thema im Unterricht mit der im Lehrbuch vergleicht und sich alles gründlich durch den Kopf gehen läßt, dann kommt man häufig zu einer Einsicht, die mehr ist als die Summe aus beiden. Es ist wie beim Anblick einer Landschaft von zwei verschiedenen Hügeln aus: Nach und nach bildet man sich eine vollständige, innere geistige Landkarte des gesamten Gebiets, nicht nur dessen, was man von den beiden Anhöhen aus sieht.

Gute Stichworte und ihre anschließende sinnvolle Verwendung sind eine wirkungsvolle Hilfe, sich Kenntnisse anzueignen. Beinahe ohne es zu merken, werden wir etwas, das sich außerhalb befand, in etwas verwandelt haben, das nun in uns ist, wir werden ein abstraktes und unpersönliches Wissen in ein persönliches Wissen transformiert haben. Die Investition an Zeit, Papier und geistiger Anstrengung, die solche Notizen erfordern, kann wahrhaftig von unschätzbarem Nutzen sein. Ich wage sogar zu behaupten, daß derjenige, der lernt, wie man während des Unterrichts oder anhand des Lehrbuches richtig Stichworte macht und diese sinnvoll verwendet, die Versetzung bereits in der Tasche hat.

Der Aufsatz

Der kritische Aufsatz in Literatur, Geschichte, Kunst oder (wie es in den letzten Jahren immer häufiger vorkommt) in den Naturwissenschaften verleitet nicht selten dazu, sich seitenlang in allgemeinem Geschwafel, Fachsimpelei und weitschweifigen Ideen zu ergehen. Wie wir bereits gesehen haben (in: Kritik an der Kritik, Teil 1) hängt dem Beruf des Kritikers ein gewisser Schnörkelstil an, er ist mit einem etwas altmodischen Ton behaftet. Für den Schüler mag es nur ein schwacher Trost sein, aber es gibt sicher keine Tageszeitung, kein Wochenblatt und keine Monatsschrift, die nicht ab und zu leeres Geschwätz publiziert, für das dann bisweilen sogar berühmte Namen verantwortlich zeichnen. Derjenige, unter uns Journalisten, Schriftstellern, Essayisten, Kritikern oder ausgewiesenen Wissenschaftlern werfe den ersten Stein, der nicht zumindest einmal in seinem Leben einen Artikel voller langatmiger Platitüden verfaßt hat. Die Eile, fehlende Affinität mit dem behandelten Thema, die berufliche Routine, die persönlichen Vorurteile oder alles zusammen, häufig verbunden mit einer vertraglichen Bindung, die nicht mehr rechtzeitig zu lösen war, tragen zu diesen Ausrutschern bei. Im Journalistenjargon werden solche Artikel als »Geschreibsel« gebrandmarkt. Leider bringt man Phrasendrescher unmöglich zu der Einsicht, daß das, was sie sagen und schreiben, abgeschmackt und schwülstig ist. Ihnen fehlt der Sinn für Komik, aber darauf kämen sie nicht einmal im Traum.

Im Grunde wird doch bloß von uns verlangt, einen Text, ein Kunstwerk, einen Gedanken oder ein historisches Ereignis auf persönliche Art und Weise zu kommentieren, zu interpretieren oder zu bewerten. Dabei sollte die persönliche Interpretation im Aufsatz klar herausgestellt werden. Das läßt sich sehr leicht in einfachen Sätzen machen, vorausgesetzt man hat klare Vorstellungen. Der kritische Aufsatz sollte keinesfalls zu phantastischen und verworrenen Zusammenfassungen Anlaß bieten. Satzanfänge wie die folgenden sind unbedingt zu vermeiden: *»Die Romantik verkörpert ...«; »Der Dichter will ... rühmen«;* oder *»Die Person X symbolisiert ...«.* Man muß vom Kleinen und Konkreten ausgehen. Wörter wie »äußerst«, »zutiefst« oder »in höchstem Maße« haben in unserem Aufsatz nichts zu suchen. Es ist nicht unsere Aufgabe, mühsam vernünftige Ansichten zu verknüpfen, sondern uns innerhalb unserer Grenzen, in aller Offenheit und Bescheidenheit klarzumachen, welche persönliche Interpretation wir anbieten können. Diese ist dann zu rechtfertigen, genauer zu erläutern und dem Text gegenüberzustellen. Selbstverständlich geht es auch nicht darum, leichtfertige Urteile und tollkühne Meinungen vom Stapel zu lassen. Wir müssen das richtige Maß finden, das nach unserem Geschmack, unseren Neigungen, Grenzen, Stärken und Schwächen zum Aufsatz paßt.

Es gibt eine Strategie, die sich auf zwei ganz verschiedene, ja sogar entgegengesetzte Fälle anwenden läßt: den Fall, daß man glaubt, zuviel zu sagen zu haben und nicht genau weiß, wofür man sich entscheiden soll, und den Fall, daß man glaubt, gar nichts zu sagen zu haben. Der Trick besteht darin, zunächst eine Gliederung mit den wesentlichen Aspekten des Aufsatzes anzulegen. Dabei macht es gar nichts, wenn wir sie dann nicht einhalten, sie soll uns vor allem die Angst vor dem leeren Blatt nehmen.

✰ Es ist nicht nötig, daß die Gliederung am Anfang beginnt. Wir können ruhig von jedem beliebigen Zwischenpunkt aus starten, bei dem wir uns am sichersten fühlen. Nach oben und nach unten bauen wir dann einfach Glieder an.

Jedes Glied kann dabei aus einer nur für uns bestimmten Überschrift, einem Stichwort, einem kurzen Satz, einem Datum oder irgendeinem wichtigen Anhaltspunkt bestehen. Auch wenn wir den eigentlichen Aufsatz schreiben, müssen wir nicht mit dem Anfang beginnen. Besser ist es, zunächst das niederzuschreiben, was uns keine große Mühe kostet, was wir sicher wissen oder auch nur einen ersten Satz, der uns spontan einfällt, und von dem wir überzeugt sind. Wie jeder Schriftsteller weiß, sind Anfang und Ende immer am schwierigsten. Um Blockaden zu vermeiden, schreiben wir sie doch einfach hinterher. Das ist aus psychologischen und stilistischen Gründen sinnvoll.

Eine Gliederung kann auch mehr als eine Lösung anbieten, man kann Gliederungen mit zwei oder drei alternativen Abläufen anlegen, von denen wir uns dann die beste aussuchen. Unter Umständen rückt der Anfang eines Konzepts an das Ende, und wir dürfen uns auch nicht wundern, wenn wir den Aufsatz letztendlich vollkommen anders aufbauen.

Wer glaubt, zuviel zu sagen zu haben und deshalb gelähmt ist, dem empfehle ich, sofort das Naheliegende und die Wiederholungen zu streichen sowie Zitate und Verweise auf ein Minimum zu beschränken.

✰ Man muß sich fragen, was am meisten zählt und worauf wir nur schwer verzichten könnten. Dann müssen wir entscheiden, was dem Thema am nächsten kommt.

Gerade als Schreibübung ist es wichtig, nicht vom Thema abzuschweifen. Wenn scheinbar alles zum Thema paßt (aber das ist nur ganz selten der Fall), muß man sich die Frage stellen, was besonders originell ist, welche Betrachtungen die anderen wahrscheinlich nicht anstellen werden, an denen uns aber sehr viel liegt. Wenn wir zuviel zu sagen haben, ist es besser, sich auf die Dinge zu konzentrieren, von denen wir meinen, daß es unsere eigenen sind.

Stellt man beim letzten Durchlesen fest, daß noch gekürzt werden muß, so sollte dies ohne Zögern und ohne Wehmut geschehen. Jeder Autor weiß, wie weh es tut, einmal Formuliertes wieder zu streichen. Was man einmal zu Papier gebracht hat, wächst einem ans Herz, als wäre es ein Teil von uns. Darüber muß man hinwegkommen und sich vor Augen halten, daß ein kürzerer Text oftmals lesbarer und verständlicher ist.

Die Schlußlektüre

Für die Schlußlektüre sollten wir uns immer ausreichend Zeit nehmen. Wenn der Anfang und das Ende erst ganz zum Schluß hinzugefügt wurden, muß man sich vom Text lösen, ihn sich dann nochmals vornehmen und hören, wie er im ganzen klingt. Es genügt selbst eine fünfminütige Pause, während der wir an etwas völlig anderes denken, und wir sehen unseren Aufsatz mit anderen Augen. Fehlen Anfang und Ende immer noch, und fällt uns wirklich nichts dazu ein, können wir womöglich getrost ohne auskommen. Häufig gibt etwas, was wir zunächst als Gliederungsteil notiert hatten, einen guten Texteinstieg ab. Vielleicht haben wir auch den Schluß schon, möglicherweise steht er nur fünf oder sechs Zeilen höher. Es kommt vor, daß man im Eifer des Gefechts Dinge hinzugefügt hat, die im Grunde unnötig sind. Um den Aufsatz (aber das gilt für jede Art von Text) mit einem guten Schlußwort zu beenden, muß man zwei symmetrische und gleichzeitig entgegengesetzte Gefahren unbedingt meiden: Scylla, die Schlußpredigt, und Charybdis, die überstürzte Flucht. Erinnert unser Schluß an den Klang einer Fanfare, hört er sich rhetorisch und schwülstig an, dann läßt man ihn besser ganz weg. Andererseits sollte unser Text auch nicht den Eindruck vermitteln, als hätte uns eine plötzlich einsetzende Sirene gezwungen, den Stift fallen zu lassen, um in einem Atombunker Schutz zu suchen. Am Ende unseres Aufsatzes angelangt, dürfen Lehrer wie Leser im allgemeinen nicht den Drang verspüren, die Seite noch einmal umschlagen zu wollen, um zu sehen, ob es zufällig noch weitergeht. Das hieße nämlich, daß der Aufsatz keinen richtigen Schluß hat. Der Schluß des Aufsatzes fehlt, weil der Gedanke nicht bis zu Ende gedacht wurde.

Die Gesetze des Schreibens sind bis zu einem gewissen Grad wie die Gesetze, die die Gezeiten regeln. Werden sie ignoriert, landet man entweder auf dem Trockenen oder einem steht urplötzlich das Wasser bis zum Halse. Wie jede schriftliche Darlegung benötigt ein Aufsatz einen Kopf, einen Körper und Füße, das heißt, eine Einleitung, einen Hauptteil und einen Schluß. Es nützt gar nichts, einfach Schlußteil hinzuschreiben, wenn dieser dann fehlt. Ebensowenig Sinn hat es, mit einer Einleitung oder einem Übergang aufzuwarten, die dann gar nicht zum nachfolgenden Text passen. Mit dem Schreiben von Aufsätzen sowie durch die anschließende Korrektur soll man lernen, wie man diese Ziele auf harmonische und ausgeglichene Art und Weise erreicht. Jeder hat beim Schreiben ganz bestimmte Schwächen, aber auch ganz bestimmte Stärken. Nicht immer gelingt es, die Schwächen während der Schulzeit abzulegen, aber man sollte sie ausfindig machen und begrenzen. Wenn wir merken, daß uns lange Sätze Schwierigkeiten bereiten, ist es das beste, wir lernen einfach, gut formulierte kurze Sätze zu verwenden. Bedienen wir uns dabei doch einfach der Konjunktionen wie daher, deswegen, also, mit anderen Worten und ähnlichem. Falls wir zur Synthese neigen, müssen wir versuchen, über Details hinwegzugehen. Wer hingegen zur Analyse tendiert, sollte gewagte Verallgemeinerungen tunlichst vermeiden. Läßt unser Gedächtnis uns im Stich, setzen wir am besten auf wenige sichere Anhaltspunkte und auf Einfallsreichtum. Wenn wir jedoch ein gutes Erinnerungsvermögen besitzen, dann wollen wir es uns auch zunutze machen. Für denjenigen, der ein gutes Gedächtnis hat, aber nicht zu Verallgemeinerungen neigt, gibt es eine sinnvolle Übung: Man nehme sich eine These vor, die man über einen bestimmten Text gelesen oder in der Klasse diskutiert hat, und lege schwarz auf weiß dar, warum diese haltbar ist oder warum nicht.

Zum Schluß noch einige Hinweise für all jene, die meinen, nichts zu sagen zu haben und dadurch wie gelähmt sind. Jeder Mensch kennt die Angst vor dem leeren Blatt, selbst große Schriftsteller machen da keine Ausnahme. Eines der angesehensten Forschungseinrichtungen der Welt, das Institute for Advanced Study in Princeton (dort, wo Einstein, Gödel, Oppenheimer und sehr viele andere hervorragende Wissenschaftler lehrten), beherbergt Jahr für Jahr die nach strengen Kriterien ausgewählte geistige Elite. Hochschulprofessoren aus aller Welt wird dort die Möglichkeit gegeben, sich endlich in aller Ruhe ihrem großen, wissenschaftlichen Werk zu widmen. Sie erhalten ein stattliches Stipendium, eine eigene Sekretärin und haben darüber hinaus nicht die geringsten Verpflichtungen: Sie müssen weder lehren noch sonstige administrative oder gesellschaftliche Aufgaben übernehmen. In der Mensa des Instituts sind bestimmte Tische für diejenigen reserviert, denen nicht nach Diskussion und Unterhaltung zumute ist, und die mit ihren Gedanken lieber allein bleiben möchten. Alles ist darauf angelegt, die freie, intellektuelle Kreativität in höchstem Maße zu fördern. Die illustren Gäste sollen ihre Zeit ausschließlich mit Denken und Schreiben verbringen. Vielen gelingt das, und zwar mit ganz phantastischen Resultaten. Aber es kommt auch vor, daß einige an dem »Princeton-Syndrom« erkranken: Endlich allein, ohne jegliche Verpflichtung, vor sich ein schneeweißes Blatt Papier sowie ein ganzes Jahr voller Muße, keine Ausreden und keine Alibis mehr, um die so lang erträumte Schrift weiterhin auf die lange Bank zu schieben, sind sie einfach wie gelähmt. Wochen vergehen, ohne daß etwas geschieht, nicht einmal einen einzigen Satz bringen sie zustande. Einige sollen in eine derart tiefe Depression geraten sein, daß die Einweisung in eine psychiatrische Klinik erforderlich war.

Die plötzlich einsetzende Lähmung beim Anblick eines weißen Blattes hat weder etwas Überraschendes noch etwas Pathologisches an sich. Einige der bedeutendsten Intellektuellen und Wissenschaftler haben so etwas erlebt oder werden es noch erleben. Viele Biographien berühmter Schriftsteller und Komponisten (zum Beispiel die letzten Lebensjahre von Giacomo Puccini) zeigen, daß es sich beim Princeton-Syndrom weder um eine im eigentlichen Sinne physiologische noch pathologische Reaktion handelt. Es ist etwas, das (wie man einst zu sagen pflegte) in den besten Familien vorkommt. Wichtig ist allein zu wissen, wie man sich dem entzieht.

In den eigenen vier Wänden kann man sich eine Zeitlang mit völlig anderen Dingen ablenken und es später wieder versuchen. Auch in einer Prüfung, etwa beim Abitur, ist es immer möglich, einmal für eine Viertelstunde geistig abzuschalten, an die Freundin oder den Freund, an die Ferien oder an irgendetwas Erfreuliches zu denken. Häufig verschwindet die Lähmung so schnell wie sie gekommen ist. Gelegentlich ist die geistige Leere nichts anderes als übertriebene Angst.

Bisweilen jedoch bleibt diese Leere bestehen, weil sie konkretere Ursachen hat. Sitzt man womöglich gerade deshalb vor einem leeren Blatt und hat nichts Besonderes zu sagen, weil der Augenblick gekommen ist, in dem Jahre oder Monate ungenügenden Lernens ihrem unausweichlichen Urteil entgegengehen? In einem solchen Fall kann man eigentlich wenig raten, ich will es aber trotzdem versuchen. Dabei denke ich vor allem an den Schüler, der möglicherweise mit einem anderen Aufsatzthema gut, sehr gut oder zumindest mittelmäßig zurecht käme. Oder an jemanden, dem die Naturwissenschaften leicht fallen, dem das Schreiben aber gar nicht liegt. Vielleicht gibt es ja eine vernünftige Begründung dafür, warum dieses oder jenes Thema uns derart paralysiert. Ist es möglich, einen Aufsatz zu schreiben, der sich kritisch mit der eigenen negativen Einstellung auseinandersetzt, ohne dabei dreist, überheblich und prahlerisch zu wirken? Man muß dabei wie auf Eiern oder schlimmer noch, wie über ein Minenfeld gehen, denn der Lehrer oder die Lehrerin könnte sehr ablehnend reagieren. Ich will nicht vorschlagen, einen Gegenaufsatz der Art »Warum mir der Autor X (oder das Ereignis Y) völlig gleichgültig ist« zu verfassen. Das interessiert nämlich niemanden. Eine ehrliche und durchdachte Darlegung der negativen Reaktionen, die ein Autor, ein Geschichtsabschnitt oder der im Aufsatzthema enthaltene Gedanke hervorrufen, kann jedoch neugierig machen und die Note retten. Eine klare und offene Darlegung der eigenen Aversion oder der eigenen Unzufriedenheit, insbesondere dann, wenn sie mit anderen Interessen, mit echter Begeisterung für andere Autoren begründet wird, muß meiner Ansicht nach von einem Prüfer zumindest aufmerksam begutachtet werden. Ich wäre nicht imstande, einen Aufsatz abzulehnen, nur weil dort ehrlich und konsequent eine negative Haltung gegenüber den Naturwissenschaften, der wissenschafltichen Lehre oder dem von den Wissenschaften repräsentierten Fortschrittsglauben zum Ausdruck gebracht wird. Die Schule sollte niemals zu Heuchelei und Verstellung anleiten. Eine Gleichgültigkeit, die auch durch jahrelangen Unterricht nicht erschüttert werden konnte oder eine Abneigung, die trotz ehrlicher Bemühungen, ihr entgegenzuwirken, fortbesteht, sollte näher erläutert werden können. Für den betreffenden Schüler kann es die letzte Gelegenheit sein, sie in vollendeter und vernünftiger Form kundzutun.

Alles von dem man meint, es sagen zu können, und das uns inspiriert, sollten wir einfach in unseren Aufsatz hineinbringen. Eine halbwegs klare und vernünftige, wenn vielleicht auch ein wenig gezwungen wirkende Darlegung dessen, was man weiß und dessen, was das Thema uns abverlangt, ist einem leeren Blatt oder einem Aufsatz ohne roten Faden immer vorzuziehen.

Leider gibt es nichts, das eine wirklich ungenügende oder gänzlich fehlende Vorbereitung wettmachen kann. Ich habe hier leicht unterschiedliche Fälle herangezogen: einen Schüler, der besonderes Pech mit dem Aufsatz oder den Themen hatte, einen Schüler, dem noch Zeit bleibt, sich bestens auf die mündliche Prüfung vorzubereiten, die Schülerin, die ihre Stärken womöglich in anderen Fächern hat oder jene, die ganz andere Eisen im Feuer hat und sich nicht erlauben kann, ihre Zeit nur mit dem Deutschunterricht zuzubringen. Für diese Grenzsituationen wollte ich einige Ratschläge für die letzte Minute anbieten.

Ich gehe von der Voraussetzung aus – und langjährige Erfahrung gibt mir recht –, daß es hervorragende Mathematiker, Biologen und Bankmanager gibt, die keinen gescheiten Satz zu Papier bringen können. Allein der Gedanke, daß ein junger Mensch zu sehr bestraft wird, nur weil er oder sie nicht in der Lage ist, einen passablen Aufsatz zu schreiben, bereitet mir Unbehagen.

Die Mathematikaufgabe

Versuchen wir doch einfach mal, die Mathematikübungen, die Probleme und die Aufgaben im Unterricht als eine Art Kreuzworträtsel oder Rebus zu betrachten. Das macht sie uns unter

Umständen schon viel sympathischer. Ich möchte sogar noch einen Schritt weitergehen: Versuchen wir, uns das Vergnügen zu verschaffen, wie eine Maschine zu funktionieren.

Normalerweise gehört es nicht zum Wesen eines Menschen, wie eine Maschine zu arbeiten, zumal nach erbitterten sozialen Kämpfen endlich für alle das Recht auf eine Arbeit errungen wurde, die weder repetitiv, passiv oder mechanisch ist. Der ans Fließband gekettete Arbeiter (wie Charlot in dem Film *Moderne Zeiten*), die unmenschliche Arbeitsteilung und der Alptraum des Zeitmessers, die auf der Doktrin des industriellen Taylorismus beruhen, sind Teil einer schrecklichen Vergangenheit. Ich denke an etwas völlig anderes: an den Formel-Eins-Rennfahrer, an den Billardchampion, an den Piloten eines Überschallflugzeugs, an die große Tennisspielerin, den großen Skipper, kurz an Situationen außerordentlicher Perfektion, die der Mensch auch dann zu erreichen imstande ist, wenn er schwierigen Aufgaben gegenüber steht, die gut, schnell präzise und ohne viel nachzudenken erledigt werden müssen. Auch in diesen Fällen sagen wir, jetzt aber mit Bewunderung und einem Anflug von Neid, daß sie sich in Präzisionsmaschinen verwandeln können. In diesem ganz besonderen Sinn ist der Begriff Maschine positiv besetzt. Es ist interessant zu lernen, wie man komplizierte Reflexe assimiliert, wie man spontane, fast unbewußte geistige Berechnungen anstellt, wie man präzise Regeln exakt befolgt, ohne einen Fehler zu machen, ohne ins Stocken zu geraten. Es wäre bestimmt nützlich, daraus auch für die Schulmathematik den positiven Aspekt zu ziehen und zu leben.

Wenn man bei dem geordneten Ablauf dieses geistigen Mechanismus Befriedigung empfindet, kann einem das nur helfen, die langen Stunden des Unterrichts besser zu ertragen. Eile, Ungeduld, Schlamperei und grobe Schnitzer verurteilen uns nicht nur dazu, daß wir aus einer Aufgabe, die wir in jedem Falle machen müssen, keinen Nutzen ziehen, sondern sie machen sie uns noch zusätzlich lästig und mühsam. In der Mathematik, wie auch bei vielen anderen Beschäftigungen des täglichen Lebens, sind die Faulen und Drückeberger gerade diejenigen, die sich selbst dazu verurteilen, mehr zu arbeiten und das unter härteren Bedingungen. Was sauber und ordentlich, bei klarem Verstand und mit einem gewissen Spaß an der Sache (oder zumindest ohne zuviel zu leiden) erledigt wird, erfordert eine halbe Stunde, macht man es hingegen unordentlich und schlampig, dauert es oftmals eine Ewigkeit. Das Schlimme daran sind die endlosen Stunden voller Frustration, Ungeduld und Qual.

Ein paar Regeln

Bei jeder Mathematikaufgabe gilt die Faustregel, immer nur schrittweise vorzugehen, sei es zu Hause oder in der Klasse. Sind etwa Klammern aufzulösen, dann sollte man nur diesen Schritt tun und den ganzen Rest haargenau noch einmal abschreiben. Wir müssen vermeiden, in einem einzigen Durchgang zuviele Schritte auf einmal zu tun, selbst dann, wenn es nur ein einziger Schritt mehr ist. Auch sollte man zum Beispiel niemals mit dem Kürzen oder Rechnen beginnen, indem man vom Text im Buch unmittelbar zum ersten Schritt ins Heft übergeht. Die erste Zeile dort muß den Text der Übung wortwörtlich wiedergeben, so wie er im Buch (oder an der Tafel) steht. Wenn die Rechnung nicht aufgeht, sehen wir nämlich nicht, ob sich ein Fehler bereits beim allerersten Schritt, das heißt vom Buch bis zur ersten Zeile unseres Heftes eingeschlichen hat. Die einfache Distanz im Sichtbereich, die Verschiedenheit der Buchstaben lassen uns diesen Fehler nicht erkennen. Es genügt, ein Plus mit einem Minus zu verwechseln, und schon geht die Rechnung nicht mehr auf. Die doppelte Kontrolle am Anfang, wenn wir noch frisch sind, fällt leicht, nur später machen uns Müdigkeit und Ärger blind. Faulheit und ungeordnete Gedankengänge verurteilen dazu, wieder ganz von vorn zu beginnen – möglicherweise sogar mehrmals – wenn man endlich am Ende angekommen ist und merkt, daß die Rechnung nicht aufgeht. Es ist keine Schande, eine Reihe von Schritten, einen nach dem anderen, zu machen. Machen wir sehr viele Schritte gleichzeitig, spicken wir unsere Formeln noch zusätzlich mit Streichungen, kleinen Zahlen oder Buchstaben, so schafft das nur Verwirrung und führt unweigerlich zu Fehlern. Die Aufgabe wird nicht nur äußerlich, sondern auch in unserem Geiste zu einer Art Schlachtfeld. An Papier, Tinte und Platz sollte man nun wirklich nicht sparen. Wenn die Übung am Ende aufgeht, wenn das Problem tatsächlich gelöst ist, wenn eine lange und komplexe Formel mit mehreren Ebenen auf ein simples, kümmerliches a^2b zusammenschrumpft, dann ist unsere Arbeit getan, und wir können uns mit anderen Dingen vergnügen. Geht jedoch nichts auf, bleibt das Endergebnis undurchsichtig, dann werden wir müde, frustriert und wissen nicht mehr, wo und was wir eigentlich noch korrigieren sollen. Fluchend müssen wir wieder ganz von vorne beginnen.

Das Vergnügen an klaren Gedankengängen, die Befriedigung daran, vorübergehend zu einer Präzisionsmaschine zu werden, ist das einfache, aber fundamentale Geheimnis für Erfolg in der Mathematik. Damit gewinnt man zwar nicht die Fields-Medaille (so eine Art Nobelpreis für Mathematik), kann aber problemlos eine ausreichende Note erzielen, und das ist nicht gerade wenig.

In der Mathematik muß man die Lehrsätze lernen, indem man versucht, sie sich noch einmal von neuem zu erarbeiten. Man liest einen Text nicht so, wie man es in Gemeinschaftskunde, Geschichte oder in Deutsch macht. Der Text ist von jedem einzelnen von uns Schritt für Schritt auf einem Blatt Papier unter Anleitung des Buches aufs Neue zu erarbeiten. Das Theorem muß uns so überzeugen, als hätten wir selbst es aufgestellt; man darf es nicht wie ein Bild betrachten. Man untersuche die Formulierung, man versuche, das, was bewiesen werden muß, gut zu verstehen, man wiederhole, was als sicher vorausgesetzt wird, also all die einzelnen Bestandteile des Lehrsatzes; erst dann gehe man daran, ihn selbständig zu beweisen. Gelingt einem das nicht, so kontrolliere man die im Buch dargelegte Beweisführung, man sehe sich an, wie der Lehrsatz aufgebaut ist, welche Schwerpunkte er hat, dann schließe man das Buch und versuche, ihm mit den eigenen Mitteln und mit Verstand zu Leibe zu rücken.

☆ Einen Lehrsatz wirklich zu begreifen bedeutet nichts anderes, als ihn sich noch einmal zu erarbeiten.

Betrachten wir den Lehrsatz in unserem Buch als Schema oder schlimmer, als Litanei oder sogar als einen »einfachen« Text, dann können wir ihn nicht verstehen, dann begreifen wir nicht, was er aussagt oder worauf sein Wahrheitsgehalt beruht. Man verliert nur unnötig Zeit. In unserem Gedächtnis wird er nicht die geringste Spur hinterlassen. Es genügt, einen Schritt zu vergessen, und schon sind wir verloren. Wenn er jedoch zu *unserem* Theorem geworden ist, wenn wir den Eindruck haben, ihn erfunden (oder entdeckt) zu haben, werden wir ihn jederzeit rekonstruieren können, wir werden immer imstande sein, den fehlenden Schritt wieder aufzuspüren. Theoreme sind keineswegs Luxus, sie stellen die eigentliche Seele der Mathematik dar. Sie sind die Rechtfertigung dessen, wieviel man weiß und die Grundlage dessen, was man sicher weiß. Bei der Beweisführung eines mathematischen Lehrsatzes auf eigene Faust, also bei unserer persönlichen Rekonstruktion des Theorems, wenn auch unter Hinzuziehung des Lehrbuches, verbinden sich das Vergnügen, zu einer Präzisionsmaschine zu werden, das Vergnügen, unsere Vernunft zu überzeugen, das Vergnügen, eine versteckte Wahrheit aufzudecken und das Vergnügen, an einer gedanklichen Abenteuerreise teilzunehmen. Bei der eigenhändigen Rekonstruktion eines Lehrsatzes kann es auch passieren, daß man eine andere Methode für seinen Beweis entdeckt. Möglicherweise handelt es sich sogar um eine bessere (zum Beispiel eine kürzere oder verständlichere) als diejenige des Lehrbuchs. In den seltensten Fällen wird es sich dabei um eine richtige mathematische Entdeckung handeln, die der Veröffentlichung in einer Fachzeitschrift würdig wäre. Wir haben es aber auf jeden Fall mit einer für uns persönlich wahren Entdeckung zu tun. Es lohnt sich, wenigstens ab und zu einmal in sich selbst einen Funken dessen zu spüren, was die bedeutenden Mathematiker empfinden. Aus der systematischen und persönlichen Rekonstruktion der Theoreme werden wir nicht nur das so sehr herbeigewünschte ausreichend in Mathematik ziehen, sondern (vielleicht) auch eine intellektuelle Erfahrung, die wir nie mehr vergessen werden.

Teil 3
Eine wohlverdiente Pause

Lesarten

Bis hierher haben wir versucht, uns mit den verschiedenen Fächern, so wie sie uns in Lehrbüchern und im Schulalltag begegnen, irgendwie anzufreunden. Wenn wir dabei des öfteren das Klassenzimmer verlassen haben, dann nur, um das Schicksal dieser Fächer in der großen, weiten Welt zu verfolgen, und uns dann erneut der Schule zuzuwenden – reich an neuen Überlegungen, mit mehr Erfahrung und Bewußtsein. Wir haben unsere Fächer sozusagen mit dem Weitwinkelobjektiv von oben betrachtet. Wahrscheinlich ist jetzt der Moment gekommen, um ein anderes Experiment auszuprobieren: die Erforschung von innen. Dabei geht es nicht nur darum, die Fächer zu verstehen, sondern auch zu erkennen, was sie sein könnten – und vielleicht sein sollten. Begeben wir uns doch, wenn auch nur für einen kurzen Augenblick, ins Herz dieser Fächer, hören wir ihnen doch einfach zu, so wie ihnen zu besonderen Gelegenheiten derjenige zuhört, der sie mit Imagination und Gefühl von innen her lebt. Jeder Stoff versprüht seine speziellen Funken. Die größten Köpfe würden sich nicht mit Leib und Seele der Physik, der Literatur, der Biologie, der Geschichte, der Philosophie oder der Mathematik verschreiben, wenn sie darin nicht volle und größte Erfüllung fänden. Selbst in der Eintönigkeit der täglichen Routine gibt es immer Augenblicke, in denen sie im eigenen Fach volles Glück finden. In Lehrbüchern scheint selten das Leuchten der Funken durch. Sie vermitteln den Stoff, aber leider nicht, diesen zu empfinden. Nur wenigen unvergeßlichen Lehrern gelingt es, uns während des Unterrichts in echte Begeisterung zu versetzen, weil sie selbst sie verspüren. Der Schwindel, die Hybris einer Materie überträgt sich erst, wenn wir ihre Gipfel erreichen. Um den Leser direkt an die Spitzen wissenschaftlicher Kreativität heranzuführen und ihm dieses Schwindelgefühl zu vermitteln, ist es unvermeidlich, sich mit schwierigen und fesselnden Problemen auseinanderzusetzen. Die Leser müssen am Entdeckungsprozeß beteiligt werden und ihn so erleben wie die großen Protagonisten. Ich lade zu einer Verschnaufpause ein. Wir werden uns ein paar kurze, lockere Freistunden außerhalb des Klassenzimmers gönnen und versuchen, das Hochgefühl der Entdeckung mit Hilfe unserer Phantasie von neuem zu schaffen.

Ich werde versuchen, uns geradewegs von der frischen Brise des kreativen Denkens fortwehen zu lassen. Aus diesem Grunde habe ich einige kurze, aber besonders repräsentative Proben ausgewählt. Desweiteren habe ich entschieden, diese in der Erzählform darzubieten und nicht als erläuternde Essays. Auf diese Weise können wir uns besser in die wahren Protagonisten einiger Fachgebiete zu bestimmten Zeitpunkten hineindenken.

Wie es sich für einen Erzähler geziemt, habe ich mir gewisse Freiheiten herausgenommen. Die Ideen und Protagonisten sind real und historisch dokumentiert; Ort und Zeit der Erzählungen habe ich bisweilen absichtlich umgestellt, indem ich etwa Begebenheiten, die sich in Wirklichkeit viele Monate oder gar Jahre hingezogen, auf einen kurzen Augenblick konzentriert habe. Für die Stellen, die nicht wahr, aber wahrscheinlich sind, gebe ich am Schluß jeder Erzählung erklärende Erläuterungen.

Das unterbrochene Spiel

Die Kutsche des Herzogs von Roannes kam auf ihrer Fahrt in schnellem Tempo voran. Nicht einmal die häufigen Peitschenschläge vermochten den Herzog und seine Gäste in ihrem angeregten Gespräch zu stören. Ungeachtet der Staubwolken, die sie aufwirbelten, und die vereinzelte Fußwanderer einhüllten, wollten die adligen und gelehrten Reisenden die Gunst der Stunde, nämlich die Anwesenheit des Abtes Blaise Pascal, seines Zeichens Philosoph, Theologe und vor allem berühmter Mathematiker, ausgiebig nutzen. Kaum hatte die Kutsche die Mauern von Paris hinter sich gelassen, da brachte der Herzog die Konversation schon in Gang. Die Fahrt bis zu seinem prunkvollen Regierungssitz in Poitou würde lang werden, und deshalb galt es, sich die Zeit möglichst ergiebig zu vertreiben. Zu Beginn sprach man über das Glücksspiel, eine der kostspieligen Leidenschaften, welchem zu jener Zeit der gesamte europäische Adel hartnäckig frönte. Die Eingangsworte waren geschickt, ja geradezu diplomatisch formuliert, aber sie ließen keinen Widerspruch zu. Es handelte sich um einen jener Vorschläge, die man nicht einfach stehenlassen kann, ohne unhöflich zu wirken.

»Meine lieben, gelehrten Freunde«, so hatte der Herzog begonnen, »da wir viele Stunden miteinander verbringen werden, wollen wir versuchen, diese Zeit so angenehm und nützlich wie möglich zu gestalten. Wie Sie sicherlich wissen, beherbergen einige flämische Fürsten an ihren Höfen scharfsinnige mathematische Genies, die sie regelmäßig zu Rate ziehen, um sich Würfel und Karten berechnen zu lassen.«

»Ganz recht, längst ist das Glücksspiel kein einfacher Zeitvertreib mehr«, warf Monsieur de la Ricardière ein, wohlhabender Besitzer einer Versicherungsgesellschaft für Seeschäden aus Toulon, vor dem in ganz Europa kein Spieltisch sicher war, »es ist auf dem besten Weg, sich zu einer exakten Wissenschaft zu entwickeln!«

»Genau!« Ohne den Faden zu verlieren, fuhr der Herzog in seiner Rede fort. Der Ärger über jene unerwartete Unterbrechung stand ihm dabei allerdings deutlich im Gesicht geschrieben. »Was ich von Ihnen, meine Herrschaften, und insbesondere von unserem hochgeschätzten Abt wissen möchte, ist, ob es wirklich möglich ist, das Risiko der Würfel und die Laune der Karten einem präzisen Kalkül zu unterziehen. Sollte das wirklich möglich sein, müssen wir uns die Frage gefallen lassen, wie man dann die Unvorhersehbarkeit des Hasardspiels und damit uns das Vergnügen bewahren kann. Eines steht jedenfalls fest: Wäre das Ergebnis eines Wurfes oder einer Partie vorhersehbar und genau kalkulierbar, dann bedeutete das Glücksspiel nicht mehr das geringste Risiko und wäre demzufolge nicht mehr das, was es ist. In nichts würde es sich vom Dame- oder Schachspiel unterscheiden. Es wäre eine reine Denkübung, ein Duell zwischen klugen Köpfen. Auch das Wetten verlöre jegliche Berechtigung. Vielleicht ist es demnächst normal, sich mit Rechenbrett und Zahlentabellen unter dem Arm am Spieltisch einzufinden oder womöglich mit so einem mechanischen Rechengerät, an dem ausgerechnet unser lieber Abt, so wird behauptet, seit geraumer Zeit arbeitet. Wenn dem so wäre, würde ich augenblicklich mit dem Spielen aufhören und die launenhafte Glücksgöttin für immer für tot erklären. Ich schlage vor, daß diese erlauchte Gesellschaft mich im Verlaufe unserer Reise ein wenig über die heikle Problematik aufklärt.«

Diesmal ließ Monsieur de la Ricardière einige Sekunden verstreichen. Erst als er ganz sicher war, daß der Herzog seine Vorrede tatsächlich beendet und der Abt nicht sofort eine Antwort parat hatte, sprach er nach einem respektvollen Räuspern, das weniger dazu diente, die Kehle zu reinigen als vielmehr sicherzugehen, daß niemand Einwände gegen sein Sprechen erhob.

»Gewiß, gewiß. Heutzutage läßt kein Reeder ein Frachtschiff aus unseren Häfen auslaufen, ohne zuvor eine Versicherung gegen Seerisiken abgeschlossen zu haben. Der Preis dieser Versicherungen bestimmt sich dabei auf der Basis fester Tabellen, die einst von Pisanern und Genuesen aufgestellt und später von Engländern, Flamen und Portugiesen überarbeitet und um vieles ergänzt wurden. Erst kürzlich hat in Paris der Bankier Lorenzo Tonti exakte Berechnungen über Prämien und Risiken für die verschiedensten Arten an seltsamen Versicherungen angestellt, die jetzt sogar seinen Namen tragen. In London ist der bekannte und wohlhabende Kaufmann John Graunt gerade dabei, detaillierte, aussagekräftige Tabellen über die durchschnittliche Lebenserwartung eines Matrosen, eines Fuhrmannes, eines Bäckers oder eines Artilleriehauptmannes zusammenzustellen. Im Grunde ist auch eine Versicherung so eine Art Glücksspiel, eine Wette gegen die Ungewißheiten des Lebens, gegen Unwetter, gegen Kriege, gegen Pest und gegen Seeräuber. Aus meiner ganz bescheidenen Erfahrung heraus, die angesichts der strengen Zahlenlehre unseres ehrwürdigen Abtes Pascal gewiß unbedeutend ist, kann ich bezeugen, daß auch die Existenz der besten Tabellen das Risiko keineswegs ausschaltet. Nach meiner unmaßgeblichen Meinung hat das Hasardspiel der Versicherungen noch viele Jahre vor sich.«

Schlagartig verstummte er. Der unbeabsichtigte Eifer seiner Rede hatte ihn beinahe verängstigt. Er begann, sich mit einem Taschentuch zuzufächeln, um wohl vor allem wieder Haltung anzunehmen.

Pascal schien endlich aus seiner Geistesabwesenheit zu erwachen und richtete seinen Blick ins Innere des kleinen fahrenden Universums. Die ganze Zeit über hatte er die weiten Felder fixiert, so wie einer, der ins Leere oder ins Unendliche selbst starrt. Jetzt war offensichtlich der Augenblick seines so sehr erwarteten Gesprächsbeitrages gekommen. Er wandte sich jedoch lediglich mit einer Frage an Monsieur de la Ricardière.

»Sagen Sie mir, cher Monsieur, was Ihre Tabellen für den Fall vorsehen, daß eine Reise vorzeitig abgebrochen wird? Nehmen wir doch einfach einmal an, ein Schiff sticht mit dem Endziel Indien in See, aber aus irgendeinem Grunde löscht es die Ladung bereits in Gibraltar und tritt danach die Rückfahrt an. Welche Entschädigung steht dem Reeder dann aufgrund dieses verminderten Risikos zu?«

Unversehens hielt de la Ricardière im Fächeln inne und wirkte in seiner komischen Stellung wie versteinert.

»Hm, hm, also, da wollen wir mal sehen. Ein interessanter, ja sogar höchst interessanter Fall.«

Das Fächeln setzte von neuem ein, diesmal noch ungestümer.

»Ich glaube, lieber Abt, ich weiß, worauf Sie hinaus wollen. Gewiß, für so einen Fall müßte eigentlich eine Regelung vorgesehen sein.«

Erneute Versteinerung, wiederholtes Fächeln. Der Blick de la Ricardières haftete jetzt an der karmesinroten Decke der Kutsche. Er sprach beinahe wie zu sich selbst.

»Gewiß, gewiß, es ist nur recht und billig, daß bei vermindertem Risiko auch der Versicherungsbeitrag sinken muß. Offengestanden sind mir persönlich ähnliche Fälle noch nicht untergekommen, trotzdem muß es aber eine Regelung für solche Eventualitäten geben. Lassen Sie mich nachdenken, lassen Sie mich nachdenken.«

Pascal ließ nicht locker.

»Sind Ihre Tabellen nach der Entfernung oder nach der Navigationszeit berechnet?«

De la Ricardière geriet völlig ins Schwanken, mal sprach er zu sich selbst und schaute dabei an die Decke, mal sprach er zum Abt, wobei er diesen besorgt, ja nahezu ängstlich, ansah.

»Die Entfernung spielt eine wichtige Rolle, ebenso wie die Jahreszeit oder die Frage, ob das Schiff auf seiner Reise von Stürmen bedrohte Gewässer oder Kriegsschauplätze passiert. Die Tabellen bewerten all diese Risiken, die dann natürlich summiert werden.«

»Wenn also«, fiel Pascal ein, »der vorzeitige Abbruch der Reise eines dieser Risiken vollkommen ausschaltet, dann wird die dafür errechnete Quote voll zurückerstattet.«

De la Ricardière war nur noch ein einziges Fächeln und wand sich vor Verlegenheit.

»Gewiß, gewiß, ich meine, das ist doch logisch, das ist doch nur korrekt.«

Die Mitreisenden fanden allmählich Begeisterung an dem Fall, und ihre Augen wanderten zwischen den beiden Gesprächspartnern hin und her. Der Schriftsteller Damien Mitton, stets im Gefolge des Herzogs, hatte sich bisher schüchtern zurückgehalten, jetzt aber wagte er einen Einwurf.

»Ich möchte den Gedanken weiterspinnen und, wenn es mir erlaubt ist, auf folgendes hinweisen: Falls das Risiko nicht völlig ausgeschaltet, sondern um die Hälfte verringert würde, so wäre es vielleicht angebracht, nur die Hälfte des Beitrages zurückzuerstatten.«

Pascal ließ ihn kaum ausreden, zeigte mit dem Finger auf den Literaten und pflichtete ihm bei: »Haargenau. Darauf wollte ich hinaus. Und wenn das Risiko sich um ein Drittel verringert, muß ein Drittel des Beitrages erstattet werden, bei einem Sechstel, eben ein Sechstel. So müßte die Regel lauten.«

Mitton unterstrich seine emphatische Zustimmung durch entsprechende Gebärden und warf dem Cavalier Antoine de Méré einen eindeutigen Blick zu. Beide waren seit geraumer Zeit bemüht, eine wahre Theorie über die Redlichkeit des Menschen aufzustellen, eine Art weltliche Bibel über das, was man denken, sagen und tun sollte, um immer liebenswert, rechtschaffen, anständig und vernünftig zu bleiben. Eine ehrliche Berechnung der Risiken schien haargenau in ihren Tugendbegriff zu passen.

Auch de la Ricardière war bereit, sich ihnen anzuschließen.

»Sollte wirklich jemals so ein Fall eintreten, dann werde ich zukünftig wissen, wie ich mich zu verhalten habe. Ich bin dieser sympathischen und gelehrten Gesellschaft dankbar, daß sie mir das Problem vor Augen geführt hat.«

Er schien äußerst zufrieden.

Der Herzog von Roannes und der Cavalier di Méré hatten zwar ihre wahre Freude an diesem Meinungsaustausch gehabt, aber im Grunde waren ihnen Versicherungsrisiken doch ziemlich gleichgültig. Der Cavalier glaubte nun den Moment für gekommen, das Gespräch wieder auf das eigentliche Thema zu bringen.

»Lieber Abt, bedeutet die Anwendung dieser proportionalen Regel, daß Ihr auch so entscheiden würdet, wenn es darum ginge, die Einsätze in einem vorzeitig abgebrochenen Spiel zu verteilen?«

Pascal zeigte das Lächeln eines Jägers, der den Hasen endlich in der Schlinge zappeln sieht. Über dieses Problem hatte er schon oft mit dem Cavalier gesprochen. Er unterhielt seit Jahren eine rege Korrespondenz über diese und andere heikle mathematische Fragen mit Pierre de Fermat, einem der scharfsinnigsten Wissenschaftler seiner Zeit, vielleicht sogar aller Zeiten.

»Lieber Méré, wie Sie selbst wissen, ist der Fall hier sehr viel diffiziler gelagert. Ob beim Kartenspiel oder beim Würfelspiel – jede nachfolgende Partie und jeder weitere Wurf, die einzig und allein wegen eines vorzeitigen Spielabbruches nicht mehr erfolgen, hätten das Schicksal des einen wie des anderen Spielers grundlegend wenden können. Das Problem liegt in der gerechten, jawohl gerechten, Verteilung der Einsätze in einem Spiel, das aus dem einen oder anderen Grund nicht an sein zuvor festgelegtes Ende gelangt – sei dieses nun eine bestimmte Anzahl von Partien, eine Uhrzeit oder bis einer der Mitspieler seinen ganzen Anteil verspielt hat. Gut, hierbei handelt es sich um ein uraltes Problem, für das noch niemand eine wirkliche Lösung gefunden hat. Sogar einige tüchtige arabische Mathematiker sollen sich darin versucht haben. Erst der Italiener Luca Pacioli, Erfinder jenes außerordentlichen Schemas mit der Bezeichnung doppelte Buchführung, das heutzutage von jedem Kaufmann angewendet wird, konnte im Jahre 1494, also vor beinahe zwei Jahrhunderten, einen gewissen Erfolg für sich verbuchen.«

Endlich bot sich dem jungen Hauptmann François de Beaulieu, dem einzigen, der sich bisher noch nicht zu Wort gemeldet hatte, eine großartige Gelegenheit, seine Ansicht kundzutun. Aus der Tiefe seines Sitzes beugte er sich vor und nahm mit einem Anflug von Koketterie die Eroberung der kleinen Schar kluger Köpfe auf.

»Im Leben eines Soldaten, wie Sie sich sicher gut vorstellen können, meine Herren, ist der vorzeitige Abbruch eines Spiels nahezu an der Tagesordnung. Sie wissen, wie das ist: Einmal ruft der General zum Rapport, ein andermal obliegt einem irgendeine undankbare Arbeit, mit der man nicht gerechnet hat, dann wieder erhält man einen Liebesbrief, der die sofortige Aufmerksamkeit verlangt.«

Der Abt, dem weltliche Dinge durchaus nicht fremd waren, saß wie vom Donner gerührt da, während der Hauptmann sich nicht einmal darüber im klaren zu sein schien, daß er gewaltig ins Fettnäpfchen getreten war.

In seiner Stimme schwang ein Ton von übertriebener, theatralischer Enttäuschung mit, als er zum Schluß hinzufügte: »Jedenfalls deckt sich die Anzahl der vorzeitig abgebrochenen Spiele in etwa mit jener der regulär zu Ende geführten!«

Pascal sammelte seine Gedanken und hakte dann nochmals mit einer Frage nach.

»Wie verteilen Sie dann den Einsatz, Herr Hauptmann?«

»Häufig bleibt dieser bis zum nächsten Spiel stehen, sofern alle Spieler einverstanden sind. Wenn aber jemand aus einer anderen Garnison oder aus einem anderen Regiment mitgespielt hat, wenn also nicht sicher ist, daß das Spiel zwischen denselben Spielern in Bälde wieder aufgenommen wird, dann wird von Fall zu Fall entschieden.«

Der Abt und der Cavalier di Méré ließen es nicht zu, daß der Offizier mit einer so vagen Behauptung davonkam. Höflich, aber bestimmt baten sie den Hauptmann, ihnen ein konkretes Beispiel dafür zu geben, wie diese Einsätze verteilt würden.

Anders als der Versicherungskaufmann senkte De Beaulieu beim Nachdenken den Kopf und starrte auf den dunklen, hin und her schaukelnden Boden der Kutsche.

»Also, manchmal behält jeder das, was gerade vor ihm liegt. Wer verloren hat, hat verloren, wer gewonnen hat, hat gewonnen. Ein andermal ...«

Aber er konnte seinen Satz nicht zu Ende führen, denn sofort fiel ihm der Cavalier hitzig ins Wort: »Das ist nicht gerecht! Beim Spielen wird häufig eine Taktik verfolgt. So kann man durchaus entscheiden, kurzfristig zu verlieren, um dann auf lange Sicht zu gewinnen. Ein ehrlicher Mensch, wie unser lieber Freund Mitton sagen würde, kann sich nicht mit so simplen Lösungen zufriedengeben. Das ist nicht einmal beim Würfeln möglich, von taktischen Spielen, wie etwa gewissen Kartenspielen, einmal ganz zu schweigen!«

Der Hauptmann schien einen Moment lang gekränkt, faßte sich aber sogleich wieder.

»Genau, ich wollte nämlich noch sagen, daß das Spiel auch gelegentlich für ungültig erklärt wird und jeder Spieler seinen Einsatz zurückerhält.«

Pascals Einwand ließ nicht lange auf sich warten: »In so einem Fall muß sich derjenige, der gerade am Gewinnen war, zwangsläufig betrogen vorkommen und derjenige, der gerade eine Pechsträhne hatte, kann sich im Grunde seines Herzens unverdientermaßen belohnt fühlen.«

Der Hauptmann breitete wichigtuerisch seine Arme aus, gab dann aber mit resignierter Miene klein bei.

»Im Leben eines Soldaten gibt es, weiß Gott, andere Unannehmlichkeiten und Ungerechtigkeiten. Damit müssen wir uns einfach abfinden! Es mag jetzt etwa zwei Monate her sein, da ...«

Aber auch diesmal wurde ihm das Wort abgeschnitten, denn der Herzog war nicht gewillt, eine Ablenkung von dem Thema, das ihn so brennend interessierte, zu dulden.

»Kommen Sie, lieber Beaulieu, jetzt verschonen Sie uns mit Ihren Militärgeschichten. Wir wollen hier abstrakt sprechen, um zu verstehen, wie man sich am besten verhält. Versuchen Sie, beim Thema zu bleiben.«

Der Hauptmann schüttelte die Erinnerungen von sich ab und nahm den Faden des Gesprächs wieder auf. Mit unverhohlenem Starrsinn setzte er zu folgender Erklärung an: »Vor Spielbeginn kommt man fast immer zu einer Einigung darüber, wie bei einem vorzeitigen Abbruch zu verfahren ist. In bestimmten Fällen wird beschlossen, eine annähernde Berechnung vorzunehmen, wieviel jeder einzelne gewonnen oder verloren hätte, wenn sich das Spiel im selben Rhythmus bis zum tatsächlichen Ende fortgesetzt hätte. Als wahrer Ehrenmann ist man natürlich geneigt, Gewinne wie Verluste zu unterschätzen, indem man die einen ein wenig pessimistisch, die anderen ein wenig optimistisch beurteilt.«

Dem Abt entging keine Silbe.

»Aber Herr Hauptmann, alle Mathematiker respektieren die Galanterie, und hier befinden wir uns sogar in Gesellschaft zweier

Theoretiker auf diesem Gebiet, aber wir wollen doch vor allem versuchen zu verstehen, wie eine vollkommen und rational gerechte Verteilung der Einsätze im Falle einer Spielunterbrechung aussehen könnte. Mit dem Cavalier habe ich dieses Problem schon häufig diskutiert. Lassen wir die Regeln der Ritterlichkeit jedoch einen Moment lang beiseite, und erforschen wir stattdessen die objektiven Regeln zur Berechnung.«

Jetzt hingen alle an den Lippen des Mathematikers Pascal, der seinen Diskurs fortsetzte, ohne ein einziges Mal unterbrochen zu werden.

»Die Idee, für die verbleibende Zeit bis zu einem Spielende, das de facto nie erreicht wird, die Gewinn- und Verlustkurven jedes einzelnen Spielers zu verlängern, ist richtig, zur Lösung des Falles reicht das aber nicht aus. Es werden vielmehr ausgleichende Mittel benötigt. Ihr von ritterlichem Geist beseelter Vorschlag mag ja als Idee großartig sein, nicht aber als Lehre. Menschlich gesehen würdige ich ihn, mit den Augen des Mathematikers betrachtet lehne ich ihn ab. Mathematisches Denken verlangt eine Berechnung, die Pacioli und andere nach ihm nur am Rande gestreift, aber niemals wirklich zu Ende gedacht haben. Der Einsatz, den jeder Spieler im Augenblick der Unterbrechung vor sich auf dem Tisch liegen hat, muß sehr wohl bis ans Ende des Spiels auf der Basis einer Berechnung der bis dahin erzielten Gewinn- und Verlustrate extrapoliert werden, aber er muß ebenfalls mit einer bestimmten Zahl multipliziert werden. Diese Zahl unterscheidet sich von Spieler zu Spieler und steht für eine präzise, errechenbare Wahrscheinlichkeit.«

In der Redepause des Abtes drang einen Moment lang das monotone Geräusch der Pferdehufe und der Räder ins Innere der Kutsche. Niemand wagte es, Pascale zu unterbrechen, der sich im folgenden direkt an den Herzog wandte.

»Sehen Sie, Exzellenz, wir empfehlen gewiß nicht allen Spielern, sich mit Schreibfeder und Notizblock bewaffnet an den Spieltisch zu begeben. Was nun meine kleine Rechenmaschine betrifft, so kostet es schon genug Mühe und Aufwand, eine einzige zu konstruieren, und ich glaube kaum, daß jemals für alle Spieler genügend Exemplare zur Verfügung stehen werden. Dennoch wäre eine Berechnung erforderlich, die über alle Partien, über alle Würfe, über die Gewinne und Verluste jedes Spielers genau Buch führt. Euer Hochwohlgeboren möge sich nicht erschrecken, ich spreche nur abstrakt, theoretisch. In dem Augenblick, in dem das Spiel unterbrochen wird, gibt uns ein solches Verzeichnis nämlich nicht nur darüber Auskunft, in welchem durchschnittlichen Rhythmus jeder Spieler gewonnen oder verloren hat – ich beharre auf diesem Terminus, durchschnittlicher Rhythmus nach allen effektiv gespielten Runden oder nach allen Würfen. Es wird uns auch sagen, wieviele ausgesprochen erfolgreiche und wieviele ausgesprochen mißglückte Partien jeder Spieler bis zu jenem Moment für sich verbuchen kann, bzw. wieviel er bei jeder einzelnen Runde gewonnen oder verloren hat. Durch exakte Berechnungen, mit denen ich jedoch diese illustre Gesellschaft nicht zu langweilen gedenke, kommt man zu den Zahlen, die heutzutage eine absolut gerechte und präzise Aufteilung der Einsätze unter allen Spielern sicherstellen.«

Der Cavalier de Méré konnte der Versuchung nicht widerstehen, unverzüglich einige konkrete Fälle darzulegen und sich den Kopf hinsichtlich ihrer Lösung zu zerbrechen, wobei zwischen ihm und Pascal über bestimmte Berechnungen Uneinigkeit herrschte. Der Herzog war ganz verzückt, so ein anregendes Streitgespräch zwischen zwei Koryphäen ausgelöst zu haben, da er aber in Mathematik nicht ebenso beschlagen war, rief er sie höflich zur Ordnung.

»Hochverehrte Herren, es sei mir gestattet, Sie von Ihren Berechnungen abzulenken und darum zu bitten, dem ganzen lediglich den Kern, die Essenz zu entnehmen. Lieber Abt, Sie können sich nicht vorstellen, mit welchem Vergnügen und mit wieviel begeisterter Aufmerksamkeit wir alle Ihren Ausführungen folgen. Zwar ist unser Verhältnis zur Mathematik von Unwissenheit geprägt, trotzdem aber möchten wir die Grundprinzipien Ihrer Berechnung verstehen, welche, sobald sie einmal in Druck gegangen ist, davon bin ich überzeugt, Sie in der ganzen Welt noch berühmter werden läßt und bei zukünftigen Generationen Bewunderung auslösen wird.«

Alle stimmten darin überein und nach einigen harmlosen Abschweifungen des Hauptmanns und des Versicherungskaufmanns über weltliche Dinge, brachte der Herzog das Gespräch gewissenhaft wieder auf das Thema zurück.

»Ehrwürdiger Vater, lassen Sie mich Ihnen ein ganz einfaches Beispiel anführen. Ich habe Ihrem Gespräch mit dem Cavalier folgendes entnommen: Wenn ich, nehmen wir einmal an, zum Zeitpunkt der Spielunterbrechung im Rhythmus von zehn Louisdor pro Stunde gewonnen habe und das Spiel noch weitere drei Stunden gedauert hätte, dann hätte ich – neben dem, was ich schon gewonnen habe – im ganzen Anspruch auf dreißig Louisdor. Aber nehmen wir weiter an, daß ich einige vorübergehende Rückschläge erlitten habe und durchschnittlich vier Louisdor in jeder dieser mißglückten Partien verloren habe. Von insgesamt sechsunddreißig Spielen gingen dabei sechs für mich negativ aus. Wenn ich recht verstanden habe, dann legt Ihre Berechnung fest, daß von den dreißig Louisdor die Verluste abgezogen werden, die ich wahrscheinlich noch während der restlichen Spielzeit erlitten hätte. So würde für jede noch zu spielende Stunde ein Sechstel von vier Louisdor abgezogen.«

Pascal nickte, setzte dann aber noch einmal zu einer näheren Erläuterung an: »Euer Hochwohlgeboren hat das Prinzip dieser Berechnung sehr wohl erfaßt. Wir müssen jedoch noch auf einige wichtige Details eingehen. Wenn zum Beispiel ausgerechnet die letzte Partie oder der letzte Wurf besonders mißglückt wäre, dann hätte die letzte Stunde des Spiels nur sechs anstatt zehn Louisdor eingebracht und nicht einmal zehn minus ein Sechstel von vier. Man muß folglich auch immer die Wahrscheinlichkeit einkalkulieren, daß der Gewinner gerade die letzte Partie verliert oder – das gilt selbstverständlich auch umgekehrt – der Verlierer sie gewinnt. Hierbei handelt es sich um eines von mehreren wichtigen Korrektiven. All diese Faktoren waren Pacioli und den anderen berühmten Mathematikern entgangen, die sich der Lösung dieses Problems vor meiner Zeit angenommen und mir gleichsam die Augen geöffnet haben. Nach jahrelangem Studieren und Forschen bin ich zu der Ansicht gelangt, ein Berechnungssystem aufgestellt zu haben, das alle, wirklich alle diese Faktoren genau berücksichtigt. Es bestärkt mich, daß der hochverehrte Kollege Fermat mit mir übereinstimmt, was ich erst kürzlich einem seiner Briefe entnehmen konnte, und daß Jacques Bernoulli, unabhängig von mir, zu ähnlichen Ergebnissen gelangt ist. Nach mindestens zwei anstrengenden Jahrhunderten konnte die Herausforderung unseres Verstandes endlich den Sieg davontragen.«

De la Ricardière war der einzige, der zu applaudieren begann, wenn auch wohl mit dem stillschweigenden Einverständnis aller Anwesenden.

»Bravo, bravo, bravo! Wir können uns wirklich glücklich schätzen, auf dieser Reise zugegen zu sein! Was für ein Vergnügen, direkt aus Ihrem Munde so viele faszinierende Geheimnisse über die Wahrscheinlichkeitsrechnung zu vernehmen. Die Versicherungsgesellschaften ganz Europas sollten Ihnen ein Denkmal setzen. Im Grunde ist doch unser ganzes Leben ein unterbrochenes Spiel!«

De la Ricardière war in seinem Enthusiasmus nicht mehr zu bremsen.

»Ich vermute, daß Sie, der Sie ja sowohl Mathematiker als auch Theologe sind, gewiß wertvolle Lehren für das Seelenheil aus diesem Wissen ziehen können. Müssen wir womöglich davon ausgehen, daß auch unser Herrgott, in all seiner Weisheit, diese Berechnung auf das vorzeitig beendete Leben anwendet, daß er Belohnungen und Bestrafungen gemäß der Wahrscheinlichkeit des Guten und des Bösen bemißt, das wir getan hätten, falls er uns länger hätte leben lassen?«

Der Hauptmann fühlte sich gekränkt, und um seinen Fauxpas von vorher wettzumachen, dessen er sich mittlerweile bewußt war, schleuderte er dem frommen Versicherungskaufmann entgegen: »Aber was sagen Sie! Das ist doch Gotteslästerung! Wie kann man unseren Herrgott mit einem Croupier, mit dem Eigner einer Spielbank vergleichen?«

Aber Pascal korrigierte ihn unverzüglich, wobei er seinen Worten einen gewissen Nachdruck verlieh.

»Und doch hat Monsieur del la Ricardière recht. Ich selbst habe viel über die Analogie zwischen der Wahrscheinlichkeit, das ewige Heil zu erlangen, und der Wahrscheinlichkeit, ein Spiel zu gewinnen, das in jedem beliebigen Augenblick zu Ende sein kann, nachgedacht. Der Glaube darf die Vernunft nicht ausschließen. Die präzise Wahrscheinlichkeitsrechnung ist nichts anderes als ein Verdienst unserer Vernunft. Gott hat uns die Fähigkeit zur Vernunft verliehen, damit wir seinen Willen und seine Lehren besser verstehen. Unser ganzes Leben ist eine Wette, deren Einsatz unser ewiges Heil ist. In seiner unendlichen Weisheit hat Gott es vorgezogen, uns keine eindeutigen Beweise seiner Existenz zu liefern. Er hielt es für das beste, uns im Zweifel zu lassen. Deshalb verlangt er von uns, auch ohne absolute Gewißheit an ihn zu glauben. Wir haben es wirklich mit einer Wette zu tun. Monsieur de la Ricardière hat etwas sehr Richtiges gesagt.«

Der Herzog hatte sich keineswegs ausgemalt, daß das Gespräch, dessen Auslöser seine unverbesserliche Spielwut war, am Ende auf die Theologie hinauslaufen könnte. Zwar hielt er nicht allzu viel von Religion, aber als bedingungsloser Bewunderer des Pascalschen Genius erfaßte er blitzschnell, daß der Verstand des Mathematikers und das Gewand des Priesters trotz allem einen gemeinsamen Interessensbereich gefunden haben mußten. Glauben finden, aber im Spiel, seine Seele retten, aber auf der Basis einer gewagten Wette – Donnerwetter, endlich ein theologisches Konzept, das dem Herzog von Roannes würdig war! Er wußte, daß die Kutsche in Kürze eine Poststation erreichen würde, wo alle aussteigen mußten, um sich zu stärken. Ausgerechnet eine einfache Wahrscheinlichkeitsrechnung sagte ihm, daß jener seltene Moment intellektueller und gefühlsmäßiger Spannung sowie jene ungewöhnliche Stimmung zum religiösen Bekenntnis die Zerstreuung ihres bevorstehenden Aufenthalts nicht überdauert hätte. Als guter Spieler verlor er keine Zeit, um gleichzeitig sowohl den Theologen als auch den Mathematiker herauszufordern.

»Lieber Abt, wollen sie uns vielleicht weismachen, daß Gott es guthieße, wenn man einer Wette halber an ihn glaubte? So etwas habe ich nun wirklich noch niemals gehört. Und im übrigen, Sie wissen das ja am besten, ist die ewige Belohnung, also das Paradies, ein unendlicher Treffer, wenn ich mich als eingefleischter Spieler einmal so ausdrücken darf. Wie läßt sich solch ein immerwährender Gewinn mit Ihrer Wahrscheinlichkeitsrechnung vereinbaren?«

Mit dem Blick eines Menschen, der der Unendlichkeit ins Gesicht zu sehen weiß, starrte Pascal erneut auf die Felder hinaus. Er wandte sich diesmal nicht mehr an den Herzog und die vornehme Gesellschaft, die Antwort war vielmehr an sein Inneres gerichtet.

»Der erwartete Wert, das, was bei Einbeziehung unseres Verstandes, unserer Vernunft, unter dem Strich konkret für uns herauskommt, wird errechnet, indem man den Spieleinsatz mit der Wahrscheinlichkeit, selbigen zu gewinnen, multipliziert. Eine Wette, die mir ein Sechstel Wahrscheinlichkeit gäbe, sechzig Louisdor zu gewinnen, brächte somit zehn Louisdor ein. Das ist der gerechte Preis dieser Wette, wenn ich mich entscheide, sie einzugehen. Auch wenn nach demselben Prinzip eine Hoffnung, die beinahe gleich null ist, mit einem unendlichen Gewinn multipliziert wird, kommt nach der Wahrscheinlichkeitsrechnung eine endliche

Zahl dabei heraus. Diese endliche Zahl sollte unserem Verstand genügen, um auf das ewige Heil zu setzen, um an Gott zu glauben und seine heiligen Gebote zu befolgen. Niemandem von uns ist es gegeben zu wissen, ob Gott an unserer Berechnung seine Freude hätte. Allerdings hat er uns Vernunft verliehen und in seiner unendlichen Weisheit war ihm sicher von vornherein klar, daß uns diese früher oder später Zugang zu solchen Gedanken, zu solchen Berechnungen verschaffen würde.«

Der Religionsphilosoph schwieg und starrte weiterhin ins Unendliche. Niemand wußte so recht, ob er seinen Diskurs lediglich unterbrochen hatte, oder ob er bereits an dessen Ende angelangt war. Nachdenklich suchten Pascals Reisegefährten die Bedeutung, die Eigentümlichkeit seiner Gedanken zu erfassen, wobei sie vermieden, sich gegenseitig anzuschauen und es nicht wagten, den kleinsten Muckser von sich zu geben. Als Pascal seine Überlegungen mit lauter Stimme wieder aufnahm, um zum Schluß zu kommen, da richteten sich alle Augen gierig auf ihn.

»Sehen Sie, meine geschätzten Freunde«, und jetzt schien er endlich wieder geistig zugegen zu sein, »wenn Gott es für angebracht hielt, seinem ergebenen Diener diese Wahrheit zu eröffnen, dann wird er dafür seine, mir unerforschlichen, Gründe gehabt haben. Vielleicht verlangt er von uns, über die Wahrscheinlichkeitsrechnung hinaus zu gehen und aus erhabeneren Motiven heraus, auf der Basis höherer Sicherheiten, an ihn zu glauben. Allerdings scheint mir, gerade in Anbetracht der Vernunft, einer Vernunft, die er uns großzügig verliehen hat, daß es ihm nicht mißfallen kann, wenn wir entscheiden, diesen Weg hin zu ihm zumindest als Ausgangspunkt einzuschlagen. Wenn es ihm mißfiele, so würde das heißen, daß er selbst uns auf eine Bahn getrieben hat, auf der er uns gar nicht sehen will. So etwas zu glauben, bedeutet nichts anderes, als Gott einen Widerspruch zur Last zu legen. Und das, ja das wäre nun wirklich Gotteslästerung!«

Wenige Minuten später zog der Kutscher die Zügel an, und die Pferde blieben vor der bescheidenen Poststation stehen. Die Wette des Herzogs war genau aufgegangen. Für den Rest der Reise, die drei Tage dauerte, war die Pascalsche Wette kein Thema mehr.

Bei der in der Erzählung geschilderten Reise von Paris nach Poitou handelt es sich um ein historisches Ereignis, das in einem Brief Mérés dokumentiert ist. Um sich nicht zu langweilen, hatte der Herzog von Roannes Mitton, Méré und »einen großen Mathematiker, nicht alt, nicht jung, damals noch nicht sehr bekannt, aber auf dem Weg, sich einen großen Namen zu machen«, auf die Fahrt mitgenommen. Aus dem Brief geht weiter hervor, daß die Wahrscheinlichkeitsrechnung im Mittelpunkt ihrer Konversation stand. Die Tatsache, daß Pascal vom Herzog gefördert und geschätzt wurde, und daß er wenigstens einmal für längere Zeit in dessen Residenz in Poitou zu Gast war, hat einige Biographen Pascals zu der Schlußfolgerung veranlaßt, daß gerade er jener Mathematiker war, der an der dreitägigen Reise teilnahm. Das Datum bleibt ungewiß. Eine erste Lösung zum Problem des unterbrochenen Spiels wurde im Jahre 1654 von Fermat und Pascal angeboten. Ausgerechnet der Cavalier di Méré war es, der als erster auf dieses Problem hingewiesen hatte. Im Jahre 1657 verfaßte Huygens das erste systematische Traktat über die Wahrscheinlichkeit, aber erst 1692 beweist Jacques Bernoulli einen absolut zentralen Lehrsatz. Durch die Verlegung dieser Reise ins Jahr 1660, einem im übrigen sehr stichhaltigen Datum, stehen wir am Anfang der sogenannten »Wahrscheinlichkeitsdekade« und haben es mit einem Pascal zu tun, der bereits an der Theorie seiner berühmten Wette über die Existenz Gottes arbeitete, die zum damaligen Zeitpunkt jedoch noch nicht in Druck gegangen war. Die anderen beiden Gestalten unserer Reise sind frei erfunden, nicht aber die Gedanken, die die Reisegefährten untereinander austauschen.

Das doppelte Wachstum

So wie am Ende eines jeden Tages, wenn er aus dem Labor kam, lief Jacques auch an diesem Abend den langen, verlassenen und halbdunklen Flur entlang. In Gedanken versunken nahm er im Vorübergehen aus den Augenwinkeln die ausgestopften Affen wahr, die jeden Augenblick bereit schienen, von den verdorrten Ästen zu springen und das staubige Glas der großen Schaukästen zu durchbrechen, um sich auf ihn zu stürzen. Schon öfter war es ihm seltsam vorgekommen, daß er über Bakterien, die kleinsten und einfachsten aller Lebewesen, in einem Labor forschte, das eine Sammlung von Primaten beherbergte, den entwickeltsten Kreaturen des Tierreiches und den nächsten Verwandten des Menschen. Noch ahnte er nicht, wie sehr seine wissenschaftliche Arbeit eines Tages dazu bestimmt sein würde, diese beiden Gebiete, zwischen denen nach damaliger Auffassung Welten lagen, einander näher zu bringen. Er wußte jedoch bereits, daß die von ihm untersuchten Bakterien klein, allerdings alles andere als unbedeutend waren. Am Ende des Flurs ging er die breite, abgenutzte Treppe der Sorbonne hinunter, um endlich die beruhigende Luft des Pariser Abends einzuatmen. Die überwiegende Mehrheit seiner Kollegen hätte das Problem, das ihm die ganze Zeit über keine Ruhe ließ, als nebensächlich abgetan. Trotzdem hatte Jacques sich seit vielen Monaten darauf versteift, eine Lösung dafür zu finden. Noch wagte er nicht, offen kundzutun, wovon er zutiefst überzeugt war: Ohne eine Lösung dieses Problems würde sein Fachgebiet auf der Stelle treten.

Der einzige, der in der Lage war, seinen unermüdlichen Eifer zu verstehen und nachzuempfinden war der ältere und berufserfahrenere André, der als Experte jeder Art von Mikroorganismen galt, einschließlich der Viren, die noch kleiner als Bakterien sind und nicht selbständig existieren können. André stand vor einem Rätsel, das sich allem Anschein nach erheblich von Jacques' Problem unterschied: Weshalb vermehrten sich gewisse Virenstämme nicht in einem bestimmten Bakterienstamm, dem André sowohl den Namen als auch den physischen Ursprung verliehen hatte, letzteres durch Extraktion der Bakterien aus seinem Verdauungstrakt. Die Viren vermehrten sich zwar nicht, verschwanden aber auch nicht völlig. Es genügte, die Bakterien einen kurzen Augenblick ultravioletter Bestrahlung auszusetzen, und schon vermehrten sich die Viren, während die Bakterien platzten oder wie durch Zauberei zerfielen. Diese Viren verharrten duckmäuserisch in einer Art Halbschlaf in den Bakterien, wo sie gewissermaßen auf der Lauer lagen, jederzeit bereit, aufzuwachen und ihren Wirt zu zerstören. Auch Jacques untersuchte diese Bakterien mit der Bezeichnung *Escherichia coli*, abgekürzt *E. coli*.

Gemeinsam hatten Jacques und André im Untergrund gegen die Besetzung der Nationalsozialisten gekämpft, und seither waren sie auf vielen anderen Fronten Verbündete geblieben, nicht zuletzt im Kampf gegen die althergebrachte und oberflächliche, obgleich damals vorherrschende Auffassung von Biologie. Häufig tauschten sie Gedanken über ihre jeweiligen Probleme aus, wobei das Verhalten ihrer Kollegen, allesamt Anhänger des Traditionalismus, häufig Anlaß zur Klage gab. Der Leiter des zoologischen Laboratoriums hatte André gegenüber klipp und klar geäußert: »An der Sorbonne sind Jacques' Forschungen von keinerlei Interesse.« Diese Biologen erforschten die offenkundigen und makroskopischen Merkmale der Lebewesen, während Jacques und André ihre Beobachtungen auf die Mikrostrukturen, auf Gene und Enzyme richteten. Dabei stellten sie sich immer wieder hartnäckig die Frage, warum *nicht* endlich etwas geschehe, von dem man meinte, es mit Fug und Recht erwarten zu können. Zugegeben, eine zur damaligen Zeit ungewöhnliche Haltung für einen Biologen. André zerbrach sich darüber den Kopf, warum der Virus seinen Wirt *nicht* angriff, Jacques grübelte darüber nach, warum seine Bakterien sich *nicht* gemäß dem guten, alten und allgemeinen Gesetz des exponentiellen Wachstums vermehrten (aus eins zwei, aus zwei vier, aus vier acht...).

Auf dem belebten Boulevard Saint Michel suchte sich Jacques ein Café. Er wollte den Rest des Abends genießen und zum x-ten Male mit sich zu Rate gehen. Vor einem Glas Whisky mit viel Eis und dem obligatorischen Päckchen Zigaretten ließ er erneut die berüchtigten Wachstumskurven seiner Bakterien vor dem geistigen Auge tanzen. Ganz eigenartigerweise war beim Wachstum eine ununterbrochene Kurve nicht zu beobachten. Dafür gab es zwei Kurven, die zeitlich versetzt aufeinanderfolgten. Die erste Kurve stieg mit einem bestimmten Gefälle gerade an, dann, nach einer Pause, folgte die andere, die ein unterschiedliches Gefälle aufwies. Das ganze ähnelte einem abgebrochenen Ruder in reflektierendem Wasser. Deutlich sah Jacques die erste Kurve vor sich, gleichmäßig, klassisch, genau wie im Lehrbuch beschrieben. Diese endete dann abrupt, und dieselbe Bakterienpopulation nahm das Wachstum von neuem auf, diesmal mit einer zweiten Kurve, die ebenfalls gleichmäßig und klassisch verlief, aber anders als die erste war. So ein Fall war noch niemals in einem Lehrbuch dargelegt worden, und seit vielen Monaten beschäftigte Jacques sich mit genau diesem Problem, von dem er geradezu besessen war.

In einem bestimmten Nährboden, auf einem bestimmten Zucker, wuchsen die Bakterien im Rhythmus von fünfundzwanzig Minuten pro Generation, während dieselben Bakterien in einem anderen Nährboden, auf einem anderen Zucker dafür fünfunddreißig Minuten benötigten. Bis hierher lief alles regulär. Die Sache wurde erst in dem Moment paradox, wenn man beide Zucker vermischte, denn das Wachstum erfolgte nicht nach einem Zwischenwert, das heißt, die eigentlich zu erwartende Wachstumsrate von einer Generation in einem Abstand von dreißig Minuten war nicht zu beobachten. Zunächst setzte sich das Wachstum exakt im fünfundzwanzig Minuten Takt fort, dann, nach einer Pause, wurden daraus genau fünfunddreißig Minuten. Niemals waren Mittelwerte zu verzeichnen. Es war so, als ob Jacques beim Trinken aus dem Glas, das vor ihm stand, zunächst den puren, unverdünnten, zimmerwarmen Whisky schlürfte, um dann separat die Eisstücke zu knabbern. Die beiden Wachstumskurven vermischten sich niemals, so als würde der Whisky niemals kalt und leicht verdünnt. Ein unerklärliches Paradoxon, mit dem er es da zu tun hatte!

Je länger er darüber nachdachte, desto treffender erschien ihm der Vergleich mit dem Whisky und dem Eis. Jacques suchte seine Gedanken neu zu ordnen, wobei ihm eine erst kürzlich gemachte Entdeckung in den Sinn kam, die das Geheimnis keinesfalls gelüftet, sondern eher noch verdichtet hatte. Am Ende der schnelleren Wachstumsphase hatten die Bakterien den ersten Zucker gänzlich aufgebraucht, den zweiten jedoch nicht einmal angerührt. Erst nachdem vom ersten Zucker nichts mehr übrig war, stürzten sie sich nach einer Ruhephase auf den zweiten. Das Wachstum auf dem ersten Zucker vollzog sich so, als wäre der zweite gar nicht vorhanden. Vielleicht waren Bakterien ja kultivierter, als man bisher angenommen hatte, womöglich sogar gesitteter als Affen! Ihr Menü bestand aus mehreren Gängen, es war kein heilloses »in sich Hineinstopfen«. Zunächst aßen sie den ersten Gang ganz auf und legten dann eine Pause ein, bevor sie sich an den zweiten Gang heranmachten.

Jacques ließ einige Münzen auf dem Tisch zurück und machte sich auf den Heimweg.

Während wir ihn auf seinem physischen und mentalen Weg eilends voranschreiten lassen, ist es notwendig, daß wir in dieser Geschichte einige Schritte zurückgehen. In Gedanken müssen wir uns ein paar Jahre zurückversetzen, nämlich in den letzten finsteren Winter des Zweiten Weltkriegs, als Jacques beim Stöbern in einer fahrenden Bibliothek der amerikanischen Armee von der Existenz spontaner Mutationen bei Bakterien erfuhr. Damit stand fest, daß auch in diesen ganz niederen Organismen echte Gene vorhanden waren. Die Kopie einer ein Jahr zuvor veröffentlichten Arbeit von Salvador Luria und Max Delbrück hatte es geschafft, unter größter Gefahr den Atlantik zu überqueren, in der Normandie mit dem Expeditionskorps der Alliierten an Land zu gehen und in Jacques' Hände zu gelangen. Die Nachricht hatte ihn wie ein Blitz aus heiterem Himmel getroffen: Also auch Bakterien besitzen Gene, folglich läßt sich auch mit Bakterien Genetik betreiben, so wie es bereits mit Mais, kleinen Fliegen und Mäusen geschah (an Affen dachte damals nun noch wirklich kein Mensch). Viele tausend Meilen entfernt, im kalifornischen Pasadena, passierte in jenem Augenblick sogar noch Unglaublicheres: Man war gerade dabei, die Genetik der Viren zu erforschen. Aber davon konnte Jacques im Winter 1944/45 noch keine Ahnung haben.

Die Arbeit von Luria und Delbrück trat außerdem den mathematischen oder, besser gesagt, statistischen Beweis dafür an, daß Darwin recht hatte und Lamarck unrecht. Jacques war sogleich klar, daß damit eine Streitfrage schlagartig beigelegt war, die die Gemüter ein Jahrhundert lang erregt hatte. Es gab keine Vererbbarkeit erworbener Eigenschaften. Nur denjenigen Bakterien, die sich schon der neuen Umgebung angepaßt hatten, *bevor* sie mit dieser in Berührung kamen, gelang es, sich zu vermehren. Die anderen hingegen paßten sich überhaupt nicht an, und demzufolge blieb die Vermehrung aus. Der zur damaligen Zeit so gewaltige und so mißverstandene Begriff der Anpassung von Lebewesen an neue Umweltfaktoren bekam eine völlig andere Bedeutung. Wie Darwin richtig erkannt hatte, geht die Anpassung der Selektion voraus und macht sie erst möglich. Die Evolution wird nicht durch die Begegnung mit einer neuen Umgebung, mit neuen Faktoren herbeigeführt. Die Anpassung der Bakterienpopulationen spiegelt das Wachstum von Organismen wider, die sich schon zuvor willkürlich verändert hatten. Die Mutanten wachsen und schalten dabei, in einer Art Konkurrenzkampf, die Organismen aus, bei denen keine Mutation erfolgte.

Die Arbeit von Luria und Delbrück war ganz unmißverständlich. Die ermittelten Zahlen schlossen aus, daß jedes einzelne Bakterium a priori über dieselbe Anpassungswahrscheinlichkeit verfügt. Im Gegenteil, die Experimente zeigten, daß einige seltene Individuen eine sehr große Wahrscheinlichkeit zur Anpassung hatten, während die Mehrheit der anderen diese gar nicht hatte. Einige waren bereits angepaßt, während die anderen es niemals werden würden. Diese äußerst undemokratische Diskriminierung von Auserwählten und Verdammten bestand vor ihrem ersten Kontakt mit einem neuen Umweltfaktor, der in Form eines Virus, eines Antibiotikums oder einer veränderten Temperatur auftreten konnte. Jacques war sich darüber im klaren, daß dies für jegliche Art von Umweltfaktor bei jedweder Population von Lebewesen gleichermaßen gelten mußte. Eine jahrzehntelange Kontroverse war mit einem Schlag beendet. Lamarck hatte definitiv auf der ganzen Linie unrecht. Es gibt keine Anpassungen, die durch die Erfahrung der einzelnen Organismen verursacht werden und auf deren Nachkommen übertragbar sind. Mutationen sind zufällig, sie hängen nicht vom Kontakt mit der neuen Umgebung ab, sondern gehen diesem Kontakt voraus.

Die Lektüre jener Arbeit sollte Jacques' Leben verändern. Er entschied auf der Stelle, sich mit Leib und Seele dem Studium der Bakteriologie und Genetik hinzugeben, sobald der Krieg zu Ende war. Ausgerechnet diesen niederen Mikroorganismen sollte es nämlich vorbehalten sein, die Geheimnisse des Lebens, jeder Art von Leben, zu enthüllen.

Wenden wir uns nun wieder Jacques' ruhigem und ergiebigem Abendspaziergang zu. In jenem Moment keimte gerade der Gedanke in ihm auf, daß der Begriff »Anpassung« und demzufolge auch der Begriff »Induktion« möglicherweise völlig neu zu interpretieren waren. Er nahm sich vor, so bald wie möglich mit André darüber zu sprechen, der sich vornehmlich mit der Virusinduktion befaßte, also mit den Mechanismen, die das Wachstum der Viren in ihrem Wirt induzieren, stimulieren, aktivieren und amplifizieren. Auch Jacques' Forschungsgebiet nannte sich kurioserweise (damals meinte man noch, es handle sich um zwei vollkommen voneinander unabhängige Dinge) Induktion oder, genauer gesagt, Enzyminduktion, ging es doch darum, die Produktion bestimmter Enzyme in Bakterien in Gang zu setzen oder zu verstärken. Dabei waren insbesondere diejenigen Enzyme von Interesse, die dem Bakterium dazu dienten, die verschiedenen Arten von Zucker, auf denen es sich unterschiedslos vermehren konnte, zu verdauen.

Während Jacques durch die stille Rue de Vaugirard spazierte, die angeblich längste Straße in ganz Paris, war er immer mehr davon überzeugt, daß der Begriff der Induktion und damit der Begriff der Anpassung an seinen Wurzeln neu zu überdenken wäre. Man hatte sich eine gänzlich andere Vorstellung von diesen Phänomenen zu machen. Im Grunde war das Werk von Luria und Delbrück fortzusetzen, welches den Begriff der Anpassung im Falle der Mutationen revolutioniert hatte. Die zur damaligen Zeit so gern gezogene Parallele zwischen der Anpassung der Mikroorganismen und dem radioaktiven Zerfall war falsch. Beim radioaktiven Zerfall hat jedes einzelne Atom einer bestimmten Substanz eine gewisse feste und unveränderliche Wahrscheinlichkeit, sich durch Aussendung eines Teilchens in ein anderes Atom zu verwandeln. Es schien immer glaubhafter, daß auch ein Gen, irgendein Gen, eine ganz geringe feste Wahrscheinlichkeit hatte, in jedem seiner Abschnitte eine Mutation zu erfahren. Aber die Welt der Biologie verfügt über ihre eigenen Gesetze. Die Gene vermehren sich präzise, und sobald eine Mutation einmal erfolgt ist, wird sie mit sehr hoher Wahrscheinlichkeit auf die gesamte Nachkommenschaft übertragen. Diese seltene Mutation schafft eine Anpassungswahrscheinlichkeit, die bei dem gewöhnlichen Bakterium und dem mutierten Bakterium von Grund auf verschieden ist. Dem Vergleich mit dem radioaktiven Zerfall durfte nicht bis ins letzte gefolgt werden. Luria und Delbrück hatten bewiesen, daß der Anpassungsprozeß der Lebewesen ganz selektiv und darwinistisch ist, nicht einheitlich und probabilistisch. Jacques war davon überzeugt, sich von zwei anderen falschen Analogien befreien zu müssen: zum einen von der verbreiteten Auffassung, Gene seien buchstäblich Wachstumsenzyme, zum anderen von der Meinung, Proteine seien instabile Moleküle, die, angefangen bei den einfachsten Vertretern, immerzu gebildet, zerstört und wieder neu aufgebaut werden, ohne jemals zur Ruhe zu kommen. Viele, darunter auch der berühmte englische Biochemiker Sir Cyril Hinshelwood, neigten zu dieser »dynamischen« Vorstellung, und das sollte auch in den kommenden Jahren noch so bleiben.

Jacques dachte erneut an seine Experimente, an die doppelte Wachstumskurve, an das abgebrochene Ruder im Wasser, an das mehrgängige Mahl seiner Bakterien. Immer mehr leuchtete ihm ein, wie falsch die Vorstellung war, daß Gene wie Enzyme funktionieren. Stimmt, stimmt... Gewiß! Hätte er einem Gemisch zweier reiner Enzyme, die zuvor den Bakterien entnommen worden waren, *direkt* eine Mischung aus den beiden Zuckern vorgesetzt, dann wäre es *niemals* zu einem mehrgängigen Menü gekommen. Folglich wäre auch die doppelte Verdauungskurve niemals zu beobachten gewesen. Die Enzyme hätten auf der Stelle beide Zucker gleichzeitig aufgenommen, und die Geschwindigkeit der Verdauung hätte, anstatt einer abgebrochenen Kurve, den zu erwartenden

Mittelwert ergeben. Ein Enzym wartet nie auf ein anderes Enzym, wenn es die Möglichkeit hat, sich sofort auf seine Mahlzeit, auf sein Substrat zu stürzen.

Bevor Jacques seine Wohnung in der breiten und vornehmen Avenue de la Bourdonnais erreichte, hatte sich ein Gedanke bereits in ihm festgesetzt: Die Enzymproduktion in einem Bakterium (und vielleicht sogar in jeder Zelle eines jeden Lebewesens, Affen eingeschlossen) ist selbst kein enzymatischer Vorgang. Die enzymatische Anpassung erfolgt auf Grund von Differenzen in der Produktionsrate dieser Enzyme in den Bakterien. Enzyme sind *keine* Verwandlungskünstler, ihre Anpassung beruht nicht auf einem blitzschnellen Kostümwechsel seitens ein und desselben Moleküls, sondern auf der Produktion *neuer* Moleküle, *neuer* Enzyme. Die Dynamik liegt also bei den Genen und nicht bei den Enzymen, die deren Produkt sind. Damals wußte noch niemand, welche Mechanismen ein Gen aktivieren bzw. bremsen. Im Verlaufe seines Spaziergangs wurde Jacques klar, daß im Grunde hier das Problem lag, für das er eine Lösung finden mußte.

Er ahnte ganz dunkel, daß auch die Enzyminduktion auf einer Art Darwinschem Selektionsvorgang beruht, einer Selektion, die sich im Innern eines jeden lebenden Organismus vollzieht, insbesondere in jedem seiner Bakterien. Es galt also, Darwin, Mendel, Luria-Delbrück und die eiserne Logik der genetischen Gesetze unter einen Hut zu bringen. Schon oft hatte Jacques davon geträumt, in der Biologie etwas Ähnliches wie das Gesetz der idealen Gase zu entdecken. Das Modell der idealen Gase sowie die von dem großen englischen Mathematiker Alan Turing entwickelte Theorie über den Aufbau eines universellen Rechenautomaten kamen in seinen Reden immer wieder zur Sprache. Die Logik des Experiments bedeutete ihm alles. Er behauptete von sich, ein durch und durch logischer und kein intuitiver Mensch zu sein. Dennoch war es die Intuition, die während seines Spaziergangs die Logik in Gang gesetzt hatte. Damals war es ihm jedoch unmöglich, die genaue Bedeutung dieser Intuitionen zu erfassen. Was für eine Selektion? Wovon ging sie aus? Wie und warum? Noch hatte er die Vorstellung der Gene als echte Schalter sowie der Enzymproduktion als Aktivierung spezifischer genetischer Einheiten nicht klar erfaßt. Um zu dieser Entdeckung zu gelangen, sollten noch viele Jahre unermüdlichen Forschens ins Land gehen.

Jedenfalls war sich Jacques auf dem Nachhauseweg endgültig darüber klargeworden, daß auf dem Gebiet der Bakteriengenetik keine wirklichen Fortschritte erzielt werden konnten, wenn nicht zuvor das Problem des doppelten Wachstums, des mehrgängigen Menüs der Bakterien gelöst würde. Er faßte den festen Entschluß, diese gewagte Behauptung in einen wissenschaftlichen Aufsatz aufzunehmen, den er in den folgenden Wochen auf Englisch verfassen mußte. Der Satz sollte in etwa folgendermaßen lauten: Wer sich für die Wachstumsprozesse in Mikroorganismen interessiert und den Ausdruck des genetischen Materials in diesen Systemen studieren will, wird eine befriedigende Erklärung für dieses Phänomen anbieten müssen. Ein ähnlicher Satz stand bereits in seiner Doktorarbeit, aber die Sorbonne zeigte keinerlei Interesse. Vielleicht hätten die englischen und amerikanischen Kollegen dem ganzen mehr Beachtung geschenkt.

Jacques hatte seiner doppelten Kurve bereits einen Namen gegeben. Als eingefleischter Altphilologe war er im Griechischen auf ein passendes Wort gestoßen, um das Phänomen zu beschreiben, ein Wort, das auch der englischen Übersetzung standhielt: doppeltes Wachstum, *diauxie* auf Französisch, *diauxia* auf Englisch.

Von Jacques' ersten Forschungsarbeiten für die Doktorarbeit bis zu einer vollständigen und befriedigenden Lösung des Problems sollten mehr als zwanzig Jahre verstreichen. In dieser Zeit würde sich allmählich herauskristallisieren, daß die verschiedenen Probleme, gar nicht so unabhängig voneinander zu betrachten waren, wie es zunächst den Anschein hatte. Im Gegenteil, sie ließen sich alle auf ein und dasselbe große und tiefschürfende Problem zurückführen: Was aktiviert die Gene in den Organismen und was hält sie in der überwiegenden Mehrheit, für die meiste Zeit und in den meisten Zellen in einem Zustand von Trägheit? Jacques und seine Kollegen sollten für die Lösung dieses Problems, für ihr Modell über das An- und Ausknipsen der genetischen Schalter, in der ganzen Welt berühmt werden. Der glänzende Sieg ihrer Forschungen sollte den Beginn einer neuen Ära einläuten: Die »molekulare« und ausgesprochen »logische« Biologie war geboren. Zum Teil würde sie auf ganz besonderen Modell-Phänomenen basieren, die derart repräsentativ sind, daß ein ganzes Fachgebiet auf der Stelle tritt, wenn diese nicht zuvor einer Klärung zugeführt werden. Jacques' Standpunkt sollte sich immer mehr verbreiten. Das Wissen um die Lebewesen würde sich nicht mehr auf Sammlungen ausgestopfter Tiere berufen. Die Biologie sollte sich zu einer Art Physik entpuppen. In den folgenden Jahren würden Jacques solche und ähnliche Probleme beschäftigen. Das abgebrochene Ruder bleibt Sinnbild seines Werks und Symbol des Übergangs von der alten zur neuen Biologie. Mit der doppelten Wachstumskurve hatte man endlich auch mit der alten, naturalistischen Tradition gebrochen.

Die Hauptperson des imaginären Spaziergangs ist niemand anderes als Jacques Monod, der viel gepriesene französische Genetiker und Biochemiker, Verfasser des weltbekannten Werks *Zufall und Notwendigkeit.* Für seine Forschungen über die Mechanismen der Aktivierung und Inaktivierung der Gene erhielt Monod im Jahre 1965 zusammen mit André Lwoff und François Jacob den Nobelpreis für Physiologie oder Medizin. Die in der Erzählung enthaltenen biographischen Angaben und zentralen Gedanken stützen sich auf Monods wissenschaftliche Arbeiten sowie auf die Konferenz, die er anläßlich der Nobelpreisverleihung abhielt. Horace Freeland Judson gewährt in seinem Buch *The Eighth Day of Creation* auch Nichtfachleuten Einblick in die Rätsel, vor denen Monod, André Lwoff, François Jacob, Melvin Cohn, Elie Wollmann und andere standen. Die Überlegungen, die ich Monod zuschreibe, stammen auch aus verschiedenen Gesprächen, die ich selbst in den Jahren 1969-1976 mit ihm führte. Selbstverständlich habe ich den Inhalt sehr vereinfacht dargestellt, den Sinn dabei jedoch beibehalten. Auf diesem Spaziergang werden langsam erzielte Fortschritte auf einen Zeitraum von wenigen Stunden zusammengefaßt, während sie in Wirklichkeit viele Jahre beanspruchten. Der Genauigkeit halber möchte ich noch auf folgendes hinweisen: Als Monod, umgeben von ausgestopften Affen, an der Sorbonne arbeitete, wohnte er noch nicht in der Avenue de la Bourdonnais. Auch hatte er die Lösung des Problems des doppelten Wachstums noch nicht so klar vor Augen. Die viel kürzere Wegstrecke zwischen dem Laboratorium und seiner damaligen Wohnung hätte die Verknüpfung all dieser Gedanken aber nicht zugelassen. Deshalb habe ich an einigen Stellen, bei Daten und Adressen, von der dichterischen Freiheit Gebrauch gemacht.

Die Gabe des Allgegenwärtigseins

I

Es galt als ein ungeschriebenes Gesetz, daß am langen, ovalen Tisch der Institutsmensa all diejenigen Platz nahmen, die ohne Begleitung zum Mittagessen kamen und gern ein paar belanglose

Worte mit den Kollegen oder den Gastprofessoren wechseln wollten. Wohl nicht zuletzt deshalb sprachen alle vom sogenannten »Gesellschaftstisch«. Wenn dieses Möbelstück hätte erzählen können, was Tag für Tag, Monat für Monat, Jahr für Jahr so um es herum gesprochen wurde, dann hätte das ein wenig schmeichelhaftes Licht auf alle Beteiligten geworfen, die sich doch ansonsten durch ihre geistige Größe auszeichneten. Universitätsinterne Streitereien, Klatsch und allerlei Banalitäten zählten zu den vorherrschenden Gesprächsthemen. Ab und zu kam es jedoch vor, daß der Philosoph den Biologen über die Geheimnisse seiner Wissenschaft befragte, oder daß der Chemiker sich mit dem Wirtschaftswissenschaftler über die Zukunftsperspektiven der wissenschaftlichen Forschung beriet.

Anfangs konnte Bill nicht ahnen, daß sein Mittagessen, das in aller Stille begonnen hatte, eine ungewöhnliche Wende nehmen würde. Er hatte gerade mit einiger Mißbilligung zur Kenntnis genommen, daß ihm der dünne amerikanische Kaffee schon wieder mit Fußbad auf dem Unterteller serviert worden war, als Peter plötzlich vor ihm auftauchte, sein Tablett auf dem gegenüberliegenden Platz abstellte und sofort lossprudelte, noch ehe er sich richtig hingesetzt hatte.

»Hallo Bill! Dich wollte ich sowieso anrufen!«

»Oh, grüß dich Peter! Was gibt's denn?«

Peter schwatzte unbeirrt weiter, selbst mit vollem Mund redete er am laufenden Band. Sein leidenschaftliches Wesen verbunden mit seinen außerordentlichen Fähigkeiten als Literaturhistoriker (sein Schwerpunkt war die Moderne) sorgte für volle Hörsäle. Begeisterte Studenten der unterschiedlichsten Fakultäten strömten scharenweise in seine Vorlesungen. Auf seine Art war Peter ein Stützpfeiler des gesamten Universitätsbetriebs.

»Ich brauche unbedingt die Meinung eines Physikers von deinem Format, Bill. Vor einigen Tagen sprach ich in einer Vorlesung über die sogenannte Entzauberung von Technologie und Wissenschaft.«; beim Wort Entzauberung fuchtelte er mit Messer und Gabel in der Luft herum, so als wolle er den Begriff in Anführungszeichen setzen. »Du wirst vielleicht wissen, daß Musil in seinen Werken *Die Verwirrungen des Zöglings Törleß* und *Der Mann ohne Eigenschaften* unglaubliche Dinge über die Physik, die Chemie und die Mathematik sagt! Wirklich aufsehenerregende

Dinge! Da merkt man gleich, daß er vom Fach war. Die Zeiten, in denen man den Naturwissenschaften den Hof machte, waren dann endgültig vorbei, als sogar die Musiker Ballettmusik und Symphonien schrieben, die der Elektrizität und dem Magnetismus gewidmet waren. Allmählich wurden die Naturwissenschaften dann als »tödlich« angesehen, ein Ausdruck, den der große italienische Dichter Eugenio Montale angeblich wortwörtlich gebraucht. Tödlich, verstehst du? Wir dürfen auch nicht vergessen, daß nach dem Ersten Weltkrieg die Verwendung von Giftgas eine ebenso große Furcht vor den Naturwissenschaften auslöste wie der Einsatz der Atombombe im Zweiten Weltkrieg.«

So langsam fragte sich Bill, worauf Peter eigentlich hinauswollte. Es wunderte ihn schon seit langem, daß ein so subtiles Wesen mit so unkonventionellen Tischmanieren in ein und derselben Person vereint sein konnte. Während er, ohne eine Miene zu verziehen, mit vollen Backen sein Sandwich kaute, ließ Peter seiner Zunge weiter freien Lauf: »Und dann wäre da noch das Radio, dieses neue, hämmernde Propagandainstrument mit großer Reichweite. Das Anfang dieses Jahrhunderts aufkommende totalitäre Gedankengut verbreitete sich fast ausschließlich über den Äther. Aus Statistiken geht eindeutig hervor, daß die Propagandamaschinerien Hitlers, Mussolinis und Stalins bereits Anfang der dreißiger Jahre Millionen von Hörern mit ihren barbarischen Verlautbarungen erreichten. Die elektrische Beleuchtung, der Telegraph oder das Telefon sind immer noch Teil einer verzauberten Epoche, in der man in den Naturwissenschaften die große Befreierin sah. Beim Radio verhält sich die Sache da allerdings schon etwas anders.«

In unverändertem Ton bat Peter Bill um den Salzstreuer und hämmerte darauf herum, als handle es sich um eine Morsetaste.

»Der Telegraph wurde seinerzeit als der Retter der Menschheit gefeiert. Tick, tick, tick, tiiick...Die Schiffbrüchigen der Titanic verdanken ihr Leben der modernen Wissenschaft. Sie lebe hoch! Ein Hoch auch dem drahtlosen Telegraphen! Nicht umsonst wurde Guglielmo Marconi (Erfinder drahtloser Übertragungen und Nobelpreisträger für Physik; A.d.Ü.) zum offiziellen Wissenschaftler des faschistischen Regimes, zumal Mussolini ihn auch noch zum Präsidenten des nationalen Forschungsrates ernannte. Und doch befand man sich schon zum damaligen Zeitpunkt mitten in einem Ernüchterungsprozeß. Das Bündnis zwischen den Diktaturen und der Wissenschaft hinterließ nämlich nicht gerade einen positiven Eindruck auf die antifaschistischen Schriftsteller.«

Bill konnte sich nicht länger zurückhalten und erwiderte, daß der Telegraph und das Radio in den dreißiger Jahren für Physiker vorsintflutliche Errungenschaften gewesen seien, und daß die Spitzenforschung sich damals bereits mit weitaus anderen Dingen beschäftigt habe.

»Du magst ja recht haben, Bill, aber davon hatten doch die Literaten garantiert keine Ahnung. Es steht fest, daß die Naturwissenschaften in Italien bei allen antifaschistischen Intellektuellen einen ganz schlechten Ruf hatten, und die Bombe hat das Ansehen der Physik bestimmt nicht aufgewertet – weder hier, noch in Europa. Einmal von einigen ganz seltenen Ausnahmen abgesehen hält die Entzauberung der Wissenschaft und der Technologie in der Literatur übrigens weiterhin an.«

Bill wußte einfach nicht genug über diese Dinge, so daß er weder zustimmte noch zum Gegenschlag ausholte. Allerdings warf er betroffen ein: »Ich weiß nicht, ob man von Entzauberung sprechen kann, mit Sicherheit haben wir es mit tiefgehender Unkenntnis zu tun. Von vereinzelten Fällen wie dir, lieber Peter, abgesehen, haben die Schriftsteller von den Naturwissenschaften doch nun wirklich überhaupt keinen blassen Schimmer.«

Peter nickte zustimmend mit dem Kopf.

»Genau darauf wollte ich hinaus. Zwischen der Vorstellung von Naturwissenschaft und Technologie, die die breite Öffentlichkeit erreicht, und der Großteil der Schriftsteller ist breite Öffentlichkeit, und der wissenschaftlichen Spitzenforschung existiert immer ein Verzögerungsmoment, eine Kluft, ein Spalt. Wer weiß, wie groß diese zeitliche Lücke wohl sein mag?«

Letzteres war ganz offensichtlich nur eine rhetorische Frage, und Bill hielt sich deshalb entsprechend zurück. Wie nicht anders zu erwarten hatte Peter auch gleich die Antwort parat.

»Dreißig, vielleicht sogar fünfzig Jahre. Die wissenschaftliche Spitzenforschung verwandelt sich, zumindest teilweise, in Technologie, welche ihrerseits, wiederum zum Teil, auf das Alltagsleben übergreift. Dem Bewußtsein der breiten Öffentlichkeit gelingt es dabei nur, die Wissenschaft zu durchschauen oder, besser gesagt, zu erahnen, die sich hinter der meistverbreiteten Technologie verbirgt, nämlich der von Krieg und Frieden. Die Schriftsteller machen da keine Ausnahme. Das habe ich meinen Studenten gesagt, und einige von ihnen haben zu Recht darauf bestanden, daß ich ihnen ein Beispiel aus der aktuellen Spitzenforschung liefere, irgendein wichtiges und neueres wissenschaftliches Ergebnis, nicht technologisch, sondern wirklich rein wissenschaftlich, das noch nicht an die breite Öffentlichkeit gedrungen ist, aber einen echten Fortschritt für die Lehre bedeutet.«

Ganz spontan nannte Bill die Molekularbiologie.

»Genau! Dieses Beispiel habe ich angeführt: die Molekularbiologie. Abgesehen von einigen wenigen Dingen, die mir unser berühmter Kollege Wally ab und zu einmal beim Mittagessen erzählt, verstehe ich aber wirklich gar nichts davon. In meiner Verzweiflung habe ich etwas über DNS gestammelt und über *Zufall und Notwendigkeit,* das Werk des französischen Nobelpreisträgers Jacques Monod, das ich ihnen im übrigen auch zur Lektüre ans Herz gelegt habe, da es unter anderem viele interessante literarische Anstöße enthält. Schließlich habe ich noch die Erklärung der Evolution sowie die bedeutenden Funktionen des Lebens im Hinblick auf Moleküle erwähnt. Zu meiner Schande muß ich jedoch gestehen, daß mir zur Physik absolut nichts eingefallen ist. Da ich meinen Studenten nun versprochen habe, kompetente Kollegen zu Rate zu ziehen, wollte ich dich fragen, ob du uns nicht eine ganz einfache Vorlesung über irgendein grundlegendes Resultat in Physik halten könntest. Dabei sollte es sich um ein wichtiges Ergebnis aus der jüngsten Zeit handeln, das auch wir verstehen können. Für uns Geisteswissenschaftler ist die Mathematik nämlich nichts anderes als eine Gleichung mit mehreren Unbekannten. Falls du dich zu einer Nachhilfestunde bereit erklärst, so verbiete ich dir kategorisch, auch nur eine einzige Formel an die Tafel zu schreiben. Würde dir Donnerstag um zehn Uhr passen? Hörsaal 305 in unserem Gebäude.«

Energisch wischte sich Peter den Mund ab. Langsam zog Bill seinen Terminkalender aus der Tasche, sicheres Zeichen dafür, daß er Peter keinen Korb geben konnte.

»Hm, da wollen wir mal sehen. Du mußt mir aber noch ein paar genauere Anweisungen geben. Sag mir wenigstens, an welche Art von Themen du denkst und wieviel Zeit mir etwa zur Verfügung steht!«

»Die üblichen fünfzig Minuten. Die Vorlesung richtet sich an Studenten des Grundstudiums. Uns ist jedes Thema recht, Hauptsache, es ist aktuell und einigermaßen verständlich.«

Bill hatte das Bedürfnis, sich wenigstens entsprechend abzusichern.

»Hm, da muß ich mal überlegen. Es ist nicht leicht. Es ist wirklich nicht leicht. Am besten wäre wohl ein präzises Experiment mit eindeutigen Ergebnissen.«

»Wunderbar«, erklärte Peter eilig, »und bitte keine mathematischen Formeln.«

In Wirklichkeit hatte Bill schon längst eine konkrete Vorstellung.

»Ich hätte da etwas, was man vor über dreißig Jahren rein theoretisch in Betracht gezogen hat, was aber gerade erst experimentell nachgewiesen worden ist.«

Das reichte Peter. Er beeilte sich, ihre Vereinbarung zu besiegeln.

»Großartig! Vielen, vielen Dank. Also dann, bis nächsten Donnerstag um zehn Uhr, Hörsaal 305, dritter Stock.«

II

Als Bill seinen Kollegen durch die Tür des Speisesaales verschwinden sah, bereute er sogleich, die Einladung angenommen zu haben. Immer wieder sagte er sich: »Auf was habe ich mich da nur eingelassen!«

Das Thema, das ihm die ganze Zeit vorschwebte, war das Experiment von Pfleegor und Mandel, das erst vor einigen Monaten publiziert worden war. Auf seine Physikstudenten hatte es nicht den Eindruck hinterlassen, den es verdient hätte. Dabei handelte es sich um einen glänzenden Sieg der Physik, der ihnen eigentlich einen kleinen Begeisterungstaumel hätte entlocken müssen. Aber die Physikstudenten an dieser Universität waren einfach zu gescheit, kamen von Eliteschulen und waren zu blasiert, um derartige Gefühle zu empfinden oder zuzulassen. Nantha, ein äußerst vielversprechender Student aus Pakistan, hatte sogar gemeint: »Ich verstehe nicht, warum man sich die Mühe gemacht hat, diese Theorie experimentell nachzuweisen. Schließlich wußte man doch längst, daß sie korrekt war!« Nantha zeigte haargenau dasselbe Verhalten wie Einstein, als dieser, ohne jeglichen Enthusiasmus, die Beobachtungen über die Sonnen- und Mondfinsternis verächtlich beiseite schob, mit denen Eddington und andere seine Relativitätstheorie doch nur bestätigt hatten. Einstein schien das nicht im geringsten zu kümmern. Wie Nantha hatte auch er gefragt: »Was sollte eigentlich der ganze Aufwand?« Als man ihn mit dem spontanen Einwand konfrontierte: »Und was wäre gewesen, wenn die Daten deine Theorie widerlegt hätten?« parierte Einstein mit einer schlagfertigen Antwort, die später immer wieder zitiert wurde: »Ich wäre wahnsinnig enttäuscht gewesen, ich meine, für den Schöpfer aller Dinge hätte es mir außerordentlich leid getan.«

Bill war weitaus weniger eingebildet als Einstein und die ganze Nanthas. Trotz der hervorragenden experimentellen Bestätigungen physikalischer Theorien wunderte er sich immer noch über die Fähigkeiten des menschlichen Intellekts. Wer weiß! Womöglich würde es ja bei den Studenten der Philologie anders laufen. Vielleicht würde es ihm gelingen, ihnen so eine Art Begeisterungstaumel zu entlocken. Es ging einzig und allein darum, ihnen die Bedeutung und die Originalität der Theorie Diracs zu vermitteln sowie das Wesentliche des Experiments von Pfleegor und Mandel, das eben diese Theorie gerade erst bestätigt hatte. Nach gut siebenunddreißig Jahren! Bill mußte alles möglichst einfach darbieten, und er durfte keine Formeln benutzen.

Er nahm sich vor, es gleich am selben Abend mit seiner Lebensgefährtin Jennifer zu probieren, die Kunsthistorikerin und im allgemeinen an der Physik eher desinteressiert war. Sollte es ihm gelingen, bei Jenny Interesse zu wecken, so würde er es vielleicht auch bei Peters Studenten schaffen.

III

Noch am selben Tag erzählte Bill Jenny beim Abendessen von Peters Einladung. Er erklärte ihr, daß er bereits ein ganz bestimmtes Experiment im Auge habe und seine Unterrichtsstunde eigentlich gern an ihr testen würde.

»Dann leg mal los«, entgegnete Jenny. Bill ließ sich nicht zweimal bitten, und ohne Umschweife stieg er ins Thema ein.

»Hast du schon einmal den Namen Dirac gehört? Paul Adrian Maurice Dirac, ein englischer Physiker, Nobelpreisträger, der es verdient hätte, ebenso berühmt zu sein wie Einstein.«

Wie üblich antwortete Jenny mit einer Gegenfrage: »Ist das nicht der magere Herr mit Schnurrbart, den ich ganz flüchtig vor ein paar Jahren in Princeton kennengelernt habe?«

Bill hatte diese Begegnung völlig vergessen, aber er war froh über Jennys Erinnerung.

»Ja, genau der. Was für ein gutes Gedächtnis du hast!«

Das stachelte Jennys Neugier an: »Und warum ist er dann nicht so berühmt geworden wie Einstein?«

»In den dreißiger Jahren lieferte Dirac eine höchst interessante und äußerst gewagte Interpretation über das Verhalten von Elementarteilchen. Wie in seinem berühmten Handbuch zur Quantenmechanik nachzulesen ist, unterstellt Dirac, daß die sogenannte Wahrscheinlichkeit der Dispersion eines Teilchens im Raum an jedes einzelne Teilchen gekoppelt ist und nicht an eine große Zahl identischer Teilchen.«

Jenny, die bereits nur mit Mühe folgen konnte, beschränkte sich auf den Einwurf: »Ich verstehe nicht ganz, was das bedeutet, aber, wenn es nicht wichtig ist, dann mach ruhig weiter.«

»Hm«, entgegnete Bill ratlos, »es ist aber ausgesprochen wichtig. Wenn dir das nicht einleuchtet, dann wirst du auch das Folgende nicht verstehen.« Nach einer kurzen Pause, die dazu diente, seine Erklärung genauer zu formulieren, hob er ganz überzeugt, von neuem an: »Also, hast du das klassische Konzept einer Geschoßbahn vor Augen, wie etwa bei einer Kanonenkugel?«

»Ich denke schon.«

»Gut, also, die Elementarteilchen, sagen wir ein Elektron oder ein Photon, zeigen ein anderes Verhalten als etwa die Kugel eines Gewehrs. Sie folgen keiner richtigen Geschoßbahn, sondern schwirren im Raum herum wie Wasser, das aus einem Glas heraus in die Luft gekippt wird. Diese Dispersion im Raum läßt sich mit einer Funktion darstellen, Wellenfunktion genannt, die, genau wie die Wellen des Meeres, berg- und talförmige Bewegungen aufweist. Zwar hatte man herausgefunden, wie die Wellenfunktion zu berechnen war, aber man wußte noch nicht genau, was sie eigentlich bedeutete. Es blieb das Problem, welche effektive physikalische Realität sie beschrieb. Es gab sogar zwei verschiedene Arten, diese Wellenfunktion zu berechnen. Die eine ging auf Schrödinger zurück und stellte die Funktion als eine Wahrscheinlichkeitswelle dar. Stell dir darunter einfach eine Welle vor, die das Teilchen selbst im Schlepptau hinter sich herzieht. Die andere Berechnungsart verdanken wir Heisenberg, der sie hingegen als Tabelle oder Matrix darstellte, also wie eine Liste sehr vieler abstrakter Wahrscheinlichkeiten. Darunter mußt du dir eine Tabelle voll von vielen möglichen Zuständen vorstellen, eine Tabelle der verschiedenen Wahrscheinlichkeiten, denen sich das Teilchen in jedem dieser möglichen Zustände gegenübersieht.«

Bill merkte sehr wohl, daß er etwas zu weit gegangen war, aber Jenny protestierte nicht. So nahm er sich vor, noch einmal in aller Ruhe auf diese Dinge zurückzukommen, seinen Diskurs aber fürs erste fortzusetzen.

»Alle Physiker waren sich darüber einig, daß diese beiden Berechnungsmethoden gute Resultate hervorbrachten, ihnen war allerdings nicht klar, warum das so war. Obwohl die Endergebnisse der Berechnung immer übereinstimmten, waren die physikalischen Auslegungen dieser beiden Methoden unterschiedlich. Man wußte jedoch nicht, welche effektive physikalische Realität die Grundlage dieser beiden unterschiedlichen Konzeptionen bildete.«

Bill fing an, den Tisch abzuräumen und Teller, Gläser und Tassen in der Geschirrspülmaschine zu verstauen. Dabei hielt ihn nichts davon ab, in seiner Erklärung fortzufahren.

»Niemand geringeres als Dirac bewies, daß die zwei Arten zur Berechnung der Wellenfunktionen, die Schrödingersche und die Heisenbergsche, völlig äquivalent waren, und daß eine einheitliche Theorie, eine noch abstraktere und allgemeinere Theorie, diese zwei Methoden als Sonderlösungen entlarvte. Auf jeden Fall wird seit Dirac das Anwenden der einen wie der anderen Methode lediglich zu einer Frage der persönlichen Bevorzugung, zu einem Mittel, um die Berechnungen zu vereinfachen und verschiedene Aspekte ein und desselben Phänomens angemessen hervorzuheben. Noch heute lehren wir unsere Studenten alle drei Methoden, die Schrödingersche, die Heisenbergsche und die Diracsche. Dies mag zum einen historisch begründet sein, zum anderen hat jede ihre speziellen Vorteile.«

Jenny begann das ganze tatsächlich zu interessieren. Ein Punkt wollte ihr jedoch nicht einleuchten.

»Und was war das effektive, reale Phänomen in Anbetracht all dieser Berechnungen?«

Bill schaltete die Spülmaschine ein und schnappte das Stichwort im Nu auf.

»Genau darin kommt Diracs geniale Intuition zum Ausdruck. Alle waren sich insoweit einig, daß irgendeine Wahrscheinlichkeit vorlag, aber niemand konnte genau sagen wovon. Anstatt einer Geschoßbahn und eines Teilchens, das sich, ähnlich wie ein aus einem Gewehr abgefeuertes Projektil, in jedem x-beliebigen Augenblick an einem bestimmten Punkt dieser Geschoßbahn befindet, zeigte sich eine Ausbreitung des Teilchens im Raum. Das Teilchen war sozusagen im Raum verteilt und hatte eine unterschiedliche Wahrscheinlichkeit, sich an verschiedenen Punkten der Geschoßbahn zu befinden. So war die Wahrscheinlichkeit an gewissen Punkten unter Umständen sehr hoch, an anderen sehr gering. Jedenfalls war das Teilchen nicht in jedem Moment auf einen einzigen präzisen Punkt festgelegt, sondern es umgab sich immer mit einer diffusen Wahrscheinlichkeitswolke.«

»Wahrscheinlichkeit wovon?«, fragte Jenny schon leicht entnervt, weil sie immer noch nicht genau verstanden hatte.

»Nach Dirac handelt es sich Punkt für Punkt um die Wahrscheinlichkeit, die das Teilchen hat, tatsächlich an jenem Punkt zu sein. Bei einem Projektil ist diese Wahrscheinlichkeit in dem Punkt, wo es sich nach und nach befindet, gleich eins und in allen anderen Punkten gleich null. Die Wahrscheinlichkeit ist ganz auf einen Punkt konzentriert, während sie bei einem Elementarteilchen niemals ganz auf einen einzigen Punkt gerichtet ist, sondern sich immer auf mehrere Punkte erstreckt.«

»Und was meinen die anderen Physiker?«

»Nach Auffassung anderer Physiker, Einstein eingeschlossen, war das effektive physikalische Phänomen, das von der Wellenfunktion beschrieben wird, eher eine durchschnittliche Wahrscheinlichkeit, die auf der Basis einer breiten Population identischer Teilchen berechnet worden war und nicht auf der Basis eines einzigen Teilchens. Ihre Vorstellung war traditioneller und kam den Grundgedanken der klassischen Physik näher. Nach dieser klassischen Auslegung war die Verteilung der Wahrscheinlichkeit Ausdruck einer Verteilung von Resultaten aus vielen Experimenten, die sich innerhalb einer bestimmten Zeit wiederholten. Indem mit einem bestimmten Meßinstrument an einer großen Zahl von Teilchen einer bestimmten Art viele Experimente gemacht wurden, wurde der Durchschnitt der verschiedenen Resultate von der Wellenfunktion berechnet. Jedenfalls war die Wellenfunktion keine wirkliche Eigenschaft eines Teilchens, sondern eine elegante Art, Resultate über viele identische oder zumindest untereinander ähnliche Teilchen zusammen einzuordnen.«

»Was meinte denn Dirac zu all dem?«

»Dirac war der Ansicht, daß es sich wirklich um eine Eigenschaft jedes einzelnen Teilchens handelte. Er rief dazu auf, mit der klassischen, traditionellen Vorstellung zu brechen und sich statt dessen mit der Idee vertraut zu machen, daß jedes einzelne, individuelle Teilchen im Raum verteilt vorkommt. Seine Statistik beruhte nicht auf einer Durchschnittsrechnung mit mehreren Testobjekten, sondern auf einer Rechnung mit einem einzigen Testobjekt. In der von Dirac dargebotenen Interpretation ist ein und dasselbe Teilchen in ein und demselben Moment mit unterschiedlicher Wahrscheinlichkeit an unterschiedlichen Orten. Stell es dir so vor, als sei ich, in eben diesem Moment, mit achtzigprozentiger Wahrscheinlichkeit hier, aber gleichzeitig auch mit zehnprozentiger Wahrscheinlichkeit in New York und mit einer weiteren zehnprozentigen Wahrscheinlichkeit in Stanford.«

Allmählich kam es Jenny so vor, als sei dieser Dirac nicht recht bei Verstand.

»Aber Bill, da du doch nun einmal hier bist, meine ich, daß du zu einhundert Prozent hier bist und zu null Prozent an irgendeinem anderen Ort. Oder irre ich mich da?«

»Würde meine Anwesenheit hier und jetzt von einem Quantenphänomen gesteuert, dann wäre Dirac mit dem, was du da gerade behauptet hast, keinesfalls einverstanden. Schrödinger und er vertraten beispielsweise die folgende Auffassung: Eine Katze, die auf einer Atombombe sitzt, deren Sprengkapsel von einem Quantengetriebe betätigt wird, das seinerseits über die fünfzigprozentige Wahrscheinlichkeit verfügt, diese explodieren zu lassen und über die fünfzigprozentige Wahrscheinlichkeit, diese nicht explodieren zu lassen, ist buchstäblich zu fünfzig Prozent tot und zu fünfzig Prozent lebendig. Das Diracsche Prinzip läßt sich auf diesen bekannten Fall, auf die sogenannte Schrödingersche Katze, übertragen und gilt genau genommen jedesmal dann, wenn der Zustand eines makroskopischen Körpers (wie die Katze auf der Bombe) von einem elementaren Quantenphänomen gesteuert wird. Gewöhnlich zeigen die makroskopischen Körper, wie wir Menschen, die Katzen oder die Stühle, ein anderes Verhalten, da hast du ganz recht. Wenn wir es allerdings mit Phänomenen zu tun haben, die an Elementarteilchen gebunden sind, also mit sogenannten Quantenphänomenen, dann sieht die Sache vollkommen anders aus. Das Beispiel von der Katze, die zu fünfzig Prozent lebendig und zu fünfzig Prozent tot ist, ist nur ein hypothetisches Beispiel, das sich Schrödinger ausgedacht hat und das dann von Dirac übernommen worden ist. Es ist jedoch sehr klar und verständlich.«

Mittlerweile hatte Jenny Diracs Hypothese bereits leicht in Aufruhr versetzt, was Bill seinerseits wohlwollend zur Kenntnis nahm, zeigte es ihm doch, daß das Thema bei ihr auf Interesse gestoßen war.

»Ich habe zwar absolut keine Ahnung von Elementarteilchen, eines aber weiß ich sicher: Wenn du im Laufe eines Jahres durchschnittlich einen von zehn Tagen in New York verbringst und einen weiteren von zehn Tagen in Stanford, dann hätte jemand, der an irgendeinem Abend versucht, dich telefonisch zu erreichen, deine Gewohnheiten aber nicht gut kennt, lediglich eine Wahrscheinlichkeit von achtzig Prozent, dich auch tatsächlich ans Telefon zu bekommen. An irgendeinem wahllos herausgegriffenen Abend hätte er sogar eine zehnprozentige Wahrscheinlichkeit, dich in New York anzutreffen und eine weitere zehnprozentige Wahrscheinlichkeit, dir in Stanford auf die Spur zu kommen. Aber wenn er dich de facto ausfindig macht, dann bist du wo du bist und zwar hundertprozentig. Und damit Schluß! Dirac hin, Dirac her, das Gegenteil zu behaupten, ist einfach reiner Wahnsinn!«

Jenny war zufrieden mit der Art, in der sie ihrer Gereiztheit freien Lauf gelassen hatte.

IV

Jennys Reaktionen beruhigten Bill. Vielleicht hatte er ja genau das richtige Thema für die Unterrichtsstunde bei den Studenten der Literaturwissenschaften gewählt.

»Sieh mal, Jenny, dein Verhalten unterscheidet sich in nichts von der Haltung der Physiker vor Dirac. Allerdings hat sich diese Haltung als falsch herausgestellt. Die gleichzeitige Präsens an verschiedenen Orten ist in der Welt der Teilchen absolut wörtlich zu nehmen. Dabei kann ein einzelnes Teilchen nicht nur in ein und demselben Augenblick an unterschiedlichen Plätzen sein, sondern es kann sogar gleichzeitig verschiedene Wege einschlagen. Du mußt es dir etwa folgendermaßen vorstellen: Wenn ich morgen nach New York fahre, nehme ich gleichzeitig einen Eastern Airlines-Flug, einen Pan Am-Flug sowie den Zug und in jedem dieser Verkehrsmittel reist gleichzeitig ein Bill. Einmal in New York angekommen setzen sich diese Versionen oder »Zustände« dann wieder zu einem einzigen Bill zusammen. Da solche Gedanken verrückt klingen und jeglichem gesunden Menschenverstand widersprechen, brauchte es viele Jahre, bis die Physiker endlich bereit waren, sie zu akzeptieren. Erst vor ein paar Monaten haben an der Universität von Rochester zwei versierte Forscher ein für allemal bewiesen, daß Dirac vollkommen recht hatte. Über ihr Experiment möchte ich Peters Studenten berichten. Siebenunddreißig Jahre waren nötig, um experimentell nachzuweisen, daß Diracs Auslegung die einzig richtige war.«

»Richtig mag sie ja vielleicht sein, trotzdem halte ich sie für verrückt.«

»Sicher, Jenny! In gewissem Sinne ist es eine verrückte Vorstellung. Verrückt, aber wahr! Gerade deshalb ist sie wohl so faszinierend. Wozu soll die ganze Wissenschaft dienen, wenn nicht auch dazu, gelegentlich Dinge zu entdecken, die das genaue Gegenteil dessen sind, was man eigentlich erwartete? Meinst du nicht auch? Nicht zuletzt aus diesem Grund hoffe ich, ein Interesse für diese Geschichte bei Peters Studenten wecken zu können.«

Jenny beschloß nachzugeben.

»Also gut, laß hören! Was haben deine Kollegen aus Rochester herausgefunden: daß einer gleichzeitig in Paris und in New York sein kann?«

»Etwas, das dem sehr nahekommt. Sie haben nachgewiesen, daß ein Photon, das heißt, ein elementares und unteilbares Strahlungsteilchen, gleichzeitig Teil zweier Laser ist, also zweier Super-Lampen...«

An dieser Stelle fiel Jenny ihm ins Wort. »Danke, Bill, mir ist durchaus bekannt, was ein Laser ist! Heutzutage kommen diese Dinger nämlich sogar in James Bond Filmen vor!«

Bill dachte sofort daran, den Hinweis auf James Bond auch am Donnerstag vor den Studenten anzubringen. »Das ist es ja gerade! Sie kommen in James Bond Filmen vor, aber niemand gibt sich auch nur die geringste Mühe zu verstehen, wie sie funktionieren. Typisch! Ich werde Peters Studenten wohl erst einmal erklären müssen, daß es vor der Existenz der Lasertechnik nicht möglich war, wissenschaftlich nachzuweisen, daß Dirac recht hatte. Das ist auch der Grund, weshalb das ganze so lange dauerte. Man nahm zwar an, daß er recht hatte, aber ohne Laser konnte der wissenschaftliche Beweis nicht angetreten werden.«

So leicht ließ Jenny sich nicht abspeisen.

»Wieso? Ist euch Physikern eine normale Lampe nicht stark genug?«

»Stärke spielt in diesem Zusammenhang keine Rolle«, erwiderte Bill, wobei er im Geiste Jennys Entwürfe beherzigte, »es geht vielmehr um Regelmäßigkeit und Voraussehbarkeit. Eine Kerze, die Sonne, ein Stern oder eine Glühbirne strahlen immer dann Licht aus, wenn es ihnen in den Kram paßt, ganz nach Lust und Laune der Transformationen, denen die Atome, welche sie bilden, ausgesetzt sind. Ein Laser hingegen strahlt auf Befehl Licht aus. Ohne die geringsten Abweichungen sendet er eine genau bekannte Anzahl von Photonen aus, in genau bekannten Augenblicken und mit einer unveränderlichen und genau bekannten Wellenlänge. Im Gegensatz zu einem Laser lassen sich die Atome einer Glühbirne nicht per Knopfdruck kontrollieren. Beim Laser weiß man haargenau, in welchem Moment er ein Photon, also ein unteilbares Lichtquant, aussendet. Folglich kann man es so einrichten, daß ein bestimmter Bereich des Raumes niemals von mehr als einem Photon gleichzeitig durchquert wird. Jedesmal, wenn ein Photon den Laser verläßt, kann man den Apparat solange anhalten, bis dieses Photon sein Ziel, zum Beispiel eine hochempfindliche Photoplatte, erreicht hat. Der Laser läßt sich dergestalt abstellen, daß er keine weiteren Photonen aussendet, während das bereits ausgesandte passiert. Pfleegor und Mandel, die beiden Hauptakteure dieses Experiments, haben genau das gemacht, wobei sie zwei identische Laser verwendeten.«

Indem sie den schulmeisterlichen Ton nachäffte, den Bill, ohne sich dessen bewußt zu sein, angeschlagen hatte, fügte Jenny hinzu:

»... Und dabei ist ihnen aufgefallen, daß ein und dasselbe Photon in ein und demselben Moment aus beiden Lasern kommt. Genau wie Dirac gesagt hatte. Und alle waren glücklich und zufrieden.«

Jenny schien nicht einen Hauch von Begeisterung zu verspüren. Allmählich kamen Bill ernsthafte Zweifel an der Wirkung seiner ganzen Litanei. Er gab jedoch die Hoffnung nicht auf, Jenny durch die Eleganz des angewandten Verfahrens doch noch irgendwie mitreißen zu können.

»Genau so ist es. Man weiß, daß in dem Bereich, in dem sich das Experiment abspielt, niemals mehr als ein Lichtquant gleichzeitig passiert. Und das macht man so: Man nimmt einfach zwei identische Laser und stellt diese in Schießstellung auf, so wie die doppelläufigen Kanonen einer Fliegerabwehrartillerie. Zuerst schaltet man nur einen Laser an, läßt nach und nach immer ein einziges Photon heraus – aber wirklich niemals mehr als eins – und man sieht, wie ein Film von den Photonen belichtet wird, die der Laser aussendet. Dann wird nur der andere Laser angeschaltet und wiederum sieht man, wie der Film belichtet wird. Schließlich werden beide Laser auf einmal angeschaltet, allerdings so, daß sie der Kontrolle eines unerschütterlichen Systems unterliegen, das jegliche Zufälle ausschließt. Das bedeutet im Klartext, daß weder der eine noch der andere Laser solange ein weiteres Photon emittiert, bis ersteres sein Ziel erreicht hat. Wenn die klassische Physik recht behalten hätte, und die mit der Wellenfunktion der Photonen assoziierte Wahrscheinlichkeit lediglich eine kollektive Eigenschaft vieler Photonen gewesen wäre, hätten die Flecken auf der Platte genau die Summe der zwei Flecken ergeben müssen, die man beobachtet, wenn nur ein einziger Laser angeschaltet bleibt. Pfleegor und Mandel haben jedoch nachgewiesen, daß die Flecken auf der Platte verschieden sind. Auch wenn die Vorrichtung niemals mehr als ein Lichtquant auf einmal abfeuert, interferiert jedes Photon, das entweder von dem einen oder von dem anderen Laser emittiert wurde, mit sich selbst. Die Photoplatte zeigt diese Überlagerung ganz deutlich. Man findet ein System von Flecken, das sich von der Summe der Flecken unterscheidet, die jeder Laser hinterläßt, wenn der andere gänzlich abgeschaltet ist.«

Ganz allmählich erntete die Eleganz der Methode auch bei Bills Gesprächspartnerin Beifall. Trotz der vielen noch offenen Fragen hatte sie durchaus begriffen, daß jeweils nur ein Lichtquant auf einmal produziert wurde. Ihr war jedoch nicht klar, wieso zwei Laser erforderlich waren.

»Wozu braucht man eigentlich zwei Laser? Würde nicht auch einer reichen?«

Auf diesen Einwand hatte Bill geradezu gewartet.

»Theoretisch ja, aber dann müßte man trotzdem zwei verschiedene Wege für das einzelne Lichtquant anlegen und feststellen, daß jedes einzelne gleichzeitig beide Wege nimmt. Die Verwendung zweier Laser vereinfacht die Sache sehr, und man bekommt genau die gewünschte Information. Im Grunde geht es darum, festzustellen, daß jedes Photon in ein und demselben Augenblick zwei verschiedene Wege einschlägt.«

Hin und wieder erschien Jenny das, was Bill so von sich gab, ganz plausibel – zum Beispiel seine letzte Erklärung. Sie dachte sich, daß diese Mischung aus gesundem Menschenverstand einerseits und hellem Wahnsinn andererseits wohl das Markenzeichen der modernen Physik war.

»Halt, nicht so schnell! Mal sehen, ob ich dich richtig verstanden habe. Also, ein Photon tritt aus dem ersten Laser und mit einem Male steht alles still. Dann tritt ein weiteres Photon aus dem anderen Laser und wiederum stockt alles. Die beiden Photonen treffen niemals aufeinander. Sind aber beide Laser eingeschaltet, scheint das Photon nicht mehr zu wissen, von welchem Laser es ausgesendet wurde, gerade so, als ob beide Laser ein wenig daran beteiligt gewesen wären. Dabei hatte de facto immer nur der eine oder der andere seine Finger im Spiel. Ist es so?«

Der Erfolg, den Bills Test schließlich doch noch bei Jenny erzielte, übertraf alle Erwartungen. Jenny hatte vollkommen verstanden, worauf es bei dem Experiment ankam.

»Genau so«, pflichtete Bill ihr bei. »Die Interferenz, die sich zwischen den beiden Lasern bildet, beruht nicht auf der Interferenz zwischen ihren jeweiligen und verschiedenen Photonen. Nicht etwa verschiedene Photonen interferieren miteinander, sondern jedes Photon interferiert nur mit sich selbst. Kannst du dir diese Worte nur einen Augenblick merken?«

Blitzschnell verschwand Bill in seinem Arbeitszimmer und kam kurz darauf mit einer Publikation Diracs unter dem Arm zurück. Er schlug die entsprechende Seite auf und hielt sie Jenny unter die Nase, wobei er auf die prophetischen Zeilen deutete. Tatsächlich entsprachen seine Worte haargenau dem, was Dirac im Jahre 1930 geschrieben hatte.

»Sieh mal Jenny, bei dem Experiment von Pfleegor und Mandel können allein deshalb verschiedene Photonen nicht miteinander interferieren, weil in ein und demselben Moment niemals mehr als eins vorhanden ist! Das Zustandekommen der Interferenz beruht einzig und allein darauf, daß der andere Laser in Betrieb ist und folglich für jedes Photon eine alternative Wegstrecke existiert. De facto wurde es nur von einem Laser ausgesendet, aber es hat den Anschein, als wäre es aus beiden ausgetreten. Es schlägt gleichzeitig zwei verschiedene Wege ein, und diese verschiedenen Wege führen zu einer Überlagerungserscheinung.«

Um sicher zu sein, auch wirklich richtig verstanden zu haben, beschloß Jenny, vorübergehend in die Rolle des Advocatus Diaboli zu schlüpfen. So stellte sie eine Behauptung auf, von der sie bereits ahnte, daß sie falsch war.

»Ob ein Lichtquant de facto aus dem einen oder aus dem anderen Laser ausgetreten ist, das können wir aber doch nicht wissen...«

An dieser Stelle fiel Bill ihr ins Wort. Er sah sein Ziel bereits so gut wie erreicht.

»Der Kernpunkt ist, daß das Photon selbst es nicht weiß. Was du soeben gesagt hast, entspricht der Theorie vor Dirac: eine Statistik, die unsere Unwissenheit widerspiegelt, die Ignoranz des Experimentators. Dirac hingegen beharrt darauf, daß die Unkenntnis oder die Unentschiedenheit eine Eigenschaft des Photons an sich ist. Jedes einzelne Photon ist auf irgendeine Art zur gleichen Zeit an beide Laser gebunden, das heißt, es nimmt in ein und demselben Augenblick zwei verschiedene Wege. Es interferiert also nur mit den möglichen Alternativen seiner selbst und mit nichts anderem. Dieses Ergebnis leuchtet allerdings nur dann ein, wenn man Diracs Behauptung, die du gerade gelesen hast, akzeptiert. Gemäß Dirac hat man sich die Quantenwahrscheinlichkeit als eine Wahrscheinlichkeit vorzustellen, die an jedes einzelne und individuelle Teilchen gebunden ist und nicht an unsere Unwissenheit, die sich auf viele verschiedene Teilchen verteilt. Beim Experiment von Pfleegor und Mandel kann jedes Photon mit nichts anderem als sich selbst interferieren. Demzufolge hatte Dirac wirklich recht.«

»Ich schätze die Ästhetik dieses Wahnsinns«, mußte Jenny zugeben, »verstehe aber immer noch nicht ganz. Weshalb nehmen wir nicht einfach an, daß jeder Laser mit einem halben Lichtquant oder etwas Ähnlichem beteiligt ist?«

»Ein Photon, wie übrigens jedes Quant – der Begriff selbst sagt es bereits –, ist absolut unteilbar. So existieren weder halbe Photonen noch neunzig Prozent eines Elementarteilchens. Entweder sind sie da, oder sie sind nicht da, in diesem Zusammenhang kennt man nur ganze Zahlen. Gerade das macht die besondere Eigentümlichkeit und Schönheit, wie du selbst einräumst, der von Dirac interpretierten Quantentheorie aus. Zwar sind die Teilchen unteilbar, aber im selben Augenblick gehört ein jedes mehreren Zuständen an oder, wenn du so willst, jedes verteilt sich über mehrere Zustände, über mehrere mögliche Wege.«

»Dann sind sie also doch teilbar!« Jenny gefiel sich in ihrer Rolle, während Bill im Geiste weiterhin all ihre Einwände beherzigte.

»Nein, sie verteilen sich, bleiben dabei aber trotzdem unteilbar. Die Photoplatte, ebenso wie jedes x-beliebige andere Instrument zum Messen oder Nachweisen von Teilchen, verzeichnet entweder ein Photon oder es verzeichnet keins. Niemals wird nur der Bruchteil eines Photons registriert. Dieses Photon hat zur selben Zeit jedoch zwei verschiedene Wegstrecken zurückgelegt. Es ist ein einziges Objekt, ein einzelnes, unteilbares Individuum, allerdings gehört es beiden Lasern an. Die Vorstellung ist in der Tat revolutionär und läßt sich mit nichts vergleichen, was uns vertraut ist.«

Als Bill sah, daß Jenny schon wieder kurz davor stand, neue Einwände zu erheben, beschloß er, ihre Geduld nicht länger auf die Folter zu spannen. Er fügte nur noch hinzu: »Hoffentlich wissen Peters Studenten auch das ganze Ausmaß des Paradoxon zu würdigen!«

Jennys Antwort war ehrlich und gerade deswegen ausgesprochen ermutigend: »Ich bin sicher, daß es ihnen nicht langweilig werden wird. Am besten fängst du mit der halb toten und halb lebendigen Katze an und dann sollst Du mal sehen, wie sie an Deinen Lippen hängen werden.«

Jenny ging in die Küche, öffnete die Spülmaschine und fing an, das Geschirr auszuräumen. Ordentlich stellte sie alles in die Anrichte. Nach einigen Minuten brach sie das Schweigen mit einer absichtlich überlegen klingenden Bemerkung: »Das nächste Mal, wenn ich Dirac treffe, weiß ich wenigstens, worüber ich mich mit ihm unterhalten kann. Ich nehme an, daß er von diesem Experiment geradezu entzückt sein muß.«

Das konnte Bill nun beim besten Willen nicht sagen.

»Vielleicht ... Oder womöglich weiß er auch gar nichts davon. Schließlich war er sich seiner Sache sowieso schon ganz sicher.«

Jenny lugte hinter der Tür zur Speisekammer hervor. In ihrer Stimme schwang nunmehr ein teils zurechtweisender, teils frecher Unterton.

»Ach, sieh da, die Herren Wissenschaftler! Mehr Bescheidenheit, wenn ich bitten dürfte, mehr Bescheidenheit! Und wenn das Experiment ihm unrecht gegeben hätte?«

Bill antwortete, indem er zitierte, was Einstein und aller Wahrscheinlichkeit nach auch Dirac geantwortet hätten: daß dieser Fall nicht eintreten konnte, da er ja recht hatte.

Jennys Kopf verschwand, diesmal endgültig, in der Vorratskammer. Sie hatte beschlossen, nicht weiter zu insistieren. Dabei konnte sie allerdings nicht ahnen, wie schwierig es Bill gefallen wäre, eine eigene Antwort auf ihre Frage zu finden anstatt eine »à la Einstein«.

Bill war sich darüber im klaren, daß er seine Antwort gewiß nicht rechtzeitig für Donnerstag, zehn Uhr, finden würde. »Hörsaal dreihundertfünf, in unserem Gebäude« murmelte er vor sich hin, während er die Treppe hinaufging und dabei die Schultern hin und herschob, genauso wie es Peter immer machte.

Zwar handelt es sich bei Peter, Bill und Jenny um frei erfundene Gestalten, allerdings gehen ihre Gewohnheiten, Gedanken, Laster und Lebensstile auf lebende Personen zurück. Das Ereignis spielt sich im Jahre 1968 an einer nicht näher bestimmten amerikanischen Universität ab, sagen wir in Harvard. Alle Gespräche geben Fakten, Ansichten und Gedankengänge wieder, die auch tatsächlich so dokumentiert sind. Diracs Interpretationen sind in seinem Werk *Die Prinzipien der Quantenmechanik* ausführlich dargelegt, dessen erste Auflage aus dem Jahre 1930 stammt. Das geniale Experiment von R.L. Pfleegor und L. Mandel wurde im Juli 1967 im »Physical Review« unter dem Titel *Interference of Independent Photon Beams* veröffentlicht. Ich bin der festen Überzeugung, daß es niemals wirklich die Beachtung gefunden hat, die es eigentlich verdient hätte, weder bei den Physikern noch bei einem breiteren Publikum. Die Gründe dafür werden in unserer Erzählung von Bill angeführt, und auch sie sind belegbar. Eine Anekdote mag das ganze am besten verdeutlichen. Auf Anregung von Jacques Monod (dem Protagonisten der vorhergehenden Erzählung) hielt ich im April 1969 für die Biologen des Institut Pasteur in Paris ein Seminar über das Experiment von Pfleegor und Mandel. Während eines unserer gelegentlichen Gespräche hatte Monod außerordentliches Interesse an diesem experimentellen Nachweis einer vor nahezu vierzig Jahren formulierten Hypothese gezeigt. Er beschloß, daß alle seine Kollegen am Pasteur-Institut darüber informiert werden sollten und bat mich, in einem Seminar über die Fakten zu berichten. In der Diskussion, die sich an das Seminar anschloß, gab ein junger und ganz hervorragender französischer Physiker seinem Erstaunen darüber Ausdruck, daß wir von dem Experiment derart angetan waren. Man wußte doch bereits seit Jahrzehnten, daß Diracs Auslegung korrekt war: »Wozu hat man sich noch so eine Mühe gemacht?« Monod war über diesen Kommentar verblüfft und betrübt zugleich. Er gestand mir, daß ihm einfach nicht in den Kopf ging, wie man wissenschaftlich so blasiert sein konnte. (Ja, diesen Ausdruck habe ich in der Tat wortwörtlich von Monod übernommen.)

David, der Affe und das Unendliche

I

Durch die Fenster des Wohnwagens, der mittlerweile einen festen Standort auf dem Platz gefunden hatte und als operatives Zentrum für den Bau seines neuen Laboratoriums diente, blickte David hinaus auf die regelmäßigen Furchen, die der Pflug gezogen hatte und die sich am Horizont verdichteten. Nur ab und zu wurden sie von leichten Bodensenkungen unterbrochen. Periodisch tauchten am Rande der Dünen die schwarzen Umrisse von Farmern auf, die dann ebenso schnell wieder verschwanden. Es waren Amische, Angehörige einer religiösen Sekte, denen elektrisches Licht ebenso verpönt war wie jegliche Art von Motoren. Nicht einmal Geld war als offizielles Zahlungsmittel in ihren Kreisen zugelassen. Nur wenige Meilen trennten die Wolkenkratzer der Hochfinanz Philadelphias von dieser willentlich archaischen und essentiellen Welt, die von der Heiligen Schrift sowie vom Tauschhandel beherrscht wurde. Als David im Auftrag der Universität von Pennsylvania dieses abgelegene Fleckchen Erde für den Bau seines Forschungslabors für Tierpsychologie ausgewählt hatte, war es ihm einzig und allein darum gegangen, die Kosten so gering wie möglich zu halten. Im Laufe der Monate war ihm jedoch die friedliche und heitere Atmosphäre, die die Welt der Amische umgab, voll und ganz entgegengekommen. Im Grunde war er selbst seinem Temperament nach ein konfessionsloser Asket, ein frommer Anhänger der Göttin der Vernunft.

Vor einigen Jahren wollte er Schimpansen eine symbolische Sprache beibringen, doch dann hatten ihn plötzlich moralische Skrupel gepackt. So zog er tatsächlich in Betracht, daß diese äußerst intelligenten und sympathischen Tiere ihn mit Fragen bestürmen würden, sobald sie einmal in der Lage wären in ihrer Symbolsprache mit dem Menschen zu kommunizieren. Als ausgesprochener Rationalist fühlte er sich verpflichtet, ihnen immer die Wahrheit zu sagen, die ganze Wahrheit und nichts als die Wahrheit. Derzeit sind wir Menschen die einzigen Lebewesen, die wissen, daß sie eines Tages unweigerlich sterben müssen. Mit Schrecken war David klar geworden, daß dieses fürchterliche Geheimnis, das allein der Mensch mit sich herumträgt, nämlich das Wissen um den sicheren Tod, Gefahr lief, in Kürze einer anderen Spezies zu Ohren zu kommen, sehr viel einfacheren Kreaturen, die möglicherweise gar nicht imstande waren, solch eine Nachricht psychisch zu verkraften. So hegte er ernsthafte Bedenken, daß seine Schimpansen sich womöglich das Leben nehmen, wahnsinnig werden oder in eine Depression ohne jeglichen Ausweg verfallen könnten, sobald ihnen einmal bewußt geworden war, daß sie eines Tages würden sterben müssen. Er hatte sich sogar schon die Frage gestellt, ob diese Art von Forschung überhaupt moralisch legitim war. Schließlich war er dann zu dem Entschluß gekommen, doch mit seinem Unterricht zu beginnen. Dafür gab es im wesentlichen zwei Gründe. Zum einen glaubte er, daß der Austausch mit Schimpansen über Themen wie Leben und Tod für die Psychologie eine der wichtigsten Entdeckungen aller Zeiten darstellen würde. Zum anderen beabsichtigte er zunächst erst einmal, mit einer ganz kleinen Klasse von zwei oder drei Tieren zu beginnen, um an ihnen die Folgen der Traumata zu studieren, die gewisse Enthüllungen möglicherweise auslösten. Erst danach wollte er ins Auge fassen, eine »Schimpansenschule im großen Stil« zu eröffnen.

Zu dem Zeitpunkt, in dem wir David in seinem Wohnwagen aufspüren, bestand die Klasse immer noch aus sehr wenigen »Schülern«, und alle moralischen Skrupel waren längst ausgeräumt. Tatsächlich hatten sich nämlich die von ihm und von anderen erzielten Resultate, Schimpansen eine Sprache beizubringen, als sehr dürftig erwiesen. Für jeden neuen Begriff brauchten sie monatelange Sitzungen oder, wenn man so will, tägliche Unterrichtsstunden. Andere Forscher hatten es mit Elementen der Gehörlosensprache versucht. David hingegen hatte einer weitaus limitierteren, einfacheren und kontrollierbareren Sprache den Vorzug gegeben. Seine Lehrmittel bestanden einzig aus einer Handvoll verschiedenfarbiger Spielmarken mit unterschiedlichen geometrischen Formen sowie einer kleinen Magnettafel.

Die Grundstrategie lag darin, dem Schimpansen zunächst einmal folgendes klarzumachen: das blaue Dreieck bedeutet Apfel, das rote Rechteck bedeutet Banane und das gelbe Zickzack bedeutet essen. Sobald man ihnen diese Übereinstimmungen zwischen Symbolen und Gegenständen eingepaukt hatte, konnte man zum Beispiel versuchen, die gelbe Spielmarke neben das blaue Dreieck zu plazieren und ihnen wiederum einzuhämmern, daß diese Kombination nichts anderes bedeutet als den Apfel essen. Nach vielen Monaten war es David wahrhaftig gelungen, Sarah, einem ausgesprochen intelligenten Schimpansenweibchen, einige leichte, kurze Sätze dieser »Sprache« beizubringen. Die Fortschritte waren jedoch sehr schleppend und mit begrenztem Erfolg verlaufen. Auch jetzt, nach jahrelangen, zermürbenden Unterrichtsstunden, verstand Sarah, seine beste »Schülerin« nur ein paar Dutzend dieser Spielmarken-Wörter und ganz wenige Sätze, die aus zwei, drei oder allerhöchstens vier Münzen zusammengesetzt waren.

Das schlimme an der ganzen Sache war nicht nur, daß, entgegen aller Erwartungen, keiner der Schimpansen-Schüler jemals auch nur eine einzige Frage an seinen Lehrer gerichtet hatte, irgendeine Frage, eine ganz banale, einfache Frage, die doch Kinder unentwegt stellen. Als geradezu tragisch wurde die Tatsache bewertet, daß es niemals, wirklich niemals, vorkam, daß zwei Schimpansen-Schüler versucht hätten, diese Sprache untereinander, außerhalb des »Klassenzimmers« zu benutzen. Obwohl sie in ihrer eigenen Spielzeugkiste selbstverständlich auch Tafeln und farbige Münzen vorfanden, kam es niemals zu einer spontanen Fortsetzung des Unterrichts. Außerhalb des Klassenzimmers (aber häufig auch im Klassenzimmer) trampelten diese respektlosen und um nichts in der Welt motivierbaren »Schüler« auf der Tafel herum oder verstreuten die Spielmarken-Wörter in alle Himmelsrichtungen, wenn sie sie sich nicht gerade in die Teile des Körpers einführten, die ich anstandshalber hier nicht näher spezifizieren möchte. Auf jeden Fall hatte sich Davids anfängliche Angst, ihnen schreckliche Geheimnisse offenbaren zu müssen, um dann mitzuerleben, wie sie diese innerhalb ihrer Gemeinschaft ausplaudern, als absolut unbegründet erwiesen. Man konnte schon zufrieden sein, wenn es einem gelang, ihre Aufmerksamkeit eine volle Viertelstunde lang zu ergattern, und wenn sie am darauffolgenden Tag nicht völlig vergessen hatten, was man ihnen tags zuvor beigebracht hatte.

Mit der Zeit hatte sich David damit abgefunden, daß ein Schimpanse niemals irgendetwas spontan lernt, zumindest nichts, was diese Sprache betraf. Folglich hatte er sich daran gewöhnt, seine Unterrichtsstunden lediglich als Meßinstrument zur Feststellung der geistigen Fähigkeiten einer hochintelligenten Spezies aufzufassen. Wie unnatürlich dieser Meßwert auch immer sein mochte, er war auf jeden Fall präzise und jederzeit abrufbar. Diejenigen, die ihren Schimpansen gegenüber die freie und natürliche Methode anwendeten, indem sie sie in Familien aufwachsen und den lieben langen Tag miteinander spielen ließen, hatten keineswegs bessere Resultate erzielt als er. Selbst wenn man die einzelnen Bildfolgen der Filmaufnahmen der Reihe nach analysierte, war es sehr schwierig, zu beurteilen, wann einer dieser in einer Familie großgewordenen Schimpansen ein Wort aus der Zeichensprache »sagte« und wann er einfach nur eine spontane Geste machte, die diesem Wort ähnelte. Allen Berichten über die außerordentlichen sprachlichen Fortschritte der Schimpansen zum Trotz, die bisweilen sogar in den anspruchsvollsten wissenschaftlichen Zeitschriften abgedruckt wurden, war David sich bei näherem Hinsehen klargeworden, daß alles nur leeres Gerede war. Genauere Studien hatten nämlich letztendlich das bewiesen, was David schon längst wußte: Die Verwendung von gerade einmal fünf Wörtern sowie der Gebrauch von Sätzen, die aus zwei (nur zwei!) dieser fünf Wörter bestanden, genügten, um fünfundachtzig Prozent *aller* dieser vorgegaukelten sprachlichen Erfolge bei *allen* bis zu diesem Zeitpunkt beobachteten Schimpansen zu erklären. Nur David und wenige andere Forscher, allesamt Spezialisten auf diesem Gebiet, brachten den Mut auf, eine so ernüchternde Tatsache in aller Öffentlichkeit schwarz auf weiß kundzutun.

David hatte also bereits seit geraumer Zeit davon abgelassen, Sarah »eine Sprache« beizubringen. Es ging ihm jetzt vielmehr darum, die Grenzen Sarahs geistiger Fähigkeiten im Hinblick auf ganz unterschiedliche Dimensionen zu erforschen. Die symbolische Sprache, die Sarah mit so viel Mühe gelernt hatte, stellte vor allem ein Kommunikationsmittel dar, es war eine Möglichkeit, ihr Fragen zu stellen und Antworten darauf zu bekommen. So konnte David Sarah beispielsweise fragen, ob zwei Gegenstände gleich waren. Auf diese Weise gelang es ihm, wenn auch unter enormen Anstrengungen und mit unendlich viel Geduld, zu erforschen, wie Sarahs geistige Welt beschaffen war. Mit dieser Methode konnte er erfahren, welche Gruppen von Gegenständen für Sarah ein einheitliches Ganzes bildeten. Das Ergebnis sah folgendermaßen aus: Kamm, Hut und Brille ähneln sich insofern, als sie irgendetwas mit dem Kopf zu tun haben, wohingegen Apfel, Banane, Schokolade und Nüsse in eine andere Kategorie fallen, handelt es sich bei ihnen doch um Nahrungsmittel.

Nachdem er jahrelang mit großer Vorsicht dieses äußerst gewagte kognitive Terrain sondiert hatte, war es David gelungen, eine begrenzte und dabei doch sehr aufschlußreiche Karte der geistigen Fähigkeiten Sarahs zu zeichnen. Will man die Grenzen der geistigen Fähigkeiten einer anderen Gattung feststellen, dann ist es erforderlich, diese fortwährend zu überschreiten, allerdings nur geringfügig. So mußte er immer von dem ausgehen, was Sarah machen und verstehen konnte, um dann nach und nach zu dem zu gelangen, was sie annähernd machen und annähernd verstehen konnte, ohne jedoch wirklich oder vollkommen dazu in der Lage zu sein. Übertreibungen führten zu nichts. Es hatte wenig Sinn, die Grenzen zu sehr zu überschreiten und sich immer neue Aufgaben auszudenken, die Sarah dann letztendlich doch nicht erfüllen konnte. Zusammen mit wenigen anderen hatte sich David zu einem echten Pionier auf diesem Forschungsgebiet entwickelt. Dank Sarah verstand er inzwischen auch besser, wie wir Menschen denken und bestimmte Aufgaben lösen.

Jetzt, nach Feierabend, die Arbeiter hatten sich längst auf den Heimweg gemacht, war David endlich allein in seinem Wohnwagen. In aller Ruhe ließ er seine allerneuesten Experimente über Sarahs arithmetische Fähigkeiten noch einmal vor seinem geistigen Auge Revue passieren. Erst kürzlich hatte er sich die Frage gestellt, ob ein Schimpanse wohl den Begriff der Zahlen erfassen könnte und, wenn ja, wie weit er dann wohl zu zählen in der Lage wäre. Bis zehn, bis zwanzig, oder sogar über zwanzig? Bisher hatte noch niemand versucht, einem Affen das Zählen beizubringen, folglich hatte David auch keinen blassen Schimmer, welche Resultate er erzielen würde. Würde Sarahs mangelnde Geduld, ihr schwaches Gedächtnis oder irgendetwas ganz anderes möglicherweise ihren arithmetischen Fähigkeiten im Wege stehen? David hatte sich derart in dieses Problem hineingesteigert, daß er seit vielen Wochen an nichts anderes mehr denken konnte. Sobald er die mit dem Bau des neuen Laboratoriums zusammenhängenden Dinge erledigt hatte, rannte er schnurstracks in sein Klassenzimmer zurück, um neue Experimente, neue Unterrichtsmethoden an Sarah auszuprobieren. Danach kehrte er wieder in seinen Wohnwagen zurück und brütete inmitten der friedlichen Welt der Amische, weitab von Telefon und sonstigen Ablenkungen über seinen Experimenten und tüftelte neue Lehrpläne aus.

Zu Beginn dieses Jahrhunderts zählte das berühmte Pferd Hans zu einer der großen Zirkusattraktionen. Ihm wurde eine erstaunliche arithmetische Begabung nachgesagt. Indem er mit seinem vorderen rechten Huf eine bestimmte Anzahl von Schlägen tat, beantwortete Hans Fragen wie: »Wieviel macht drei mal vier?«. Egal wer solche und ähnliche Fragen an ihn richtete, Hans' Antworten stimmten immer. Aber dann war man dem Trick auf die Schliche gekommen: Der Besitzer des Zirkuspferdes, der es auch abgerichtet hatte, war immer zugegen und machte aus einiger Entfernung unauffällige, aber eindeutige Zeichen, die Hans dazu veranlaßten, zum richtigen Zeitpunkt in seinen Schlägen innezuhalten. David mußte unbedingt darauf achten, daß er diesen »Hans-Effekt«, womöglich ohne es zu merken, nicht auch bei Sarah wiederholte. Jegliche Art von heimlichen Botschaften, Stopsignalen oder sonstigen unmißverständlichen Hinweisen Sarah gegenüber mußte er unterlassen. Zum Glück schützte die bereits hinreichend erprobte Methode mit der Tafel David und Sarah vor einer Manipulation.

Ganz behutsam hatte David Sarah zunächst Gegenstandspaare jeder Art vorgelegt: zwei Äpfel, zwei Kämme, zwei Bananen, zwei Schwämme, zwei Schreibstifte usw. Anhand einfacher Mitteilungen an der Tafel hatte er Sarah dann eingetrichtert, daß es sich bei allen um ein und dasselbe handelt. Dann präsentierte er irgendwelche anderen Paare von Gegenständen und fragte Sarah mit Hilfe der Tafel: »Ist das auch dasselbe?« Er hoffte, daß sie nach zahlreichen Versuchen, nach vielen falschen Vermutungen, schließlich doch verstehen würde, daß die Gleichheit nur auf einer einzigen Eigenschaft beruhen konnte, nämlich auf der Tatsache, daß immer *zwei* gleiche Objekte im Spiel waren. Sobald er Sarah diesen ersten, schwierigen abstrakten Begriff eingeimpft hatte, wollte er dasselbe mit Gruppen von zunächst drei, dann vier usw. Gegenständen jeglicher Art wiederholen.

Entgegen aller Erwartung war bis fünf alles überraschend glatt gegangen. Von fünf an aufwärts hatten sich die Dinge jedoch unversehens kompliziert. Bereits seit vielen Tagen versuchte David, Sarah auf die Linie sechs-sieben einzuschwören, ohne daß es ihm gelang, ihre Antworten zu verstehen. David tappte völlig im dunkeln. Er konnte nicht sagen, ob er Sarahs arithmetische Grenzen überschritten hatte, oder ob er sich noch innerhalb dieser Grenzen bewegte. An irgendeinem Punkt zwischen fünf und sieben ließ die Qualität der Antworten zu wünschen übrig. Zwar antwortete Sarah nicht gerade ins Blaue hinein, allerdings waren ihre Antworten auch nicht korrekt. David zerbrach sich den Kopf, um die Bedeutung dieser Halbantworten zu erfassen. Es sah so aus, als verstünde Sarah eins, zwei, drei, vier, fünf und viel mehr.

Andere Psychologen hatten herausgefunden, daß der Unterschied zwischen eins, zwei und drei sogar Tauben und Ratten beigebracht werden kann. Dies wurde gewöhnlich damit erklärt, daß sich eine Gruppe von zwei Gegenständen oder von zwei Flecken rein optisch von einer Gruppe mit drei Gegenständen oder drei Flecken unterscheidet. Diesen Unterschied sieht man direkt, auch ohne zu zählen. Tatsächlich können Tauben, Ratten, Mäuse und andere Tiere darauf abgerichtet werden, besondere numerische Formen von Gruppen von Gegenständen, Punkten oder Flecken zu erkennen. Dies ist keine arithmetische Fähigkeit, es ist rein perzeptiv zu verstehen. Man nimmt auch, ohne zu zählen, auf Anhieb wahr, man nimmt wahr anstatt zu zählen.

In den letzten Wochen war die Direktwahrnehmung für David zu einem Alptraum geworden. Er hatte versucht, vor Sarahs Augen Gruppen von Gegenständen und Farbklecksen in jeder nur möglichen Form aufzubauen. Mit Hilfe der Tafel sagte er Sarah dann, daß es sich immer um ein und dasselbe handelte. Grüppchen von vier Bananen oder vier Birnen, egal ob diese in Reih und Glied, verstreut oder aufeinandergehäuft angeordnet waren, wurden Sarah immer als ein und dasselbe präsentiert, Hauptsache es waren vier. Bis einschließlich fünf schien Sarah das Konzept begriffen zu haben, aber bei allem, was darüber hinausging, wurden ihre Antworten vage und kaum nachvollziehbar. Nachdem alle Mühe vergebens war, begann David, sich mit der Frage nach den eigentlichen Grundlagen der Arithmetik auseinanderzusetzen. Gesetzt den Fall, Sarahs Antworten wären mit einem Mal eindeutig, korrekt und nachvollziehbar geworden, hätte das David wirklich die Garantie gegeben, daß sie nicht permanent hartnäckig wahrnahm anstatt zu zählen?

Ihm kam eine intelligente Bemerkung eines seiner Doktoranden in den Sinn: »Vielleicht ist auch unser Zählen ein Wahrnehmen, nur daß wir dazu sehr viel mehr Zeit benötigen!« Diese Betrachtungsweise hatte einen allgemeinen Heiterkeitsausbruch zu Folge gehabt. Jetzt allerdings war David gar nicht mehr so sehr nach lachen zumute. Worin besteht denn letzten Endes wirklich unsere Fähigkeit zu zählen? Was ist der Zahlenbegriff *psychologisch* betrachtet? Nehmen wir einmal an, daß eine Spezies existiert, die in der Lage ist, auf Anhieb den Unterschied zwischen einem Feld mit 1001 und einem Feld mit 1002 Furchen zu *sehen*. Gut, aber wie könnte man feststellen, ob sie zählt oder wahrnimmt? Welchen Sinn hätte es, sie zu fragen, wenn man bereits im voraus weiß, daß man keine Antwort bekommt?

Unter den letzten Sonnenstrahlen kam es praktisch zu einer Verdoppelung der Furchen, die der Pflug gezogen hatte. Jede einzelne warf einen Schatten, und die Landschaft ähnelte mit einem Mal einem riesigen Op-art Gemälde. Wieviele Furchen mögen es wohl gewesen sein? Kaum hatte sich David diese Frage gestellt, als ihm auch schon der nächste Gedanke durch den Kopf schoß. Womöglich hatten die Amische sie ja ganz genau gezählt. Oder sahen sie etwa die exakte Anzahl direkt? Vielleicht kann man ja sogar trainieren, auch hohe Zahlen auf Anhieb wahrzunehmen.

David steckte alle seine Aufzeichnungen der letzten Experimente in seine Reisetasche. Am darauffolgenden Tag wollte er nach Frankreich aufbrechen, um an einem wichtigen internationalen Kongreß teilzunehmen. Er hatte also noch genügend Zeit, um im Flugzeug weiter über sein Problem nachzugrübeln. Unter den Teilnehmern an dieser Tagung würde auch Hilary sein, ein berühmter Logiker und Philosoph der Mathematik, den David bisher noch nicht persönlich kennengelernt hatte. Er faßte den festen Vorsatz, Hilary über den Unterschied zwischen zählen und wahrnehmen zu befragen. David ließ das große Schloß des Wohnwagens einschnappen und machte sich auf den Weg zu seinem Fahrzeug. Er nahm die entfernten, flackernden Lichter wahr, allesamt offene Flammen, die von der Farm der Amische zu ihm hinüberschienen, sowie die ersten Sterne am Himmel. Er zog den Schluß, daß es wirklich Fälle gibt, bei denen man die Zahlen sieht, ohne zu zählen. Dem müßte Hilary doch wohl zustimmen.

II

Der Park der Abtei war auf einer Seite von einem trüben, träge dahinfließenden Kanal und auf den anderen drei Seiten von den Resten einer hohen Einfriedungsmauer eingegrenzt. Hier herrschte eine andere Atmosphäre als David sie von zu Hause her gewöhnt war. Während der Frieden der Amische etwas Aktives und Triumphierendes hatte, ja geradezu eine Errungenschaft darstellte, war diese Ruhe eher ein passives Vermächtnis, ein zeitweiliges Vergessen stürmischer Jahrhunderte. Wie die Felder der Amische befand sich auch diese Abtei in der Nähe einer großen Stadt. Obwohl sie nur zwanzig Kilometer von Paris entfernt lag, bot sie dennoch keine Alternative zum Stadtleben. Im Gegenteil, letzteres fand hier seine Fortsetzung, allerdings in einer weitaus elitäreren Form. Als Zufluchtsstätte für Intellektuelle und Topmanager sowie als Austragungsort von Staatsempfängen fiel dieser Abtei eine präzise urbane Funktion zu, sie kam einem Bedürfnis nach, das gerade die große Stadt erzeugte.

David und Hilary spazierten an jenem Abend ganz in ihr Gespräch vertieft über die Wiese gegenüber den Ruinen einer ehemaligen Kathedrale. Die Lichter der Glasfenster des großen Speisesaales warfen bizarre Formen auf den Park, beinahe so, als projezierten sie das unzusammenhängende Stimmengewirr im Innern und nicht die eleganten und symmetrischen Figuren der Rosetten und Heiligenstatuen. Die Teilnehmer der Tagung gönnten sich gerade eine abendliche Ruhepause. David hatte die Gelegenheit beim Schopfe gepackt und Hilary beiseite genommen, um mit ihm über seine Ratlosigkeit im Hinblick auf die Grundlagen der Arithmetik zu sprechen.

Hilary kannte Davids Arbeiten bereits, deshalb genügten wenige Sätze, um ihm das Problem zu erläutern. Seine ersten Antworten lösten auf der Stelle Überraschung aus. Es war wirklich eine gute Idee gewesen, einmal unter vier Augen mit Hilary zu sprechen. David legte ihm gerade den imaginären Fall einer Spezies dar, die die Zahlen direkt sieht, ohne zu zählen.

»Wenn ich mir nicht sagen lassen kann, *wie* sie diese Zahlen erkennt, sondern nur feststelle, *daß* sie sie richtig sieht, dann bin ich nicht in der Lage, zu entscheiden, ob sie zählt, oder ob sie vielmehr ein außergewöhnlich scharfes Auge hat.«

Hilary blieb ganz unvermittelt stehen, wie er es im folgenden übrigens noch häufiger tat, und ließ ein oder zwei Schritte Abstand zwischen sich und David. Dieser wußte noch nicht genau, wie er sich in solchen Fällen zu verhalten hatte: War es besser, auf ihn zu warten oder sollte er lieber zu ihm zurückkehren? Er entschied sich für ersteres, denn Hilary nahm seinen Spaziergang immer wieder auf, indem er gleichzeitig in seiner Rede fortfuhr. Es war gerade so, als gäben ihm diese kurzen Unterbrechungen körperlich wie geistig neuen Schwung.

Ohne den geringsten Anflug von Zweifel entgegnete Hilary: »Selbst wenn die Möglichkeit bestünde, sie zu fragen, wie sie es anstellt, und darauf eine vernünftige Antwort zu erhalten, könnten wir nicht mit Bestimmtheit sagen, ob sie zählt oder wahrnimmt.«

An diesem Punkt war Hilary unerbittlich. Er erklärte, daß es sich um ein Paradoxon handelte, das anfänglich von Wittgenstein beschrieben worden war, und welches der große amerikanische Logiker Saul Kripke erst kürzlich wieder aufgegriffen hat.

»Nehmen wir doch einmal folgendes an: Dieses imaginäre Individuum antwortet uns, daß es zählt. Für ihn hat das Wort zählen allerdings nur eine einzige Bedeutung, nämlich eine Anzahl sehen – letzteres wissen wir aber nicht. Daraus zu folgern, daß es tatsächlich zählt, wäre womöglich ein Trugschluß. Das wirkliche Problem besteht darin, eine direkte, mentale und nicht nur linguistische Übersetzung der Begriffe »zählen« und »eine Anzahl sehen« festzulegen. Keine Übersetzung zwischen einem Wort seiner Sprache und einem Wort unserer Sprache kann dieses Problem allein lösen. Das schlimme jedoch ist, daß eine unmittelbare Übersetzung dieser Art, zwischen einem Wort und einem inneren geistigen Prozeß, nicht möglich ist. Deshalb wissen nicht einmal wir selbst, welcher psychologischen Regel wir folgen, oder welchen mentalen Mechanismus wir wirklich in die Tat umsetzen. Genau das ist der Kern des Paradoxon von Krip-genstein.«

Mit einer Spur Eitelkeit hob Hilary hervor, daß er diesen treffenden Namenscocktail eigenhändig gemixt und daß der Philosophenverband diesen sehr schnell übernommen hatte.

Weniger der Name als vielmehr die Tatsache verblüffte David.

»Aber wenn es uns mitteilt, daß es in seinem Kopf genau so zählt wie wir: eins, zwei, drei, vier und so weiter, dann könnten wir doch daraus schließen, daß es wirklich zählt und nicht wahrnimmt.«

Hilary bekam das für ihn so typische, nahezu teuflische, Funkeln in die Augen. »Ohne unser Wissen könnte es aber doch durchaus bedeuten: Ich sehe eine bestimmte Anzahl direkt aus dem Gedächtnis, danach sehe ich eine andere, unterschiedliche und dann noch eine, die ebenfalls verschieden ist. Bei jeder dieser Mengenvisionen handelte es sich nach wie vor um eine Wahrnehmung, trotzdem würden wir uns dessen niemals bewußt werden. So könnten sich zwei Personen immer über das Ergebnis sämtlicher arithmetischer Operationen vollkommen einig sein und glauben, allerdings zu Unrecht, daß sie dieselben Regeln anwenden, während, ohne ihr Wissen, der eine zählt und der andere wahrnimmt. Wenn dies geschähe, könnten sie den Unterschied niemals bemerken. Sie würden niemals ein neutrales Territorium finden, welches es ihnen erlaubt, diesen Unterschied zu entdecken. Es kann einfach keinen mentalen Prozeß geben, der dem Zählen an und für sich entspricht. Um das zu entdecken, müßte es ein universales Gesetz geben, das geistige Zustände notwendigerweise und eindeutig mit Zahlen verbindet. Jedoch könnte ein solches Gesetz, vorausgesetzt es existiert, seinerseits nicht in einer psychologischen Sprache ausgedrückt werden, sonst bedürfte es eines weiteren Gesetzes, um es zu interpretieren. Das würde nur einen endlosen Regreß schaffen.«

Das pfiffige und zufriedene Lächeln des großen Philosophen sagte einiges über die Tragweite seines Einwandes aus.

David versuchte es mit weiteren Gegenargumenten, aber Hilary, der immer wieder abrupt stehenblieb und mephistophelische Blicke um sich warf, verstand es jedes Mal, ihm zu beweisen, daß sie alle dem einen radikalen Paradoxon Kripgensteins zum Opfer fielen.

Als sie den Kiesweg erreichten, der den Kanal entlang führte, bog Hilary kurzerhand ein, eindeutiges Zeichen dafür, daß er der Unterhaltung noch nicht müde war.

»Das eigentliche Problem«, so fuhr er fort, »ist noch ein anderes. Selbst wenn wir, so absurd es klingen mag, den Schädel dieses imaginären Individuums öffneten und unaufhörlich spionierten, was seine Neuronen oder seine elektronischen Chips so treiben, könnten wir immer noch nicht mit Bestimmtheit sagen, ob es zählt oder wahrnimmt. Das Paradoxon ist wirklich tiefgreifend. Alles, was wir sagen können ist, ob das Ergebnis seines Zählens oder seines Wahrnehmens die Eigenschaften der Zahlen respektiert oder nicht bzw. den Prinzipien der Arithmetik folgt oder nicht. Es ist jedoch unmöglich, festzulegen, welche psychologischen Prozesse dem Zählen an und für sich entsprechen. Wir können nur das offenkundige Ergebnis dieser psychischen Aktivität beobachten und kontrollieren, ob es die Gesetze der Arithmetik beachtet. Einmal ganz abgesehen von Kripgenstein, wäre es im Grunde genommen nicht erstaunlich, daß die notwendigen und universalen Eigenschaften der Zahlen von psychischen Mechanismen hervorgerufen werden? Und doch wissen wir seit Jahrhunderten, daß diese Eigenschaften einerseits unseren mentalen Prozessen, also den Neuronen, zugeschrieben werden, andererseits aber auch dem mechanischen Getriebe einer Rechenmaschine à la Pascal, dem Stromkreis eines Rechners und sogar den Kugeln eines Rechenbretts. Keiner dieser Mechanismen verursacht die Eigenschaften der Zahlen, weder für sich genommen, noch zusammen mit allen anderen. Die Vorstellung, die Gesetze der Mathematik, die universal und notwendig sind, auf psychologische, mechanische oder elektronische Gesetze zurückzuführen, welche hingegen nebensächlich und lokal sind, hat sich als falsch erwiesen. Kein Logiker und kein Mathematiker glaubt heute mehr, daß sich Mathematik durch Psychologie erklären läßt.«

David spazierte jetzt stillschweigend neben Hilary her. In seinem Innern wog er die Konsequenzen ab, die all diese Überlegungen wohl auf seine zukünftige Arbeit haben würden. Mit einer gewissen Resignation sagte er sich immer wieder, daß der Darwinismus doch irgendeine Erklärung dafür anbieten mußte, wie man auf diese geheimnisvollen Eigenschaften der Zahlen gestoßen war. Sarahs arithmetische Fähigkeiten waren wahrscheinlich mit denen unserer eigenen Vorfahren vergleichbar. Deshalb war es erforderlich, die Ursprünge unserer arithmetischen Fähigkeiten aufzudecken. Es mußte zumindest möglich sein, herauszufinden, wie weit Sarah zählen oder wahrnehmen konnte (der Unterschied spielte mittlerweile schon keine Rolle mehr).

Sie waren am Ende des Weges angekommen, und Hilary blieb stehen, bevor sie den Rückweg antraten.

»Lieber David, nicht einmal der Darwinismus kann uns hier viel weiter helfen. Der Zahlenbegriff bedeutet nichts anderes als eine Aufeinanderfolge, die sich bis ins Unendliche ausdehnt, andernfalls haben wir es nicht mit dem Begriff der Zahl, sondern mit etwas anderem zu tun. Selbst wenn wir von den schlauesten Mutanten einer Gattung ausgehen, die anfänglich nur bis zwanzig oder auch bis tausend zählte, wird es nicht gelingen, eine Spezies zu erhalten, die, wie die unsere, bis ins Unendliche zu zählen weiß. Der Abstand zwischen irgendeiner endlichen Zahl und dem Unendlichen ist immer unendlich. Um diese Distanz stufenweise, Schritt für Schritt, zu überwinden, wie es der Darwinismus will, bedürfte es eines unendlichen biologischen Zeitraumes. Wir wissen aber, daß sich unsere Spezies erst seit einer endlichen Zeit von ihren affenähnlichen Vorfahren losgelöst hat. Die arithmetischen Fähigkeiten des Menschen müssen auf einmal alle zusammen geweckt werden, sie können nicht schrittweise entwickelt werden. Vielleicht bekommt ein Gehirn schlagartig Zugang zu der Vorstellung der unendlichen Reihe der Zahlen, wenn es eine gewisse Komplexitätsschwelle überschreitet. Wer weiß? Auf jeden Fall ist es nicht wahr, daß ein intelligentes Wesen, das allerdings unfähig ist, das Unendliche der Zahlen zu begreifen, ein, wenn auch kleines, arithmetisches Vorstellungsvermögen besitzt. Es besitzt überhaupt keines.«

David erwiderte, daß nicht einmal er sicher war, die Paradoxa des Unendlichen verstanden zu haben, daß er aber trotzdem wußte, daß er zählen konnte und eine gewisse Vorstellung mit Zahlen verband. Dieses Eingeständnis belustigte Hilary einerseits, andererseits war er überrascht.

»David, von dem was du da eben behauptet hast, kannst du nicht allen Ernstes überzeugt sein. Wir schreiben eins, zwei, drei an die Tafel und setzen dann einfach Pünktchen. Zu begreifen, was eine Zahl ist, bedeutet nichts anderes, als eben diese Pünktchen zu verstehen. Es bedeutet, zu begreifen, *daß* man bis ins Unendliche fortfahren muß, und es bedeutet, zu begreifen, *wie* man bis ins Unendliche fortfährt. Wenn deine Sarah nicht versteht, wofür diese Pünktchen stehen, dann macht sie sich keine Vorstellung von Zahlen. Vielleicht sieht oder wittert sie spezielle Eigenschaften gewisser Gesamtheiten, aber nicht den Begriff der Zahl.«

Eine Gruppe anderer Konferenzteilnehmer ging vorüber, und man nickte sich zu. Hilary ließ sich durch das Zusammentreffen auch nicht einen Moment lang von seinen Gedanken ablenken.

»Es scheint doch widersinnig, daß es zum Beispiel ebensoviel gerade Zahlen gibt wie es Zahlen selbst gibt, also sowohl gerade als auch ungerade. Und doch können wir dies nicht leugnen, es ist einfach so. In der Tat genügt es doch, alle geraden Zahlen nebeneinander zu schreiben und natürliche Zahlen und gerade Zahlen paarweise zusammenzufassen. Man sieht, daß die beiden Einheiten sich gegenseitig erschöpfen, und daß es demzufolge nicht den Anschein hat, als wären in der einen mehr als in der anderen. Desweiteren müssen wir zwangsläufig einräumen, daß auf einem kurzen Segment ebenso viele Punkte sind wie auf einer unendlichen Halbgeraden. Wie Cantor nachgewiesen hat, gibt es Unendliche verschiedener Ordnung, das heißt, Unendliche unterschiedlicher Potenzen. Allerdings sind das Unendliche der Punkte eines endlichen Segments und das Unendliche der Punkte einer unendlichen Halbgeraden beide von derselben Potenz.«

Verstohlen blickte er David an und bückte sich dann, um einen kleinen Zweig aufzuheben. Nur wenige Schritte weiter stand eine verwitterte Parkbank. Hilary ließ sich darauf nieder, David setzte sich neben ihn, und Hilary begann im schwachen Licht eines entfernten Scheinwerfers die folgende klassische Figur in den Staub zu zeichnen:

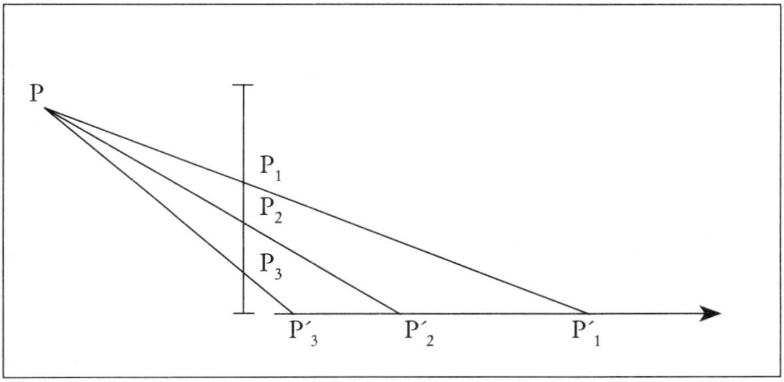

»Jeder Punkt des Segmentes hat nur einen einzigen entsprechenden Punkt auf der Halbgeraden. Folglich gibt es auf dem Segment ebenso viele Punkte wie auf der unendlichen Halbgeraden. Wann immer man es mit unendlichen Einheiten zu tun hat, treten solche Paradoxa jederzeit auf. Ein intelligentes Wesen, dem es nicht gelingt, sie zu begreifen, hat weder eine Vorstellung davon, was eine Zahl ist, noch was ein Segment oder eine Gerade darstellt. Kurzum, es ist nicht in der Lage, Arithmetik oder Geometrie zu verstehen.«

David war in tiefes Schweigen versunken, was Hilary anspornte, in seiner Darbietung fortzufahren.

»Noch widersinniger erscheint uns die Tatsache, daß es ebenso viele Bruchzahlen wie ganze Zahlen gibt. Wahrhaftig liegt zwischen zwei beliebigen ganzen Zahlen eine Unmenge von Bruchzahlen. So gibt es etwa zwischen Null und eins ein Halb, ein Drittel, ein Viertel usw. Wiederum setzen wir die berüchtigten Pünktchen. Zwischen zwei x-beliebigen ganzen Zahlen liegen unzählige Brüche. Es scheint, als handle es sich um ein Unendliches, um ein Unendliches höherer Ordnung. Trotzdem erweist sich, daß auch alle Bruchzahlen zählbar sind, gegenüber den ganzen Zahlen sind sie durchaus nicht in der Mehrheit.«

Dunkle Erinnerungen stiegen in David hoch, aber sie waren zu ungenau, als daß er sie irgendwie mit der Beweisführung hätte in Verbindung bringen können. Hilary beugte sich erneut vor, um das folgende Schema in den Staub zu zeichnen:

$$
\begin{array}{ccccc}
\frac{1}{1} & \frac{1}{2} & \frac{1}{3} & \frac{1}{4} & \frac{1}{5}\;\ldots \\[1em]
\frac{2}{1} & \frac{2}{2} & \frac{2}{3} & \frac{2}{4} & \frac{2}{5}\;\ldots \\[1em]
\frac{3}{1} & \frac{3}{2} & \frac{3}{3} & \frac{3}{4} & \frac{3}{5}\;\ldots \\[1em]
\frac{4}{1} & \frac{4}{2} & \frac{4}{3} & \frac{4}{4} & \frac{4}{5}\;\ldots \\[1em]
\frac{5}{1} & \frac{5}{2} & \frac{5}{3} & \frac{5}{4} & \frac{5}{5}\;\ldots \\[1em]
\vdots & \vdots & \vdots & \vdots & \vdots
\end{array}
$$

Er erklärte, daß diese Tabelle, die in beide Richtungen unendlich war, ganz offensichtlich alle möglichen Bruchzahlen enthalte. Einmal mehr fiele den Pünktchen eine grundlegende Bedeutung zu.

»Einige Zahlen werden mehr als einmal wiederholt. So finden wir beispielsweise 7 und 7/1, 120 und 120/1 oder 1/2, 2/4, 4/8 etc. Ich muß wohl nicht besonders erwähnen, daß es sich dabei jeweils um identische Zahlen handelt. Diese Tatsache hat keinerlei Bedeutung. Wichtig ist allein, daß alle nur denkbaren Bruchzahlen in dieser unendlichen Tabelle enthalten sind, ihr entgeht keine einzige. Wir wollen nun alle Brüche numerieren und dabei folgendermaßen, sozusagen im Zickzack, vorgehen:

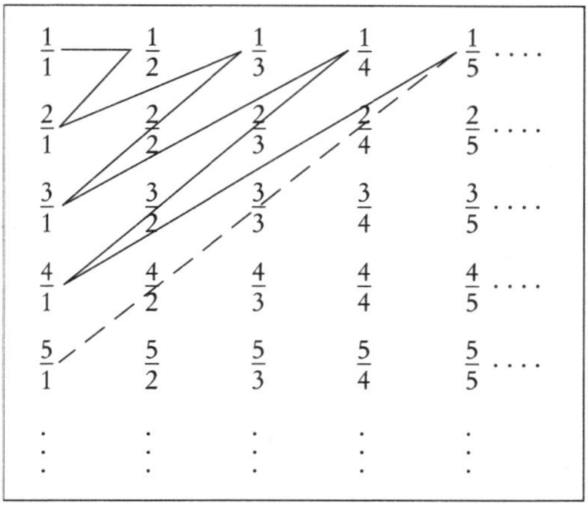

»Wir können alle diese Brüche zählen. Eins, zwei, drei... Wir werden sie alle zählen und auf diese Weise nach und nach alle möglichen Brüche mit den entsprechenden ganzen Zahlen verbunden haben.«

Wie er so über seine Zeichnungen gebeugt dastand, erinnerte Hilary an Archimedes, als dieser von der römischen Miliz in seinem Garten in Syrakus überrascht worden war. Ohne sich aufzurichten, fuhr er fort: »Also müssen wir daraus schließen, daß es, entgegen unseres gefühlsmäßigen Wissens, ebenso viele Bruchzahlen gibt wie ganze Zahlen. Es hat zwar den Anschein, als gäbe es viel mehr Brüche, ja sogar unendlich viel mehr Brüche, aber da täuscht man sich. Unsere Vernunft zwingt uns zu der Schlußfolgerung, daß die beiden unendlichen Einheiten Punkt für Punkt übereinstimmen, ohne Rest und Überschuß.«

Betrübt räumte David ein, daß Sarah diese Feinheiten niemals hätte erfassen können. Sie geriet ja schon bei sechs und sieben in allergrößte Schwierigkeiten!

Endlich richtete Hilary sich auf. Mit einem leichten Anflug von Melancholie setzte er zum großen Finale an.

»Die Vorstellung von den Zahlen beinhaltet all diese merkwürdigen Konsequenzen sowie viele andere Paradoxa. Jede dieser von Philosophen und Mathematikern gelieferten Definitionen, sei es in Hinblick auf Einheiten oder auf Reihen bestimmter Ordnung, stellt uns vor solche Paradoxa des Unendlichen. Der Zahlenbegriff einerseits sowie der Begriff zählbarer Unendlichkeiten andererseits sind untrennbar. Wenn man nicht von alleine dahinterkommt, was diese berühmten Pünktchen bedeuten, wenn man sich nicht vorstellen kann, wie die Reihe bis ins Unendliche fortzusetzen ist, dann kann uns das auch niemand innerhalb einer begrenzten Zeit beibringen. Es tut mir leid, David, aber wir müssen uns damit abfinden, daß nicht einmal der Darwinismus dazu in der Lage ist.«

Am Horizont war es finster geworden. Die Mücken und kleinen Fliegen, die sich am Wasser des Kanals getummelt hatten, wurden nun in Scharen von den Lampen, die die Abtei anstrahlten, angezogen. Nicht zuletzt wegen ihrer großen Anzahl gaben sie ein gutes Beispiel für die unendlichen Zahlen ab. David und Hilary beschlossen, den Rückweg anzutreten. Das Referat, welches David vor den berühmten Konferenzteilnehmern halten wollte, mußte nun gründlich überarbeitet werden. Hilarys Paradoxa ließen viele der Behauptungen, die David im Verlaufe seiner Flugreise niedergeschrieben hatte, problematisch erscheinen.

David entschuldigte sich bei Hilary und seinen anderen Kollegen und ging hinauf in seine Mönchszelle. Er nahm sich vor, noch einmal in völlig geänderter Form zu Papier zu bringen, was er am darauffolgenden Tag sagen wollte. Zu dieser Zeit ahnte er noch nicht, daß sein Werk dazu bestimmt war, ein kleiner großer Klassiker der modernen Psychologie zu werden: ein Artikel, in dem er hieb- und stichfest nachweist, daß der Schimpanse, unser allernächster Verwandter, nicht in der Lage ist, den Zahlenbegriff zu erwerben.

Die speziell auf die Tagung zugeschnittene Einleitung lautete:

»Ich denke, eines ist einleuchtend, und wir alle hatten Gelegenheit es hier in dieser Abtei zu beobachten – der Unterschied zwischen einem zweibogigen und einem dreibogigen Fenster spränge uns selbst dann in die Augen, wenn wir nicht zählen könnten...«.

Wenig später ging David auf die grundlegende Bedeutung ein, die gewissen Pünktchen innerhalb der Psychologie eigentlich zukommen müßte. »Gewisse Pünktchen!?« grübelten all die illustren Teilnehmer des Symposions insgeheim vor sich hin und lauschten gespannt seinen Worten. Alle, bis auf einen.

Der erste Teil dieser Erzählung basiert auf meinen wiederholten Besuchen im Laboratorium von David Premack. Bis in die kleinsten Details entspricht er der Wirklichkeit, selbst der Wohnwagen und die Amische sind keine Einbildungen meiner Phantasie. Die zahlreichen Arbeiten David Premacks über die geistigen Fähigkeiten der Schimpansen sind in der ganzen Welt bekannt. Die im zweiten Teil beschriebene Abtei steht in Royaumont. Dort hat Premack mehrmals an Symposien und Seminaren teilgenommen.

Die Figur Hilarys stützt sich frei auf die Person von Hilary Putnam, einem Universitätsprofessor in Harvard. Das Gespräch zwischen David und Hilary habe ich mir zum größten Teil ausgedacht. Allerdings habe ich darin sowohl einen kurzen Meinungsaustausch zwischen den beiden berücksichtigt, dem ich anläßlich einer wissenschaftlichen Tagung beiwohnte, sowie mehrere Gespräche, die ich mit jedem der beiden Wissenschaftler separat führte. Die Ideen, die in ihrer imaginären Unterhaltung zum Ausdruck kommen, bestimmen die Lehre dieser zwei großen Wissenschaftler. Auf das grundlegende Paradoxon Kripgensteins – an dieser Stelle weise ich nochmals darauf hin, daß es sich um eine Wortschöpfung Putnams handelt – geht Kripke ganz ausführlich in seinem Essay *Wittgenstein über Regeln und Privatsprache* ein. Die Unfähigkeit von Schimpansen (von jeder anderen Spezies ganz zu schweigen) zu zählen und den Zahlenbegriff zu erwerben, wurde im Jahre 1981 von Premack und Woodruff in der Zeitschrift *Nature* dargelegt. Viele ihrer Kollegen waren darüber fassungslos. Noch immer ist die Zahl derer sehr groß, die Premacks überzeugende Beweisführung ablehnen, daß keine Spezies, außer der unseren, das Sprechen und das Zählen lernen kann. Die Strategie dieser Ungläubigen besteht darin, die Begriffe Sprache und Zahlen neu zu definieren, um sagen zu können, daß auch andere Arten zumindest ein wenig zählen und sprechen. Unsere Erzählung bietet letztendlich sogar eine Erklärung dafür an, warum das ein gewaltiger Irrtum ist.

Teil 4

Der Lernprozeß: Auf die Mischung kommt es an

Eine (Beinahe-) Definition des Lernens

All die Begriffe, die uns im Grunde genommen vertraut sein müßten, sind oftmals schwer zu fassen. Will man beispielsweise die Tätigkeit des Lernens genau definieren, so wirft das ganz bestimmte Fragen auf. Worin besteht der Unterschied zwischen dem einfachen Lesen eines Buches und seiner eingehenden Erarbeitung? Wodurch unterscheidet sich einer, der Tagebuch führt, von einem anderen, der sich kurz vor einer Prüfung noch ein paar Stichworte notiert? Das äußere Verhalten ist kein zuverlässiges Kriterium. Man kann stundenlang über seine Bücher gebeugt dasitzen und an etwas völlig anderes denken oder einen Fluß entlang spazieren und dabei die tollsten Lehrsätze aufstellen. Ich hatte verschiedene Schulfreunde und Studienkollegen, die nur in Bibliotheken gingen, um sich an die Mädchen heranzumachen. Andererseits läßt sich in einem Flugzeug hervorragend lernen, und manchem soll es sogar gelungen sein, sich noch im Schützengraben mit Literatur zu beschäftigen oder Vokabeln zu pauken. Nicht einmal das Fach, mit dem man sich lesend oder schreibend auseinandersetzt, ist an und für sich genommen ein Maßstab. Ein Lehrbuch über Algebra läßt sich schließlich auch aus Lust und Laune lesen, wohingegen man ein Comic-Heft sehr aufmerksam studieren kann (Soziologen treiben es bisweilen noch ärger). Der Unterschied zwischen lernen und lesen, schreiben oder denken aus reinem Vergnügen ist weder sichtbar noch meßbar oder sonstwie darstellbar. Er besteht einzig und allein im Kopf.

Ein erster Anfang, wirklich nur ein Anfang, bei der Suche nach einer geeigneten Definition besteht darin, die geistige Anstrengung und die Intensität des Lesens und Schreibens einmal kritisch unter die Lupe zu nehmen. So wird die einfache Lektüre im Normalfall mühelos, vielleicht sogar mit Genuß bewältigt, während die ernsthafte Lernarbeit Konzentration und Fleiß voraussetzt. Gut, aber das allein genügt nicht. Man kann nämlich umgekehrt sehr wohl mühelos und mit Genuß lernen und ein langweiliges Buch nur unter Todesverachtung lesen, weil man, was weiß ich, gerade nichts anderes zur Hand hat, oder um dem Autor, dem Freund oder der Freundin oder einem Vorgesetzten einen Gefallen zu tun. Um den Begriff des Lernens definieren zu können, ist ganz entscheidend, daß der Lernende aufgrund bestimmter Gegebenheiten verpflichtet ist, darüber Rechenschaft abzulegen, wieviel er gelernt hat. Die Prüfung, das Abhören, das Konkurrenzdenken, das Urteil der Kollegen und Kolleginnen, der Mitschüler oder der Öffentlichkeit sind typische Beispiele für diese Rechenschaft.

Nun sind wir einem wirklichen Kriterium nahegekommen, aber das genügt noch immer nicht. Während des Lesens, Schreibens oder Denkens muß man sich nämlich auch bewußt machen, daß im folgenden Rechenschaft abzulegen ist. Einmal ist mir folgendes passiert: In einer mündlichen Prüfung an der Universität erwähnte ich ganz nebenbei ein Buch, das ich aus reinem Vergnügen gelesen hatte. In diesem Gespräch kam es sehr schnell zu der Situation, daß ich mich praktisch dafür verantworten mußte, wieviel ich aus diesem Buch gelernt hatte. Das bedeutet selbstverständlich nicht, daß ich das betreffende Buch in Wirklichkeit studiert und nicht nur einfach gelesen hätte. Ich hatte es gelesen und nichts konnte diese Lektüre nachträglich in ein Studium verwandeln. Hätte ich aber im voraus gewußt, wie die Sache verlaufen würde, und hätte ich das Buch in dem Bewußtsein gelesen, daß ich später Rechenschaft darüber ablegen müßte, wieviel ich genau gelesen hatte, dann hätte man mit Fug und Recht von einem Studium sprechen können. Zwar wäre es kein sehr ernsthaftes Studium gewesen, möglicherweise sogar ein äußerst vergnügsames, aber immerhin ein Studium.

Worin unterscheidet sich Lernen etwa von anderen, dem Anschein nach sehr ähnlichen Tätigkeiten, die allerdings keinerlei Ängste erzeugen und keine besondere Begeisterung erfordern?

Lebt man beim Lesen, Schreiben oder Denken in dem ständigen Bewußtsein, später darüber Rechenschaft ablegen zu müssen, wieviel man gelernt hat, dann gerät man unweigerlich unter Druck. Die Lust zum Lernen besteht vor allem darin, diesen psychologischen, moralischen, ja sogar ökonomischen Druck oder eine Mischung aus all dem zu akzeptieren. Dieser Druck ist der wesentliche Bestandteil des Studiums: Nur um uns dieses Drucks zu entledigen – wir empfinden ihn nahezu als eine Macht, die uns jeden Augenblick zu erdrücken scheint –, bitten wir inständig darum, die Lust zum Lernen möge uns überkommen. Die Lust zum Lernen erscheint uns wie eine heilsame Kraft, die uns hilft, den Druck zu bekämpfen. Deshalb werden der Lust zum Lernen beinahe magische Eigenschaften nachgesagt, wir sehen in ihr gleichzeitig einen Supertreibstoff, ein hochwertiges Schmieröl, einen Turbolader. Anders gesagt, sie hat all das, was man braucht, um dem Druck und der Spannung zu Leibe zu rücken.

Dieser Druck läuft fortwährend Gefahr, in uns eine Depression zu erzeugen. Wann immer der Druck nachläßt, der der Lust am Lernen entgegensteht, macht sich ganz automatisch das Gefühl des Erdrücktwerdens breit. Von dort bis zu einer wirklichen Depression ist es nur noch ein Katzensprung. Im Laufe unseres Lebens wird dieser besondere Druck erstmals in der Schule erzeugt. Für viele bleibt er einmalig, denn verschiedene Berufe erfordern kein weiteres Büffeln. Einmal erwachsen erinnert man sich nur noch dunkel an die Prüfungen und die damit verbundenen Ängste. Das Problem taucht erst dann wieder auf, wenn unsere Kinder ihrerseits die Schulbank drücken und das Rad sich von neuem zu drehen beginnt. Der Druck kehrt indirekt zurück, aber jetzt befinden wir uns am gegenüberliegenden Ufer, jetzt sind wir auf der anderen Seite, auf der Seite, die Druck macht, die Angst erzeugt und dabei unvermeidlich Rückschläge erleidet. Hier gibt es unzählige Abstufungen, subjektive wie objektive. Je nach Familie, Schultyp, Lehrer, Zeitpunkt oder Lebensabschnitt kann der Druck entweder leicht oder sehr stark sein. Ein und derselbe Druck kann von verschiedenen Individuen unterschiedlich empfunden werden. Was dem einen ein Ansporn, ist dem anderen ein unerträgliches Joch; was in dem einen Konkurrenzfähigkeit und Wetteifer anstachelt, lähmt in dem anderen Geist und Willen.

Ich finde es vor allem interessant, einmal in einer Art Rückschau zu sehen, worauf dieser Druck ausgeübt wird, welche typischen inhaltlichen Probleme dem Schüler quasi die Pistole auf die Brust setzen. Da aufgrund unterschiedlicher Begabungen, persönlicher Geschmäcker und Erziehung nicht alle gleichermaßen veranlagt sind, alles zu lernen, ist es angebracht, die Punkte des höchsten und des geringsten Widerstandes zu bestimmen. Die traditionelle Unterteilung in Fächer haben wir bereits gebührend berücksichtigt, ich möchte aber trotzdem noch eine andere aufzeigen. Besondere Schwierigkeiten, die ein Schüler in einem bestimmten Fach hat, beruhen doch größtenteils darauf, daß dieses Fach gewisse geistige Mechanismen, gewisse Kenntnisse hervorhebt und begünstigt. Mit diesen verschiedenen Arten von Wissen werden wir uns jetzt auseinandersetzen.

Die verschiedenen Arten von Wissen

Wenn wir uns jetzt die verschiedenen Fächer in Erinnerung rufen, dann finden wir dort viele Hinweise, wie unsere Welt beschaffen ist, Dinge also, die man einfach wissen muß. Wir werden aber auch auf einige Thesen stoßen, die beschreiben, wie eine x-beliebige Welt auszusehen hat, in der bestimmte grundsätzliche Eigenschaften der Zahlen, der geometrischen Figuren, der Lehrsätze usw. weiterhin ihre Gültigkeit behalten. Man muß wissen, ob sich bestimmte Dinge in bestimmten hypothetischen Situationen bewahrheiten oder nicht. Andere Behauptungen beziehen sich darauf, wie eine physikalische (nicht nur logische oder mathematische) Welt aufgebaut sein muß, eine Welt also, die sich von der unseren unterscheidet, aber in der die Gesetze der Physik, der Chemie und der Biologie, so wie wir sie aus unserer Welt kennen, noch gelten. Weiterhin finden wir Aussagen, in denen dargelegt wird, worüber andere Menschen nachgedacht und geschrieben haben. All diese Unterscheidungen sind derart wesentlich, daß wir sie jetzt dazu benutzen könnten, zu erklären, wie ›Wissen‹ überhaupt möglich ist. Wir werden sie systematisch erörtern, ihnen einen Namen geben und sehen, wie wir sie für unsere Zwecke verwenden können. Wer etwa auf Fragen nach dem pythagoreischen Lehrsatz korrekte Antworten zu geben weiß, dem ist zunächst einmal bekannt, daß es einen Mathematiker namens Pythagoras gab, und daß dieser einen bestimmten Lehrsatz aufgestellt hat. Desweiteren weiß er oder sie aber auch, ob dieser Lehrsatz jederzeit auf jedes beliebige rechtwinklige Dreieck anwendbar ist. Es erscheint uns ganz einleuchtend, daß der Lehrsatz des Pythagoras über die rechtwinkligen Dreiecke auch dann wahr wäre, wenn, einmal angenommen, Pythagoras ihn niemals entdeckt hätte. Ja, er wäre sogar dann wahr, wenn der Name seines Entdeckers nicht Pythagoras wäre, sondern, sagen wir, Prothagoras. Und schließlich wäre er selbst dann wahr, wenn ihn, so absurd es auch klingen mag, noch niemand entdeckt hätte. Wie aber verhält es sich im Falle einer völlig anderen Beweisführung des pythagoreischen Lehrsatzes? Haben wir es dann immer noch mit dem Lehrsatz des Pythagoras zu tun? Ich meine nicht, denn Pythagoras hat diesen alternativen Lehrsatz niemals bewiesen. Er hatte einen anderen Lehrsatz aufgestellt, der die notwendige Wahrheit einer bestimmten Relation nachwies, die ihrerseits notwendigerweise die Wahrheit des alternativen Lehrsatzes impliziert. Trotzdem sind die beiden Lehrsätze insofern verschieden, als daß es sich um jeweils besondere Arten von Beweisführung handelt.

Wir merken bereits ganz deutlich, wie das Lernen uns über viele reale Dinge unterrichtet und jedem einzelnen den Weg weist, sich über viele mögliche Dinge Gedanken zu machen. Das Gefühl dafür, was auf der Welt existiert und was wir tun, kann niemals von unserem Verständnis losgelöst werden, was hätte existieren können und was wir hätten tun können. Ohne das Studium bliebe uns ein Großteil dieses Universums von Möglichkeiten für immer verschlossen und unverständlich.

Jedes Fach erfordert demzufolge viele Arten von Wissen, selbst wenn in bestimmten Fächern einige ganz klar eine bevorzugte Stellung einnehmen. So wird in Geometrie und in Mathematik im allgemeinen das Wissen darüber favorisiert, was in jeder möglichen Welt – und nur im besonderen auch in der unseren – wahr ist. In Physik hält sich das ganze die Waage. Man forscht nach den Gesetzen, die die Materie, also unsere real existierende Welt regieren, aber man gliedert sie immer in allgemeinere Systeme ein, in ein Universum möglicher theoretischer Lösungen, unter denen die Wahl, die die Natur für unsere reale Welt getroffen hat, lediglich als ein Sonderfall erscheint. Die eher auf Beobachtung ausgerichteten Naturwissenschaften (Geographie, Biologie, Geologie etc.) bevorzugen indessen unsere Welt so wie sie ist. In der Literatur hingegen dominiert die Kenntnis darüber, wer was gesagt hat, und dabei ist es ziemlich unwichtig, ob dieses »was« wahr ist oder nicht. Meistens weiß man bereits, daß es nicht wahr ist, daß sich die geschilderten Ereignisse in Wirklichkeit niemals zugetragen haben, daß nicht einmal die handelnden Gestalten tatsächlich existiert haben. Man bewegt sich mehr im Bereich des Wahrscheinlichen als im Bereich des Wahren. Viele Antworten findet man allein im Text selbst. Viele Fragen lassen sich nicht eindeutig klären, man kann allenfalls versuchen, sie zu erraten. Dann können wir uns die Frage stellen, ob der Autor wirklich *diese* Antwort im Sinn hatte. Vielleicht werden wir in seiner Biographie, in einem seiner anderen Werke oder bei zeitgenössischen Autoren in einem Interview einen Hinweis finden. Aufgrund der Tatsache, daß Figuren wie Werther oder Katharina Blum niemals existiert haben, versteht es sich von selbst, daß wir weder in den Archiven noch in der Außenwelt eine Bestätigung für die Richtigkeit unserer Antwort werden finden können. Die Bestätigung und das Dementi unserer stichhaltigen Mutmaßungen können einzig und allein auf unserem persönlichen Einfühlungsvermögen sowie auf der eingehenden Textlektüre und Textanalyse beruhen – meinetwegen unter Hinzuziehung der Argumente von Experten. Das, was *in* einem literarischen Werk (nicht nur *über* ein literarisches Werk) wahr oder falsch ist, hängt immer auch davon ab, wie die reale Welt beschaffen ist.

Wir haben soeben festgestellt, wie sich Kenntnisse über die reale Welt, logische Schlußfolgerungen über mögliche Welten und das, was wir über die Intentionen eines Autors wissen, gut ergänzen. Weiterhin haben wir herausgefunden, wie man sich auch in der Mathematik auf die Kenntnis dessen beruft, was einer gesagt hat, wobei in Literatur und Kunst noch das Wissen über die reale Welt sowie die logischen Schlußfolgerungen über mögliche Welten hinzukommen.

Einmal vorausgesetzt, daß die verschiedenen Arten von Wissen tatsächlich in den einzelnen Lehrfächern vermischt enthalten sind, halte ich es für angebracht, den jeweiligen Fächern die reinsten Formen des Wissens zu entnehmen und eine einfache und intuitive Bezeichnung für sie zu finden.

Wir wollen uns nun die verschiedenen Kategorien von Wissen

eine nach der anderen vornehmen und versuchen herauszufinden, woraus die Mischung genau besteht, was sie »zum Gären bringt« und was hingegen der Grund dafür sein mag, daß sie ab und zu »in sich zusammenfällt«. Dazu werden wir erneut die Umgebung des Klassenzimmers verlassen, um dann wieder – um einiges klüger geworden – dorthin zurückzukehren. Es wird sich lohnen, sie auch einmal von der anderen Seite der Barrikade aus aufgehen und in sich zusammenfallen zu sehen, das heißt, in unseren eigenen Lehrern und in den Lehrern der Lehrer.

Wissen daß – oder die Kunst der Erinnerung

Sprechen wir also über dieses widerwärtige Scheusal, das sich Faktenwissen nennt, und versuchen wir, es irgendwie in den Griff zu bekommen. Unser begrenztes Erinnerungsvermögen, das eng mit einem spärlichen Bewußtsein eines besonderen Ausschnitts unserer Realität gekoppelt ist, erschwert den Lernprozeß. Wenn diese beiden Faktoren jedoch im Positiven vereint sind, dann verfügt man ohne die geringste Anstrengung über ein Spezialwissen. Jeder von uns findet doch ein Eckchen Welt, einen Bereich der Realität, aus dem er sich ein eingehendes, einmaliges, detailliertes Wissen aneignet, das das der anderen übertrifft. Hauptsache, dieses Fachwissen verschafft uns Befriedigung und erfüllt uns mit Stolz. Wer eine bestimmte Sportart bevorzugt und sie aktiv ausübt, wird bald die Fachausdrücke, die Regeln und die Tricks beherrschen, die Namen aller ehemaligen und gegenwärtigen Athleten werden ihm problemlos über die Lippen kommen, ja selbst über besondere Ereignisse und Anekdoten wird er bestens Bescheid wissen. Wer einen Narren an Autos, Motorrädern oder Booten gefressen hat, wird auf den ersten Blick die verschiedenen Modelle unterscheiden können und sich liebend gern stundenlang über die Vor- und Nachteile der einzelnen Typen auslassen. Er oder sie wird sich rühmen, ein Modell, vielleicht sogar das Baujahr, nur am Geräusch des Motors oder anhand irgendeines kleinen Details, das undeutlich auf einer Abbildung zu erkennen war, zu bestimmen. Als Experten blicken wir mitleidig, wenn nicht sogar intolerant auf den Freund, den Bruder oder die Mutter herab, die mit schlauen

Sprüchen um sich werfen, »ohne einen blassen Schimmer zu haben«.

Wer ein echter Experte werden will, der beschäftige sich mit Dingen, von denen nur wenige Menschen Ahnung haben. Dabei muß das Wissen ständig erweitert werden und weit über das hinausgehen, was der Beruf als unbedingt erforderlich voraussetzt. Die Erinnerung ist dann kein Hemmnis mehr und erfordert keinerlei Anstrengung. Die Wirklichkeit und Bedeutung einer solchen Welt werden zu einer Art zweiten Natur.

Pädagogen haben schon vor langer Zeit herausgefunden, daß man die reinsten Wunder erlebt, wenn es gelingt, in einem Schüler Begeisterung für ein Fach zu wecken. Sind Schüler motiviert, werden eben diese spontanen Mechanismen in Gang gesetzt. Spielerische Elemente im Unterricht sowie die Förderung der Kreativität des Schülers können diese Mechanismen ebenso auslösen wie die Verbindung von schulischen Themen mit den Erfahrungen des Alltags. Leider funktioniert das nicht immer. Vor allem in den Vereinigten Staaten hat man nichts unversucht gelassen, um die Wissenschaft in ein Spiel zu verwandeln. In den naturkundlichen Museen wurden überall Maschinen aufgestellt, die mit Hebeln und Knöpfen in Bewegung gesetzt werden. In diesen Museen vergnügen sich Jungen wie Mädchen oftmals stundenlang. Eine erst kürzlich direkt vor den Toren solcher technischer Museen durchgeführte Befragung amerikanischer Schüler zeigte jedoch, daß die Halbwüchsigen sich zwar köstlich amüsiert hatten, daß aber nichts bei ihnen hängengeblieben war. Absolut gar nichts! Die ausgesprochen unterhaltenden Maschinen konnten ihnen die Grundzüge ihres Funktionsablaufs nicht vermitteln.

Motivieren ist nicht einfach. Fast immer hat Motivation ihren Ursprung im Innern, sie ist nicht so leicht von außen übertragbar. Außerdem stellt sich die Vorliebe für ein Fach häufig erst ein, nachdem man sich schon eine Weile damit auseinandergesetzt hat. Und nicht immer hat die Umwandlung der Lernarbeit in ein Spiel zur Folge, daß man es lieben lernt. Wir müssen mit dem Mythos aufräumen, daß im Menschen eine generelle Neigung existiert, Begeisterung zu empfinden, und daß diese auf unterschiedliche Inhalte angewendet werden kann. Leidenschaften sind immer außergewöhnlich spezifisch, und im allgemeinen begleiten sie uns ein ganzes Leben lang. Wenn neue in uns entstehen oder alte in uns erlöschen, haben wir keinerlei Grund zu der Annahme, daß der gleiche Einsatz an Leidenschaften auf einen anderen Sektor übergegangen ist.

Ebensowenig ist unser Gedächtnis ein Behälter und die Vorliebe für ein Fach ein Klebstoff, der dafür sorgt, daß das Wissen einfach so an uns haften bleibt! Dem typischen Lehrer will absolut nicht in den Kopf, daß seine Schützlinge häufig alle Tore ihrer Lieblingsfußballer oder sämtliche Eishockeyergebnisse der letzten drei Jahre auswendig dahersagen können, andererseits aber nicht fähig sind, sich wenige einfache Syntaxregeln des Lateinischen, einige Grundkenntnisse in Geometrie und eine Handvoll historischer Daten zu merken. Sie wünschen sich nichts sehnlicher, als daß der Schüler oder die Schülerin mit demselben Eifer an Mathematik oder Englisch heranginge! Diese Spontanreaktion des Lehrers oder der Eltern kennen wir alle zur Genüge, doch ist sie wissenschaftlich keinesfalls fundiert.

Aus einer Studie über Patienten mit sehr spezifischen Arten von Amnesie ging hervor, daß nicht nur ein Erinnerungsvermögen existiert, sondern daß wir alle über viele wohl voneinander getrennte und sehr spezielle Gedächtniseinheiten verfügen. Es gibt Patienten mit einem bestimmten Gehirnschaden, die keine Schwierigkeiten haben, die Gegenstände zu benennen, die ihnen auf einem Foto oder einer Zeichnung präsentiert werden. Hält man ihnen hingegen Fotos berühmter Persönlichkeiten des öffentlichen Lebens vor (Steffi Graf, Bill Clinton, Rita Süssmuth etc.), dann fallen ihnen deren Namen einfach nicht ein. Sobald man sie mit den Namen konfrontiert, lassen sie deutlich erkennen, daß sie durchaus wissen, wer diese Berühmtheiten sind, und sogleich plappern sie die Namen munter nach. Anhand eines Fotos sind sie schlichtweg nicht in der Lage, einen Namen und alle damit verbundenen Informationen hervorzubringen. Dies ist keine allgemeine Gedächtnisschwäche, im Gegenteil, sie ist sehr spezifisch, denn sie betrifft ausschließlich Eigennamen. Diese Patienten sind nicht einmal imstande, sich an die Namen von zwei oder drei Personen zu entsinnen, die ihnen kurz zuvor über den Weg gelaufen sind. Dann gibt es andere Patienten, die ohne Schwierigkeiten all das mitteilen, was sie über Tiger und Flußpferde wissen, sobald sie diese auf Fotos oder Zeichnungen *sehen.* Wenn sie die Wörter Tiger oder Flußpferd hingegen nur *hören,* geben sie keinen Ton von sich.

Trotz großer Skepsis setzt sich aber allmählich die Auffassung durch, daß das Erinnerungsvermögen wirklich existiert, und daß man es im großen und ganzen trainieren kann. Dieses Vermögen unterteilt sich in viele Fähigkeitsbereiche. Wir haben es keinesfalls mit einem leeren Behälter zu tun, in dem Daten samt der dazugehörigen Etiketten abgelegt werden, etwa so wie man mit Waren verfährt, die in einem Lager zu deponieren sind. Wir haben es nicht nur mit einem passiven »Depot« zu tun, sondern jede unserer diversen Gedächtniseinheiten umfaßt eine Reihe aktiver Mechanismen. Es gibt Menschen, die sich an die Namen anderer Personen nur dann erinnern, wenn sie sie geschrieben sehen (zu ihnen zähle ich selbst). Andere wiederum können sich gut Zahlen merken, Bilder im Kopf behalten oder sich bestimmte Dinge nur mittels gewisser sonderbarer Assoziationen ins Gedächtnis zurückrufen. Wer auf einem bestimmten Gebiet ein gutes und detailliertes Gedächtnis hat, muß nicht über ein uneingeschränktes Erinnerungsvermögen verfügen, das zufällig auf diesem Bereich zur Anwendung kommt. Richtiger ist hingegen, sich viele kleine geographische Institute vorzustellen, die kontinuierlich an der Herstellung ebensovieler Spezialkarten arbeiten. Sie sind freilich voneinander abhängig – allerdings niemals vollkommen. Für niemanden von uns haben diese Karten alle den gleichen Feinheitsgrad, und der Zugang zu den verschiedenen Informationen, die in ihnen enthalten sind, fällt uns nicht jedesmal gleich leicht. Zum Glück sind viele dieser Landkarten auch außerordentlich aufgebläht, das heißt, ein und dieselbe Information findet man oftmals in vielen Karten gleichzeitig vor. Die erst vor kurzem ermittelten Daten über Patienten, die ein spezifisches Gehirntrauma zu Lasten einer der Gedächtniseinheiten erlitten haben, lassen zum einen die Vermutung zu, daß die Erinnerung an Eigennamen bei jedem von uns von der Erinnerung an Gegenstände und Ereignisse getrennt ist; zum anderen kann aber auch gefolgert werden, daß die ganze Information, die – nehmen wir an – mit einem Tiger assoziiert wird (braune Streifen auf gelbem Hintergrund, Fleischfresser, angriffslustig, gefährlich, in Asien beheimatet usw.) doppelt vorhanden ist. Eine »Kopie« dieser Kenntnisse befindet sich in einer visuellen Einheit und wird immer dann aktiviert, wenn wir einen Tiger (oder auch ein Foto bzw. eine Zeichnung von einem Tiger) sehen. Die andere »Kopie« befindet sich hingegen in einer linguistischen

Einheit, die immer dann in Gang kommt, wenn wir das Wort Tiger hören (oder lesen).

Jede Gedächtniseinheit (oder jedes Modul) ist innerlich an seine spezifischen Inhalte gebunden, welche untereinander alle organisiert sind. Ich habe deshalb von einer Landkarte gesprochen, weil dieser kartographische Begriff beinahe wörtlich zu nehmen ist. In bestimmten Bereichen gelingt die Erinnerung nur dann, wenn die Dinge entsprechend liegen, ordentlich angeordnet sind, so daß wir im Geiste problemlos zwischen ihnen hindurchsegeln können. Befreundete Ärzte erklärten mir, daß ihnen bei der enormen Anstrengung des Gedächtnisses hinsichtlich ihres Faktenwissens – insbesondere in der Anatomie – die detaillierte bildliche Vorstellung des gesamten menschlichen Körpers in ganz erheblichem Maße zu Hilfe kommt. Fährt man im Geiste eine bestimmte Nervenfaser, eine bestimmte Arterie entlang, dann »sieht« man nach und nach alle Organe, die man unterwegs streift, mit ihren jeweiligen Bezeichnungen. Ohne diese andauernde geistige Rekonstruktion der Landkarte wäre es unmöglich, sich an all die Namen zu erinnern. Eine bestimmte Erinnerung auf einem bestimmten Gebiet wird immer durch die Schaffung einer organisierten Struktur verstärkt. Dementsprechend fällt uns die Erinnerung an die Dinge immer sehr schwer, die untereinander in keinem Zusammenhang stehen. So ist es uns etwa unmöglich, nach ganz kurzer Zeit einen kompletten Satz in einer Sprache zu wiederholen, derer wir nicht mächtig sind. In unserer Muttersprache hingegen können wir einen Satz auch nach Wochen oder Monaten noch wortwörtlich wiederholen. Das fällt uns natürlich dann noch viel leichter, wenn dieser Satz fest an eine bedeutungsvolle Situation gekoppelt ist, an ein organisiertes System anderer Kenntnisse und anderer Erinnerungen.

Stärken und Schwächen der Mnemotechnik

Wenn Dinge zusammenhanglos im Raum stehen, dann kann es nur zu unserem Vorteil sein, sie in irgendeine Beziehung zueinander zu setzen. So läßt sich eine Liste wahllos zusammengewürfelter Wörter merken, wenn man eine kleine Geschichte erfindet, die diese untereinander verknüpft. So wird man sich der Begriffe Fisch,

Tisch, Nonne und Napoleon leicht entsinnen, wenn wir uns eine Nonne vorstellen, die an einem Tisch sitzt und einen Fisch ausnimmt, der für Napoleons leibliches Wohl bestimmt ist. Selbst bei denjenigen, die unheimlich viele Telefonnummern im Kopf haben (worum ich sie zugegebenermaßen sehr beneide), konstatieren wir eine ganz persönliche geistige Organisation all dieser Nummern. So habe ich solche und ähnliche Sätze aus ihrem Munde vernommen: »Thomas aus Hamburg hat dieselbe Telefonnummer wie Brigitte in München, nur ist bei ihm die vorletzte Ziffer nicht drei, sondern acht.« Die Potenz einer bestimmten Gedächtniseinheit hängt immer eng damit zusammen, wie dicht die Maschen des Datennetzes geknüpft sind. Übrigens ist schon seit der Antike bekannt (Demosthenes und viele große Redner haben ausdrücklich Zeugnis davon abgelegt), daß es für gewisse Gedächniskünstler geradezu unerläßlich ist, sich ein für allemal ein Zimmer oder eine Straße bis ins kleinste Detail einzuprägen, um dann nach und nach jedem Element dieser geistigen Landkarte die Dinge anzuhängen, an die es sich zu erinnern gilt. Das vielleicht bekannteste Erinnerungsgenie ist ein junger Bursche aus Moskau, der regelmäßig in Zirkus und Theater auftrat und dessen Werdegang der bedeutende sowjetische Psychologe Aleksandr Romanowitsch Lurija mit großer Aufmerksamkeit verfolgte. Bis in die allerletzten Einzelheiten hatte dieser berühmte Mnemotechniker die Moskauer Gorkij-Straße fest in sein Gedächtnis verankert. Diese geistige Landkarte diente ihm dazu, die Bestandteile jeder noch so langen Liste, die ihm nur ein einziges Mal vorgelesen worden war, zu plazieren: dieser Name an jene Laterne, selbiges Wort an dortiges Fenster usw. Dann brauchte er nur noch im Geiste die Gorkij-Straße entlangzuschlendern und die Schilder zu lesen, die er zuvor höchstpersönlich aufgestellt hatte.

Auf der Basis dieser Strategie sind unzählige Mnemotechniken entstanden, also Methoden zur Gedächtnishilfe, die bisweilen zu hohen Preisen von spezialisierten Unternehmen schulmäßig unterrichtet werden. Dazu muß man imstande sein, sich einen Ort (einen Weg, eine Straße, eine Bibliothek) aufs detaillierteste einzuprägen und im Geiste überall kleine Zettel anbringen; unmittelbar danach ist das Terrain in Gedanken abzusuchen, wobei die Erinnerung, wo man was hingesteckt hat, gefordert ist. Mit viel Übung führen solche Techniken zu einigem Erfolg, aber meistens ist der damit verbundene Aufwand nicht der Mühe wert. Es sind außergewöhnliche Methoden, die zur außergewöhnlichen Anwendung bei ganz besonderen Personen bestimmt sind. So muß zwar das spezifische Gedächtnis für ein spezifisches Thema sehr wohl topographisch so geordnet sein, daß es eine geistige Landkarte bildet; dies sollte sich allerdings grundsätzlich innerlich, kraft einer hierarchischen Strukturierung dieser Inhalte vollziehen und nicht äußerlich. Das Beispiel der Anatomie und das der Telefonnummern sind für uns viel aufschlußreicher als das des Wunderkindes der Gorkij-Straße.

Das spezifische Gedächtnis und der spezifische Aufbau der Inhalte halten einander die Waage. Wer all die Tore seines Lieblingsfußballers oder alle Auswärtsspiele der von ihm favorisierten Mannschaft im Kopf hat, für den bilden diese Daten eine Welt. Sie verkörpern eine Welt, die ihm vertraut ist und die er liebt. Es hat keinen Sinn, darauf zu hoffen, daß eine ähnlich starke Liebesfähigkeit und ein ähnlich gutes Erinnerungsvermögen generell auf unterschiedliche Inhalte anwendbar ist. Lehrer sollten nicht jammern, weil ihre Schüler oder ihre Schülerinnen das Gedächtnis nicht in gleichem Maße auf die Unterrichtsfächer anwenden. Wenn überhaupt, dann sollten sie sich ernsthaft Gedanken darüber machen, weshalb die Lehrfächer es nicht vermögen, ihren Schützlingen eine Welt zu bieten. Warum ausgerechnet der Fußball und nicht die Mathematik? Wenn jedes Fach eine Welt wäre, einen festen, geordneten und bedeutsamen »Standort« einnähme, dann würde sich das Erinnerungsvermögen für die jeweilige Materie ganz von selbst einstellen. Historische Daten lassen sich dann leicht merken, wenn die Ereignisse und die Protagonisten ein fortlaufendes Szenarium bilden, einen Film, der in logischem Zusammenhang und mit entsprechenden Höhepunkten vor unserem geistigen Auge abläuft. Der Schriften und Thesen bedeutender Philosophen entsinnt man sich mühelos, wenn sie eine ineinander verwobene Welt von Problemen und Fragen vorstellen, eine Art Debattierkreis, in dem die Argumente des einen logisch im Gegensatz zu den Einwänden des anderen stehen. Die zoologische und botanische Systematik prägt man sich problemlos ein, wenn die Welt der Lebewesen sich in unseren Köpfen wie ein einziger Baum mit immer feineren Ästen ausnimmt oder wie ein Amphitheater, dessen Plätze die verschiedenen Spezies je nach ihren Ähnlichkeiten oder ihren Unterschieden eingenommen haben.

Unsere Aufnahmefähigkeit begehrt jedoch dann auf, wenn es etwa darum geht, Dinge zu lernen, die wir mit keinerlei persönlicher Erfahrung in Zusammenhang bringen, wenn es uns verwehrt ist, im Geiste eine kleine, geordnete und in sich geschlossene Welt zu durchqueren. Das Erinnerungsvermögen in einem bestimmten Fach – man kann es gar nicht oft genug wiederholen –, ist kein Lager, für das der einfache Grundsatz herrscht: Je mehr Waren wir stapeln, desto weniger Platz bleibt für weitere Gegenstände. Für unsere geistige Vorratskammer gilt vielmehr folgende Devise: Egal wieviel neue Dinge hinzukommen, das Platzangebot bleibt immer gleich; einzige Voraussetzung – der bereits okkupierte Platz muß gut verteilt, sprich organisiert, sein. Persönliche geistige Bilder wie Assoziationen, Zufälle, Gegensätze, Anekdoten oder Reime sind oftmals eine große Hilfe. Wir brauchen uns auch nicht dafür zu schämen, wenn wir zu solchen Tricks greifen. Es gibt einfach Dinge, die man sich wohl oder übel merken muß. Wenn wir feststellen, daß sie uns, trotz aller Anstrengungen, nicht im Gedächtnis haften bleiben, sollten wir sie untereinander in Beziehung bringen und an etwas anderes ankoppeln. Dabei ist keine Gedankenverbindung zu dumm oder zu persönlich – Hauptsache, sie erfüllt ihren Zweck.

Ein befreundeter Biologe brachte mir einen Satz bei, mit dessen Hilfe man sich die Bezeichnung für die verschiedenen Abschnitte der Erdgeschichte leicht in Erinnerung rufen konnte: *»Camels ordinarily sit down carfully, perhaps their joints creak.«* (Zu Deutsch: »Gewöhnlich lassen sich Kamele vorsichtig nieder, möglicherweise knirschen ihre Gelenke.«) Der Satz hatte absolut keine Bedeutung, trotzdem habe ich ihn nie vergessen. Noch heute kommen mir die einzelnen Erdzeitalter in chronologischer Reihenfolge über die Lippen: *Kam*brium, *Ord*ovizium, *Si*lur, *De*von, *Kar*bon, *Per*m, *Tri*as, *Ju*ra, *Kre*ide. Mit diesem Satz hat sich in einem Eckchen meines Gedächtnisses die gesamte paläontologische Chronologie eingeprägt. Und wer kennt nicht den Reim, mit dem man sich die Jahreszahl der bedeutenden Schlacht von Issos, 333 v. Chr., in der Alexander der Große den Perserkönig Dareios besiegte, leicht merken konnte: »Drei, drei, drei – bei Issos Keilerei!«

Es gibt unendlich viele solcher Reime und kleiner Geschichten. So dumm sie auch sein mögen, sie haben Generationen von

Schülern und Studenten dazu verholfen, unzählige Namen und Begriffe zu pauken, vor allem in der Chemie, Paläontologie und Anatomie. Als ich beispielsweise die verschiedenen Schichten der Elektronen in einem Atom lernen mußte, leistete mir der Nachname eines flüchtigen Bekannten gute Dienste. Er hieß Spadafora, und diese Unterstufen tragen der Reihe nach die Bezeichnungen s, p, d, f. Die Assoziation funktionierte reibungslos. Wie man sieht, kann man fast alles als Eselsbrücke benutzen: den Namen einer Stadt, den Nachnamen eines Bekannten, eine kleine Anekdote, einen kurzen Satz, ein Gedichtchen. Auf diese Weise stützt man nicht nur das spezifische Gedächtnis, das Erinnerungsvermögen an einen ganz bestimmten Themenbereich, auch das Lernen macht mit einem Mal viel mehr Spaß.

Wissen ob – oder die Kunst der Hypothesenentwicklung

Der vielleicht typischste Fall eingegrenzter Vorstellung ist ein Dichter, der beim Schreiben ein bestimmtes Versmaß, eine bestimmte Anzahl von Silben oder ein genaues Reimschema einhält. Diese Auflagen betreffen die Form, andere beziehen sich auf den Inhalt. Bei einer Ode, einem historischen Epos oder einem mythischen Gedicht müssen unter Umständen sogar beide Arten von Regelvorschriften eingehalten werden. Bei der Komposition in der Musik sind die Formgesetze noch umfassender, und bei einem Opernlibretto haben wir es gleichzeitig mit formalen und inhaltlichen Festlegungen zu tun. Analoge Fälle begegnen uns in der Malerei und in der Bildhauerei (Porträts, Landschaftsansichten, Stilleben, Krönungsszenen). Häufig schränkt uns die Realität oder ein bestimmter Blickwinkel ein. Darüber hinaus gibt es Auflagen im weiteren Sinne, die deshalb aber nicht weniger zwingend sind: Sprache, Kultur, Tradition oder die Geschmäcker des Publikums. Jedes Werk unterliegt immer irgendwelchen Gesetzen. Man sollte den Mythos überwinden, daß die Erschaffung eines Kunstwerkes ohne Einschränkung kreativer sei als eine, die an Gesetze gebunden ist. Es genügt, einen kurzen Blick auf die Literatur-, die Kunst- und Musikgeschichte oder auf die Geschichte der Architektur zu werfen, um zu verstehen, welche Wunder der Schöpfung der menschliche Geist selbst unter Beachtung verschiedener formaler wie inhaltlicher Gesetze zu realisieren imstande ist. Auch die großen Erneuerer haben Beschränkungen hingenommen, die ihnen bisweilen von außen aufgezwungen wurden, die sie sich zum Teil aber auch selbst auferlegt haben. Es kann passieren, daß ein Werk, das ohne die Einhaltung jedweder Gesetze entstanden ist, vollkommen unverständlich ist. Man sollte deshalb zumindest eingestehen, daß die Invention unter eingeschränkten Bedingungen mit den höchsten Gipfeln der Kreativität vereinbar ist.

Solche Siege innerhalb von Grenzen zeigen sich – mehr als in jedem anderen Bereich – in der Mathematik, in der Logik und in den Naturwissenschaften. Hier schaffen die schon bewiesenen Lehrsätze, die bereits verfügbaren objektiven Daten, die gelungenen Experimente, die gültigen Theorien Vorgaben, innerhalb derer es jeder neuen Generation von Wissenschaftlern dennoch gelingt, das eigene Vorstellungsvermögen und die eigene Kreativität hervorragend einzusetzen. Jede Vermutung, jede Innovation, jeder neue Fortschritt sollte gewisse Auflagen bewahren.

Eine sehr wichtige Komponente in der Weiterentwicklung von Vorstellungen in bestimmten Grenzen sind folgende Bedingungssätze oder Konditionalkonstruktionen: Wenn das eine wahr (oder falsch, oder ungewiß) ist, dann ist auch das andere wahr (oder falsch, oder ungewiß). Das, was dem »wenn« unmittelbar folgt (der sogenannte Vordersatz), stellt nämlich eine Einengung der Gedankengänge, der Intuition, des Vorstellungsvermögens dar. Eine typische Variante verkörpern die Verben können und müssen. Wenn das eine wahr ist, dann muß auch das andere wahr sein. Wenn das eine falsch ist, dann kann das andere wahr sein, usw. Ein mathematischer Lehrsatz ist im allgemeinen genau so formuliert. Wie man sieht, geht es immer um Übungen eingegrenzter Vorstellung.

In der Philosophie sind Gedankengänge dieser Art ganz wesentlich. Einige Philosophen stimmen darin überein, daß man in der Philosophie – im Unterschied zur Mathematik, zur Logik oder zu den experimentellen Wissenschaften – allenfalls zeigen (und nicht einmal beweisen) kann, daß, wenn p gilt, dann auch q gilt. Dahinter steckt der Gedanke, daß die Philosophie uns niemals zu dem Wissen *daß*, sondern höchstens zu einem Wissen *wenn* hinführen kann. Gemäß dieser Auffassung verbindet die Philosophie Ideen, Vermutungen und Hypothesen vielleicht untrennbar miteinander, aber sie bestimmt nicht, was richtig und was falsch ist. Sie sagt uns nur, wenn wir das eine für wahr halten, dann müssen wir auch das andere für wahr halten. Sie stellt wechselseitige Bindungen zwischen den Ideen her und bietet uns diese summarisch in Teilen oder in verknüpfter Form dar, dabei sagt sie uns aber nicht, für welche Art wir uns entscheiden sollen. Dies ist eine Auffassung von Philosophie aus jüngerer Zeit. In der Vergangenheit haben sich die Philosophen sehr energisch zu Wort gemeldet und gesagt, was wahr und was falsch ist; sie haben uns Weltanschauungen vermittelt und nicht nur Argumente, die auf Hypothesen beruhen. Sie haben uns sogar unmißverständlich dazu aufgefordert, ihre Weltanschauungen zu den unseren zu machen. Noch immer bedienen wir uns der Zusammenhänge, die diese Philosophen zwischen den Ideen hergestellt haben, obwohl wir die Anschauungen nicht teilen, die sie uns auferlegen wollten. Wie wir bereits im Teil 1 gesehen haben, erleichtert uns die Philosophie den Umgang mit der Entwicklung von Vorstellungen unter Einhaltung von Grenzen und die Aneignung logischer Gedankengänge in erheblichem Maße. Darüberhinaus verschafft sie uns Einblick in verschiedene Lebens- und Denkweisen. Wem diese Art Übung nicht zusagt, wird die Philosophie verworren, zusammenhanglos, überflüssig und geradezu lächerlich finden. Die typische Karikatur stellt den Philosophen als jemand dar, der stets darauf erpicht ist, sich lang und breit über das Sein des Phänomens und das Phänomen des Seins auszulassen. Da wir die Philosophie bereits unter einem spezifischen Blickwinkel betrachtet haben, geht es mir an dieser Stelle vor allem darum, all denjenigen, die solch eine Art mentaler Spielerei instinktiv verabscheuen, zu zeigen, daß die Übung der eingeschränkten Vorstellung ein wesentlicher Bestandteil unserer gesamten Existenz ist. Das Studium der Fächer, die dieses Spiel bereichern und vervollkommnen, bringt die Saiten eines natürlichen und äußerst wertvollen Talents zum Erklingen, das in jedem von uns schlummert.

Sich und andere mit Hilfe von Argumenten zu überzeugen, die auf der Bedingung »wenn ..., dann ...« beruhen, ist eine wichtige Leistung unserer Vernunft. Wir könnten weder eine Reise planen oder verstehen, wann eine Liebesgeschichte beginnt und endet, noch ein moralisches oder wertendes Urteil fällen, ja nicht einmal ein Fahrrad reparieren, wenn wir nicht von Natur aus mit der Fähigkeit ausgestattet wären, hypothetische Fälle vernünftig zu durchdenken. »Ich werde dich besuchen, wenn man mich befördert«; »Wenn der Dynamo kaputt wäre, hätte sich die Batterie entladen«; »Wenn du mich weiter mit deinen Eifersüchteleien bedrängst, werde ich dich verlassen«.

Das Spiel mit der eingeschränkten Vorstellung ist folglich kein Luxus, der nur den Philosophen und Mathematikern vorbehalten ist, was wiederum nicht bedeutet, daß es allen zusagt, sich auf die kühnsten mentalen Exkursionen einzulassen. Nicht alle orientieren sich an der Geographie der möglichen Welten, nicht alle genießen es, imaginäre Situationen auszukundschaften, die sich immer weiter von der Realität entfernen. Es gehört nicht viel dazu, dieses Spiel mit den Möglichkeiten jenseits der Grenzen des Vernünftigen zu befördern. Mit der folgenden Anekdote nimmt ein bedeutender Philosoph aus Harvard seine eigene Gilde gern auf den Arm: Benjamin ist schüchtern und im Umgang mit den Frauen der reinste Tölpel. Da er aber schon dreißig Jahre alt ist, wird es allmählich Zeit für ihn, ans Heiraten zu denken. Der Rabbiner des Dorfes erklärt ihm, wie man am besten mit Mädchen in Kontakt kommt: »Es gibt drei Themen, auf die jede junge Frau anspringt: Essen, Familie und Philosophie. Versuch doch einfach, diese Bereiche anzuschneiden, und du wirst sehen, daß du wenigstens mit einem den gewünschten Erfolg erzielst.« Wenig später begegnet Benjamin Sarah, einer reizenden Person, die ihn nicht einmal zu beachten scheint. Auf der Stelle faßt er den Entschluß, dem Rat des weisen Rabbiners zu folgen. Seine erste Frage an Sarah dreht sich ums Essen: »Ißt du gern Stockfisch?« Sarah reagiert verärgert und antwortet kurz angebunden: »Nein.«

Jetzt kommt das Thema auf die Familie. »Hast du Geschwister?« Wiederum wehrt Sarah mit einem schnippischen »Nein« ab.

Als letzte Möglichkeit versucht es Benjamin mit der Philosophie: »Sarah, wenn du einen Bruder hättest, würde er dann wohl gern Stockfisch essen?«

Nichts ist einfacher, als die Philosophen (vor allem die angloamerikanischen) und ihr Spiel mit abstrakten Hypothesen ins Lächerliche zu ziehen. Dennoch könnte nicht einmal die präziseste und objektivste Wissenschaft voranschreiten, ohne auf dieses

Spiel zurückzugreifen. Wenn das Teilchen über eine positive elektrische Ladung verfügt hätte, dann wäre es nach links abgedriftet anstatt nach rechts. Wenn die Synthese des Wachstumsfaktors gestoppt worden wäre, dann wäre das Zellwachstum ins Stocken geraten. Wenn die Temperatur um einhundert Grad sänke, dann würde sich die atmosphärische Erscheinung von Grund auf ändern. So ließen sich noch viele Beispiele anführen. Um das rigorose Spiel mit Möglichkeiten und Hypothesen kommt man einfach nicht umhin, wenn man gute Wissenschaft betreiben will. Fächer wie Mathematik, Physik und Philosophie eignen sich hervorragend, diese grundlegende Übung in den Griff zu bekommen.

Nur allzu gut sind mir die realistischen Typen bekannt, jene Menschen, die immer mit beiden Beinen auf der Erde stehen und zum Konkreten neigen. Doch selbst sie können sich Phänomenen wie der Inflation, dem Drogenhandel oder Veränderungen innerhalb der sozialen Beziehungen nicht entziehen. Das alles sind nichts anderes als konkrete Wirkungen sehr abstrakter Faktoren. Schon allein das Nachdenken über ihre Ursachen und das Vorschlagen bestimmter Lösungen bedeutet, daß hypothetische Situationen hinterfragt werden. Es gibt sehr viele Fälle, in denen es nur dann möglich ist, Vernunft walten zu lassen, wenn man hypothetische Situationen konstruieren kann, wenn wir unsere Vorstellungskraft in Gesetzmäßigkeiten umsetzen können.

Vom Mythos zum Modell

Bisher habe ich mich nur über die Mathematik, die Philosophie und die Naturwissenschaften ausgelassen, aber eine grundlegende Rolle bei dieser Übung der limitierten Vorstellung kommt auch den Künsten, der Geschichte und der Literatur zu. Die Einschränkungen weisen hier einen anderen Charakter auf, ebenso wie die Projektionen dieser imaginären Welten auf unsere reale Welt verschieden sind. Ganz spontan erkennen wir zum Beispiel in einer Situation, in einer Person, in einem Ereignis des realen Lebens eine Verkörperung von Modellen wieder, denen wir schon einmal in der Welt der künstlerischen oder literarischen Fiktion bzw. in der historischen Vergangenheit begegnet sind. Dieses Wiedererkennen, dieses Aha-Erlebnis gibt häufig unserer augenblicklichen, verworrenen, ungewissen, vielleicht auch schmerzlichen Erfahrung einen Sinn, indem es sie innerhalb bekannter und wohl definierter vorausgegangener Fälle einreiht: »Willst du vielleicht so enden wie ...?«; »Aber merkst du denn gar nicht, daß du der reinste ... bist?« Durch das literarische oder historische Etikett, das Sichhineindenken in eine bestimmte Person, wird mit einem Schlag allem bis dahin Unzusammenhängenden eine Struktur gegeben, die gefühlsmäßige und kognitive Empfindung des Augenblicks bekommt einen endgültigen Sinn. Eine ganze Welt von Möglichkeiten tut sich plötzlich vor uns auf und verleitet uns zu Betrachtungs- und Verhaltensweisen, zu denen wir uns andernfalls vielleicht nicht hätten durchringen können – zumindest nicht so schnell und so überzeugt.

Diese Welten der literarischen und künstlerischen Phantasie oder der historischen Vergangenheit ermöglichen uns, besser zu durchschauen, was wir wollen bzw. was wir nicht wollen. Lebendig und detailliert führen sie uns vor Augen, mit welchen möglichen, unmöglichen oder unvermeidlichen Konsequenzen wir zu rechnen haben. Auf jeden Fall wird uns die Entscheidung für oder gegen ein bestimmtes Vorgehen erleichtert. Der Verdacht unnötiger Prahlerei mit Wissen kann hier ernsthaft gar nicht aufkommen. Dieser Reflex findet sich nicht nur in den gebildeteren Schichten, selbst bei der breiten Masse ist er an der Tagesordnung. Der einzige Unterschied besteht darin, daß letztere sich andere »Vorbilder« sucht – Heilige, Sagengestalten oder die Protagonisten jeglicher Art von Trivialliteratur machen in diesen Kreisen das Rennen. Jeder mißt sich und seinen nächsten an den kulturellen Modellen, über die er verfügt. Zu der Zeit, als sich das Melodram noch wirklicher und echter Beliebtheit erfreute, als man in den Gassen Näherinnen, Tischler und Waschfrauen Opernarien vor sich hinträllern hörte, waren Sätze wie »Der ist ja noch schlimmer als Scarpia«, »Du wirst noch so enden wie Butterfly« oder »Hüte dich vor diesem Jago« gang und gäbe. Eines der Resultate der intensiven Auseinandersetzung mit Literatur, Kunst und Geschichte sollte auch sein, unser Repertoire an strukturierten menschlichen Erfahrungen, an idealen Modellen, zu erweitern, zu vertiefen und zu nuancieren. Ich verwende den Begriff Modell nicht im Sinne von Beispiel, dem es nachzueifern gilt, sondern weil es sich um organisierte Welten handelt, um gut gezeichnete Landkarten, derer wir uns bedienen können, um unserer oftmals kleinen, widersprüchlichen und geräuschvollen Welt einen definitiveren Sinn zu geben. Insofern kommt der Bildung, die wir uns in der Schule aneignen, eine Funktion zu, die in den archaischen Gesellschaften von den Mythen, dem Aberglauben und den mündlich überlieferten Märchen ausgeübt wurde. Wie uns die Anthropologen lehren (allen voran der große französische Anthropologe Claude Lévi-Strauss), ist der eigentliche Mythos derjenige, der in den archaischen Gesellschaften den vorübergehenden individuellen Ereignissen einen Sinn verleiht, der mittels Anspielungen und Symbolen hilft, den Sinn des sozialen Lebens, die Funktion der Institutionen zu verstehen. Selbstverständlich kann und darf diese Funktion in einer modernen Gesellschaft nicht den Mythen übertragen werden. Vielmehr muß der Mythos durch die *kritische* Übung der eingegrenzten Vorstellung ersetzt werden.

Diejenigen, die darauf beharren, immer den Kopf oben zu behalten, verurteilen sich oft dazu, eine Realität ertragen zu müssen, die sie nicht begreifen. Wer immer mit beiden Beinen auf der Erde steht, läuft bisweilen Gefahr, den Boden unter den Füßen zu verlieren. Die regelmäßige und vertiefte Lernarbeit sollte uns helfen, diesen Boden immer wiederzufinden. Dazu bedarf es allerdings folgender Voraussetzung: Angesichts der philosophischen und wissenschaftlichen Vernunft und kraft eines breiten Repertoires an künstlerischen, literarischen und historischen Modellen, die man sich kritisch und kreativ angeeignet hat, muß der Wissenserwerb in uns immer höhere Verständnisebenen entwickeln und damit das Selbstbewußtsein ausprägen. Dieses Ziel, so scheint mir, verdient auch eine Anstrengung von denjenigen, die sich nicht unbedingt zur Abstraktion und zum Spiel mit den Möglichkeiten »berufen« fühlen.

Wissen wie – oder die Kunst des Abstiegs vor dem Aufstieg

Die Entfaltung eines Talents, die Aneignung einer Fähigkeit erfolgt so gut wie nie entlang einer ansteigenden Kurve. In den letzten Jahren haben die Psychologen herausgefunden, daß die typische und normale Lernkurve die Form eines U aufweist, das heißt, sie steigt, fällt und steigt wieder an. Es verhält sich in etwa so wie mit den Zähnen: Das Kind bekommt zunächst einen, dann zwei, dann immer mehr, die aber alle wieder ausfallen, um neuen, kräftigeren und zahlreicheren Platz zu machen. Was immer wir durch Praxis lernen, sei es Tennis, Skilaufen, Schreibmaschine, Klavier oder Fremdsprachen durchläuft bestimmte Fallphasen, die es uns erst ermöglichen, zu einem höheren Niveau aufzusteigen. Wir alle kennen das Gefühl, nicht »in Form« zu sein, uns allen sind diese unerklärlichen und unvorhersehbaren Abstürze vertraut, die uns hinterrücks in die Tiefe reißen. Heute stellen wir uns tolpatschig an und bringen das nicht fertig, was uns gestern noch leicht von der Hand ging. Da gibt es nichts zu erklären oder zu rechtfertigen, ich meine zumindest nichts Subjektives, nichts Individuelles. Die Erklärung und die Rechtfertigung obliegt den Psychologen und nicht etwa dem einzelnen Schüler oder Studenten, der damit beschäftigt ist, sich Faktenwissen einzupauken. Allein das Wissen, daß solche Abstürze ganz normal sind, bevor der eigentliche Aufstieg beginnen kann, trägt schon dazu bei, daß wir den Schulalltag, den Skikurs oder die Klavierstunde unbeschwerter erleben.

Diesen wellenförmigen Verlauf mit Höhen und Tiefen erklärt die Anfechtung eines anderen Mythos: Danach glaubt man, daß man jede Ausbildung, egal welche, am besten in einem völlig unkoordinierten Zustand beginne. Das Training, die Übung und die Praxis unter Anleitung dienen dazu, die verschiedenen Komponenten in Einklang zu bringen, damit am Ende eine immer größere Anzahl von Muskeln und Befehlen zusammenarbeiten. Sehr oft ist aber genau das Gegenteil der Fall: Anfangs laufen zu viele Dinge zusammen. Um Erfolg zu haben, muß man die Kontrolle (die muskuläre und/oder die mentale) jeweils voneinander unabhängig halten. Dann erst läßt man alles zusammenarbeiten, allerdings anders als zuvor. Die Rückfallphasen, auf die wir keinerlei Einfluß haben, stellen dabei eine jähe Rückkehr alter Mechanismen, anscheinend oder nur zum Teil verlorengegangener Handlungs- oder Denkabläufe dar. Vor dem Aufbruch zu einer weiteren Verbesserung muß unser (physischer wie psychischer) Organismus die vorherigen Verbindungen wiederfinden, damit er sie besser wieder durcheinander bringen kann. Absturz, Wiederaufnahme und erneuter Aufstieg erfolgen immer dann, wenn es ihnen paßt und nicht, wenn wir es wollen. Man muß sich das nur immer wieder vor Augen halten und darf nicht aufgeben. Wir vertrauen am besten der Zeit und unserem Organismus, ohne daß dabei unser Engagement auf der Strecke bleibt.

Es ist allgemein bekannt, daß man eine Sprache, sagen wir Englisch, ein wenig verlernt, wenn man eine weitere Fremdsprache, nehmen wir an Französisch, lernt. Dieses Phänomen ist ganz natürlich und nur vorübergehend. In einigen Fällen kann man den Bruch mit alten Reflexen durch geeignete Techniken erzielen. Ich will das anhand eines typischen Fehlers aufzeigen, den unerfahrene Schwimmer machen, wenn sie Kraulen lernen: Sie verschrauben sich im Wasser. Sie schwimmen mit dem Kopf unter Wasser und atmen bei jedem Schwimmstoß seitlich ein und aus. Dabei verdrehen sie aber den Oberkörper derart, daß eine Schulter entgegen der Kopfbewegung übertrieben tief im Wasser hängt, statt beide Schultern parallel zur Wasseroberfläche zu halten. Die Arme dürfen keinen Wirbel erzeugen, vielmehr muß ein Arm warten, bis der andere seine Bewegung zuende geführt hat. Nur so kann ein Drehen des Oberkörpers vermieden werden. Jeder Schwimmlehrer schaltet diesen unwillkürlichen Reflex aus, indem er etliche Trainingsstunden am Brett absolvieren läßt. Beim Schwimmen schiebt man ein Brett vor sich her, und die Hände werden nach jedem Schwimmstoß auf das Brett gelegt. So ist man gezwungen, mit beiden Schultern auf gleicher Höhe mit dem Brett zu bleiben. Außerdem muß man lernen, beidseitig zu atmen und nicht nur zu einer Seite. All das erfordert ein intensives Training. Den letzten Schliff erhält man durch Schwimmunterricht ohne Brett: Einmal wird nach rechts geatmet, einmal wird nach links geatmet, ein andermal hält man einen Arm fest vor sich und wartet auf den anderen, bis sich beide Hände vor dem Körper treffen. Diese lange und anstrengende Technik ist erforderlich, um mit dem spontanen Wirbelreflex zu brechen, um einen Arm zu zwingen, solange wie nötig auf den anderen zu warten. An einem bestimmten Punkt geht einem dieser Rhythmus in Fleisch und Blut über.

Wann immer wir uns eine Fähigkeit aneignen, müssen wir zuerst eine Bewegung, eine Aufgabe oder sonstige Tätigkeiten in ihre einzelnen Bestandteile zerlegen, um sie dann wieder zusammenzusetzen. Letzteres erfolgt meist auf eine Art und Weise, die uns zunächst unnatürlich, anti-intuitiv und entgegen unseren spontanen Reflexen erscheint. Jede einzelne Komponente muß der Reihe nach vorgenommen und – gemäß den jeweiligen Bedürfnissen – spezifisch und selektiv ausgebaut, eingeschränkt und verändert werden. Dabei müssen wir uns immer vor Augen halten, daß die Assimilation von innen her erfolgt – nicht von außen. Viele dieser Dinge passieren einfach so, ohne unser Wissen und Zutun. Es geht darum, den Pflanzen in einem Garten rechtzeitig den richtigen Dünger zu verpassen. Die verschiedenen Reflexe, die verschiedenen Befehle wachsen in der Tat in uns heran oder um uns herum. Es geht nicht darum, irgendeine Vorrichtung am Zeichenbrett zu entwerfen, um sie dann mit Schrauben und Bolzen zusammenzusetzen. Vielmehr kommt es darauf an, einem inneren, zuweilen launenhaften und unbeständigen Wachstum selektiv zu einem eigenen Rhythmus zu verhelfen. Dabei trifft unsere Willenskraft auf natürliche Widerstände. Man muß lernen, nicht die Geduld zu verlieren. Die Unduldsamkeit uns selbst gegenüber muß bezwungen und durch die aktive und geduldige Kontrolle ersetzt werden. Das trägt wesentlich dazu bei, uns unsere Stärken und Schwächen aufzuzeigen und erstere zu zwingen, letzteren Kraft zu verleihen. Wir müssen lernen, innerhalb eines bestimmten Faches in Frieden mit den uns eigenen Vorzügen und Fehlern zu leben.

Wissen über – oder die Kunst der Navigation

Ein Phänomen, mit dem wir uns etwas näher auseinandersetzen sollten, sind die Grenzen der Kenntnis im Fachgebiet. Zwischen Wissen und Nichtwissen erstreckt sich ein weites Gebiet, das noch nicht einmal die Philosophen und Psychologen bis ins letzte erforscht haben. Innerhalb dieser Grenzen leben wir mit dem Wissen darum, was man nicht weiß, und dem Wissen darum, was es bedeutete, es zu wissen, wenn wir es wüßten. So ist es ein wesentlicher Bestandteil jeder Beurteilung, die Grenzen zu kennen und einschätzen zu können, welcher andere Experte hinzuzuziehen ist. Der Allgemeinmediziner kann beurteilen, an welchen Spezialisten er einen Patienten überweisen muß; der Anwalt, der auf Zivilrecht spezialisiert ist, weiß sehr genau, welchen Kollegen er für besondere Fälle zu Rate zu ziehen hat; dem Maschinenbauingenieur ist sehr wohl bekannt, wann er einen Fachmann einschalten muß, der sich auf dem Gebiet der Stahlverarbeitung oder mit der Dynamik flüssiger Stoffe auskennt. In einigen Fällen müssen sogar verschiedene Personen oder Firmen einbezogen werden, aber meistens benötigt man ein spezifisches Handwerkszeug. Bibliotheken, Lexika, Fortbildungskurse und Datenbanken finden gerade hier ihre Daseinsberechtigung. Manchmal werden einem ungeahnte Horizonte eröffnet, aber in der Regel weiß man schon im voraus, was man sucht und weshalb. Noch bevor man nämlich das gesuchte auch tatsächlich zu Hilfe nimmt, weiß man bereits, was es bedeutete, es zu wissen, wenn man es wüßte. Gemäß dem sokratischen Denkspruch handelt es sich um eine Form von »gebildeter Unwissenheit« oder, nach einer moderneren Formel, um eine rationale Unkenntnis. Beide Begriffe lassen sich wie folgt erklären: »gebildet« – weil wir ja nun nicht bei null anfangen, »Unwissenheit oder Unkenntnis« – weil wir diese Dinge de facto nicht wissen, »rational« – weil unser Nichtwissen bereits in ein System kritischer Bewertungen, in eine organisierte Struktur vieler anderer, zugehöriger Kenntnisse eingegliedert ist. In all diesen Fällen wissen wir nicht nur von der Existenz bestimmter Erkenntnisse (selbst wenn wir diese noch nicht zu den unsrigen gemacht haben), sondern auch von ihrem Stellenwert, ihrer Tragweite und ihrer Zuverlässigkeit. In jedem Fach bildet dieses »Wissen über« eine Kunst für sich. Auch in dieser Kunst gibt es für alle Fachbereiche besonders begabte Individuen, die für eine Gemeinschaft ausgesprochen wertvoll sind. Beinahe jedem einigermaßen bedeutenden Forschungslabor, fast jedem universitären Fachbereich gehören wenigstens ein, zwei Mitarbeiter an, an die sich alle Kollegen mit schöner Regelmäßigkeit immer dann wenden, wenn es darum geht, neue Erkenntnisse aufzutun. Manchmal ist ihr persönlicher Beitrag weder besonders bemerkenswert, noch sonderlich originell, trotzdem aber handelt es sich um wertvolle Kollegen, weil sie »alles« wissen und, wie durch ein Wunder, immer auf dem allerneuesten Stand sind. Im allgemeinen sind sie auch ausgezeichnete Lehrer.

Es ist ein großes Handicap, wenn man nicht recht weiß, wo und wie man sich jeweils die benötigten zusätzlichen Informationen und Kenntnisse beschaffen soll. In jedem Land verlangt jedes Fach eine andere Art der Navigation durch die verschiedenen Quellen. Die Gewässer, in denen wir uns vornehmlich auskennen müssen, sind die Bibliotheken, ihre Kataloge und deren Benutzung, von denen es sehr viele verschiedene Arten mit ganz unterschiedlichen Zugangsmöglichkeiten gibt. Manchmal vergehen einige Stunden intensiver Recherche, bis wir dahinterkommen, daß diese oder jene Bibliothek für unseren Fall doch nicht in Frage kommt. Wenn wir dann schließlich in der richtigen Bibliothek gelandet sind, müssen wir wissen, wie wir mit Hilfe des Kataloges eine breite Vorauswahl an Material treffen können, um zu prüfen, welche Bücher uns nun wirklich von Nutzen sind. Wer sehr spezielle Studien betreibt, ich denke da vor allem an die Historiker, muß auch lernen, sich zwischen Staatsarchiven, Privatkollektionen, verstreuter Korrespondenz sowie gelegentlicher Brief- und Dokumentenquellen gewandt hin und her zu bewegen. Die Spürnase eines Detektivs ist in solchen Fällen durchaus von Vorteil. Bisweilen ist das »Wissen über« eine Art Wissensgebiet für sich, sozusagen ein fulltime job; fast immer ist es zumindest ein Teilbereich innerhalb jeder Einzelwissenschaft.

Schüler und Studenten machen sich in der Regel keine Vorstellung davon, wie wichtig es ist, sich geschickt durch die Welt der Nachschlagewerke zu manövrieren. Die Techniken des »Wissens über« werden niemals ausdrücklich unterrichtet und nebenbei bekommt man im allgemeinen zuwenig mit. In meiner Jugend war es noch nicht einmal üblich, Schüler oder Studenten darin zu unterweisen, wie man in einem Katalog nachschlägt oder welche Zeitschriften und Jahrbücher in einem bestimmten Fach von Belang sind. Selbst eine simple Führung durch die Stadtbibliothek war mir nicht vergönnt. Das alles mag sich ja inzwischen geändert haben, ich habe aber meine Zweifel, ob in dieser Richtung wirklich genug getan wird.

Es ist jedenfalls immer sehr nützlich, auch andere Lehrbücher zu einem bestimmten Thema heranzuziehen, vor allem dann, wenn uns etwas ganz und gar nicht einleuchten will. Man hat doch immer einen Cousin oder eine Freundin, die eine andere Schule besuchen, an der mit anderen Lehrbüchern gearbeitet wird. Das dürfte der leichteste und billigste Weg sein, um an zusätzliches Material heranzukommen. Die Gegenüberstellung verschiedener Schulbücher ist immer lohnend, denn jeder Autor hat eine eigene, besondere Art der Darlegung, durch eine eigene, besondere Auswahl an Schemata, Beispielen und Anmerkungen hebt er sich von anderen ab. Wenn wir uns den Inhalt von zwei verschiedenen Schulbüchern vornehmen (besser noch ein paar mehr), begreifen wir besser, worum es eigentlich geht. Es ist wie bei dem Bild einer Landschaft, die von zwei verschiedenen Anhöhen aus betrachtet wird.

In einem bestimmten Fach kann es sehr nützlich sein, ein Lehrbuch einer Schule zu Rate zu ziehen, die diesem Fach einen besonderen Stellenwert einräumt. Es wird für einen Schüler eines naturwissenschaftlichen Gymnasiums sicher von Vorteil sein, wenn er eine Literaturgeschichte für altsprachliche Gymnasien benutzt, um etwas mehr über die Dichtung einer bestimmten Zeitströmung zu erfahren. Genauso kann es einer Schülerin des altsprachlichen Gymnasiums helfen, wenn sie einen Blick in das Lehrbuch für naturwissenschaftliche Gymnasien wirft, um einfach mal zu sehen, wie das Ohmsche Gesetz dort erläutert wird.

Das Nachschlagen beginnt beim eigenen Schulbuch und sollte sich dann fortsetzen, um auch dem grundlegenden Anspruch nachzukommen, stets die neuesten Forschungsergebnisse zu berücksichtigen. Vor allem in den Naturwissenschaften, aber auch in Geschichte, Philosophie, Literatur und Kunst gibt es immer wieder neue Erkenntnisse. Alle fünf oder sechs Jahre werden auch in einem geisteswissenschaftlichen Fach Arbeiten veröffentlicht, die die bis dahin gültigen Merkmale eines ganzen Teilbereiches verändern. Eine neue Auslegung des Faschismus, eine aufsehenerregende Biographie über Thomas Mann, eine Neubewertung des Barock, eine Enthüllung über Freud oder Einstein machen von sich reden, lassen gewisse Polemiken wieder aufleben und sorgen erneut für Interesse. Auf einmal füllt der »Fall« alle Zeitungen, und selbst in den besseren Kreisen kommt es zu hitzigen Diskussionen über einen Autor, eine These oder eine Tendenz. Ich finde es sehr bedauerlich, daß nur sehr wenig dieser kulturellen Neuheiten in die Klassenzimmer dringt. Es würde den Schülern doch wenigstens zeigen, daß sie keinen »Schnee von gestern« büffeln.

In Zeitungen und Zeitschriften wird ständig über neue wissenschaftliche Entdeckungen berichtet. Zwischen diesen Entdeckungen und den Naturwissenschaften, die an der Schule unterrichtet werden, besteht eine tiefe Kluft, so daß den

Jugendlichen häufig gar nicht bewußt ist, wie sie eine Brücke schlagen können. Wenn sie diese Brücken erkennen könnten, wären die Schüler auch zum Lernen scheinbar überholter und abgestandener, in Wirklichkeit aber noch sehr lebendiger und dynamischer Themen motiviert. Wir müssen lernen, uns solche Brücken zu bauen.

Wollen Schüler oder Studenten immer auf dem laufenden sein, müssen sie über das Lehrbuch hinausgehen. Aber wie und wo? Zum Beispiel in Bibliotheken – die Schulbücherei und die öffentliche Bibliothek gleich um die Ecke. Mit einer gehörigen Portion Entschlossenheit wird man am Ende finden, wonach man sucht. In vielen Bibliotheken ist es üblich, die Neuerscheinungen gesondert zu präsentieren, und auch die letzten Nummern bestimmter Zeitschriften werden normalerweise separat aufbewahrt. Dann gibt es Museen und Ausstellungen mit ihren Katalogen und Informationsständen. Ganz zu schweigen von den Katalogen und Prospekten der Verlage, die ihr Material im allgemeinen kostenlos abgeben. Außerdem kann man auf Lexika zurückgreifen, die regelmäßig mit überarbeiteten Ergänzungen erscheinen. Wir können uns auch getrost an Zeitungsredaktionen wenden oder gewissenhafte, fachkompetente Buchhändler um Rat fragen. Last not least gibt es die Fachleute, an die man auf privatem Wege leichter herankommt: Ich denke da an die Tante eines Freundes, die zu Hause eine eigene kleine Bibliothek besitzt und sehr belesen ist, an die Cousine, die gerade ihr Abschlußexamen an der Universität abgelegt hat, oder an den Ingenieur von nebenan. Ich kann mir einfach nicht vorstellen, daß diese Personen einen jungen Menschen, der sich vertrauensvoll mit einer Frage an sie wendet, einfach ins Leere laufen lassen. Das vielzitierte Sprichwort: »Wo ein Wille ist, da ist auch ein Weg« mag zwar übertrieben sein, ist aber nicht völlig von der Hand zu weisen. In jeder x-beliebigen Stadt kann man Hinweise über den aktuellen Stand einer bestimmten Wissenschaft einholen.

Zugegeben, zu dieser Art von Initiative ermuntern wir die jungen Menschen nicht immer, allerdings versuchen wir auch nicht, sie ihnen auszureden, wenn sie einmal zutage tritt. Die Kunst des »Wissens über« muß uns das ganze Leben lang beistehen. Je eher man sie beherrscht, desto besser ist es. Doch wie bei jeder Entdeckungsfahrt muß man zunächst einmal aus dem Hafen auslaufen und die ersten ungenauen Anhaltspunkte anvisieren; dann gilt es, neue zu finden, die weiter hinaus aufs offene Meer führen. Danach bleibt uns nichts anderes übrig, als neue Instrumente zu konstruieren und neue Landkarten zu zeichnen, um schließlich die Landkarte der Landkarten in Händen zu halten. Wenn man sich statt dessen nicht von der Stelle rührt und im stillen Kämmerlein, im Klassenzimmer oder über seinem Schulbuch gebeugt verharrt, dann entdeckt man überhaupt nichts. Nicht nur, daß es einem nicht gelingt, sich Wissen anzueignen, nein, man kommt weder dahinter, was man nicht weiß, noch was es bedeuten würde, es zu wissen, wenn man es wüßte. Das ist dann pwe, einfache Unwissenheit – weder gebildet, noch rational.

Wissen für – oder die Kunst der Maßhaltung

Ein Schnitt an der falschen Stelle kann durchaus dazu führen, daß eine Prüfung, eine Konferenz, ein Artikel oder ein Buch nicht den gewünschten Erfolg erzielen. Nicht immer gelingt es, einen Inhalt in eine bestimmte Form zu pressen. Auch das ist eine schwierige Kunst, die je nach Kontext, Fach und Zeitvorgabe veränderlichen Regeln unterliegt. Ich habe Vortragende erlebt (dabei nehme ich mich natürlich nicht aus), die das reinste Fiasko anrichteten, weil sie in einer Stunde das darlegen wollten, was eigentlich die dreifache Zeit erfordert hätte, oder weil sie sich endlos lang über etwas ausließen, das man mit wenigen Sätzen hätte sagen können. Oft erleidet man Schiffbruch, weil das Niveau zu hoch oder zu niedrig ist, oder weil der Blickwinkel für eine bestimmte Zuhörerschaft oder für eine bestimmte Gelegenheit falsch gewählt ist. Bisweilen kann es auch vorkommen, daß man Dinge als sicher voraussetzt, die es in Wirklichkeit gar nicht sind, oder daß man etwas verspricht, was man dann nicht hält. Solche Fehler unterlaufen selbst den größten Koryphäen der Wissenschaft. Ein amerikanischer Logiker und Philosoph ist bekanntermaßen unfähig, einen Vortrag zu halten, der weniger als drei Stunden dauert. Noch schlimmer ist, daß er es während der ersten Stunde nicht fertig bringt, etwas wirklich Interessantes darzubieten. Einmal wurde er von einem Kollegen von einer anderen Universität eingeladen, einen Vortrag zu halten. Da dieser Kollege ihn (und seine Schwäche) gut kannte, beschloß er, den folgenden Trick anzuwenden: Nur dem Vortragenden und wenigen Eingeweihten wurde gesagt, daß die Veranstaltung um vierzehn Uhr beginne und auf drei Stunden angesetzt sei. Allen anderen hingegen teilte man mit, daß es erst um fünfzehn Uhr losginge. Auf diese Weise blieb der Mehrheit der Zuhörer die erste unergiebige Stunde »erspart«. Der Trick soll angeblich wunderbar funktioniert haben.

Es gibt Wissenschaftler, die Jahr für Jahr bei jeder Gelegenheit immer den gleichen Vortrag halten, mit den gleichen Witzchen und den gleichen Zwischenbemerkungen. Dann gibt es noch die sogenannten »Gespenster« der Branche. Das sind diejenigen, die niemals eine Einladung zu einem Symposion ausschlagen, es sich aber im letzten Moment doch noch anders überlegen. Eine Variante dieser üblen Angewohnheit trifft häufig die Schlußberichte von Veranstaltungen. Einige Wissenschaftler versprechen ihren Beitrag zur Veröffentlichung, aber sobald der Abgabetermin näherrückt, sind sie plötzlich wie vom Erdboden verschwunden, zögern oder machen einen Rückzieher. Es kommt dann schließlich soweit, daß der Bericht ohne ihren Aufsatz veröffentlicht wird. Abgesehen von solch pathologischen Fällen findet sich bei vielen Wissenschaftlern und Lehrern eine Spur dieser üblen Angewohnheiten wieder. Selbst die größten Köpfe machen da keine Ausnahme. Im Grunde genommen gibt es kaum einen Wissenschaftler, der bei jeder Gelegenheit immer das rechte Maß einzuhalten weiß. Dabei zählt der richtige Schnitt an der richtigen Stelle beinahe genauso viel wie der Inhalt.

Ich wollte zeigen, daß sich viele Probleme von Schülern auf jedem Niveau bis ganz hinauf in die oberste Spitze fortsetzen. Der Student, der sich auf das Examen vorbereitet oder die Schülerin, die vor einer mündlichen Prüfung steht, muß sich darüber im klaren sein, wie wichtig und wie schwierig es ist, der Vorbereitung bzw. den Antworten den richtigen Schliff zu verpassen. Während eines Examens oder einer mündlichen Prüfung merkt man oftmals, daß das Wissen im Grunde vorhanden ist, man tut sich nur übermäßig schwer, es nach außen zu bringen. Zwei entgegengesetzte Extreme treten am häufigsten auf: die Weitschweifigkeit, das Breittreten nicht verlangter Details einerseits sowie die zu weit gehende allgemeine Betrachtung, eine Art verschwommener Einleitung andererseits. Geradezu sprichwörtlich sind die Aufforderungen, die Lehrer ständig wiederholen: »Fassen Sie sich kurz!« bzw. »Bitte, kommen Sie nun endlich auf den Punkt!« Genau um diese beiden Dinge geht es mir hier.

Die effektive Zeit, die einem bei einer mündlichen Prüfung oder in einem Examen zur Verfügung steht, ist knapp bemessen. Die Antwort auf eine Frage darf nicht mehr als einen angemessenen Bruchteil dieser Zeit beanspruchen. Insbesondere in der Phase der Schlußwiederholung sollten wir einmal mit Hilfe einer Stoppuhr überprüfen, wieviel Zeit wir zur Beantwortung einer klassischen Prüfungsfrage benötigen. Es ist nur zu unserem Vorteil, wenn wir uns rechtzeitig darin üben, all unsere Antworten auf einen gemeinsamen Mittelpunkt hinlaufen zu lassen. Das könnte etwa folgendermaßen aussehen: ein kurzer, allgemeiner Überblick in Form einer Einleitung, dann eine Aufzählung der wichtigsten Passagen, um sich schließlich soweit wie unbedingt erforderlich jede einzelne dieser Textstellen vorzunehmen. Fünf Minuten lang an einem Stück zu reden, ist schon recht viel. Die Wahrscheinlichkeit ist groß, daß der Lehrer nach einigen Minuten passiven Zuhörens eine andere Frage nachschiebt, vielleicht eine konkretere. Von diesem Moment an geht alles leichter, allerdings darf man niemals den maximalen Zeitrahmen aus den Augen verlieren, der jedem Kandidaten in diesem bestimmten Examen oder bei jener bestimmten mündlichen Prüfung zugebilligt wird. Dauert das Examen eine Ewigkeit, will die mündliche Prüfung kein Ende nehmen, dann können wir mit Sicherheit davon ausgehen, daß irgend etwas schiefläuft.

Zusammen mit einem Kommilitonen, einer Mitschülerin, von mir aus auch einem Kassettenrekorder sollten wir unbedingt all diesen unnötigen Ballast, der uns beim Reden so leicht über die Lippen kommt, ausfindig machen und uns seiner erbarmungslos entledigen. In den seltensten Fällen wird uns von alleine bewußt, wie oft wir tatsächlich »hm«, »also«, »nicht wahr?«, »Sehen sie«, »das heißt« oder schlimmer noch: »Ich meine, also, ich wollte sagen...« einflechten. Diese überflüssigen Einschübe zeigen nur, wie unschlüssig wir in Wirklichkeit sind. Unabsichtlich stellen sie unsere Behauptungen in Frage und lassen berechtigten Zweifel aufkommen, ob wir von dem, was wir sagen, tatsächlich überzeugt sind. Die Prüfer finden sich meist mit diesen Mißklängen ab, allerdings sind sie einem Prüfling, der selbige nicht von sich gibt, gleich viel freundlicher gesinnt. In die normale Unterhaltung lassen wir diese Verlegenheitswörter nicht einfließen. Ansager, Schauspieler, Redner, kurzum Menschen, die beruflich mit Sprache zu tun haben, vermeiden sie immer um jeden Preis. Auch wir sollten lernen, ohne solches Gestotter auszukommen, das nichts anderes ist als ein Symptom unserer Prüfungsangst. Wenn wir uns nur ein wenig Mühe geben, werden wir es auf Dauer schaffen, sie aus unserem Vokabular zu verbannen.

In der Schriftsprache findet man übrigens Vergleichbares, auch wenn die »Geräusche« dort zugegebenermaßen besser klingen. Spätestens bei der Übertragung vom Entwurf in die Reinschrift werden diese Abschweifungen nämlich alle systematisch gestrichen. Wenn der Text danach zu kurz erscheint, ist das nur ein gutes Zeichen. Immerhin haben wir gerade noch rechtzeitig gemerkt, daß wir im Begriff waren, eine Arbeit voller leerer Phrasen abzuliefern. Vielleicht bleibt uns ja noch Zeit, dem ganzen einen richtigen Inhalt zu geben.

Das Problem des Abschreibens

An dem »Wissen für« hängen auch die Hilfsmittel, die wir gewöhnlich heranziehen: Wörterbücher, Kompendien, Zusammenfassungen, Formelsammlungen, Tabellen, Taschenrechner etc. Einige sind in der Prüfung oder bei Klassenarbeiten erlaubt oder werden zumindest geduldet, während andere strikt untersagt sind. So gibt es Nachschlagewerke, die man für alle sichtbar vor sich auf den Tisch legt, um offen und in aller Seelenruhe darin herumzublättern; andere hingegen bleiben verborgen – nur ab und zu verraten verstohlene Blicke unter die Bank ihren Aufenthaltsort. An dieser Stelle soll allen Schülern und Studenten in aller Offenheit gesagt werden, daß auf allen Ebenen abgeguckt bzw. geistiger Diebstahl begangen wird. Bekannte Wissenschaftler wurden beschuldigt, von anderen Kollegen abgeschrieben zu haben, ohne deren Anteil zu kennzeichnen. Wer seine Arbeiten zur Veröffentlichung an wichtige und seriöse Fachzeitschriften schickt, wo die Artikel zunächst der anonymen Prüfung einiger Experten unterzogen werden, wird häufiger erleben müssen, daß es in dem einen oder anderen Beitrag von Korrekturen und Vermerken nur so wimmelt. Diese betreffen in den meisten Fällen kleinere und größere Unkorrektheiten, die mit dem Problem eines vielleicht unbeabsichtigten Plagiats zusammenhängen. Diese freundlichen Rüffel geben uns indirekt zu verstehen: Bei diesem Thema kommst du einfach nicht umhin, dieses Werk und jenen Autor zu zitieren; diese Überlegungen wurden bereits von anderen angestellt, die in deiner Arbeit jedoch keine Erwähnung finden; du kannst den Beitrag dieser anderen Autoren nicht so mir nichts dir nichts unter den Tisch fallen lassen; der Gedanke, den du dem einen zuschreibst, wurde jedoch erstmals von einem anderen geäußert. Solche Dinge passieren tagtäglich. Unter Umständen kann es zu schweren Anschuldigungen des Diebstahls geistigen Eigentums kommen. Sie sorgen für allerlei Aufsehen, möglicherweise begleitet von endlosen Prozessen. Ganze Karrieren sind auf diese Weise ruiniert worden. Diese kurzen Fingerzeige mögen genügen, um der Studentin oder dem Schüler klarzumachen, daß auch die Lehrer gelegentlich abschreiben.

Die Kriterien, die eine rechtmäßige und ergiebige Verwendung der Arbeit anderer von einem infamen Plagiat trennen, unterscheiden sich nur ganz leicht von Epoche zu Epoche, von Sachgebiet zu Sachgebiet. Die Literaturwissenschaftler lehren uns, daß es in der Vergangenheit häufig vorkam und als normal angesehen wurde, bereits von anderen Autoren behandelte Themen wieder aufzugreifen und neu zu bearbeiten (im Fachjargon spricht man von *Kontamination*). Heute denkt man anders darüber. Mittlerweile hat sich die Auffassung durchgesetzt, daß es so etwas wie intellektuelles Eigentum gibt. Demzufolge ist es nicht statthaft, sich des geistigen Werkes anderer zu bemächtigen, ohne zuvor den Autor um Erlaubnis zu bitten und die moralischen (und materiellen) Vergünstigungen mit ihm (oder seinen Erben) zu teilen. Nicht immer ist das, was im engen Sinne legal ist, auch moralisch zulässig. In der Filmbranche geht man sogar soweit, alle Kopien alter Filme aufzukaufen, nur um sie anschließend zu vernichten. Auf diese Weise kann man den einen oder anderen Film noch einmal drehen (in diesem Zusammenhang spricht man von remake), und zwar so, wie es einem gefällt, mit anderen Schauspielern, in einem ganz anderen Stil, mit einem ganz anderen Schnitt. So vernichtet man zum

Beispiel die Originalkopien in schwarzweiß, um Kopien zu vermarkten, die mittels elektronischer Verfahren willkürlich mit Farbe unterlegt werden. Diese Methode ist unter moralischem und künstlerischem Gesichtspunkt abscheulich, in gewissen Ländern aber völlig gesetzmäßig. Kurzum, die Praxis des Abkupferns erschöpft sich nicht innerhalb der Schulmauern, bei Klassenarbeiten und Prüfungen.

Ich möchte das Problem des Spickens und Nachahmens in einen breiteren Kontext einordnen. Ein erstes grundsätzliches Kriterium ist meines Erachtens das Einverständnis desjenigen, dessen Werk kopiert wird. Wenn ich es ausdrücklich billige, daß andere von mir abgucken, dann würde es doch nur legitim erscheinen, daß davon Gebrauch gemacht wird. Im Grunde bin doch nur ich der rechtmäßige Besitzer meiner intellektuellen Ergüsse. Das mag zwar richtig sein, allerdings ist deren Verwendung, selbst mit meiner Einwilligung, dann nicht legitim, wenn anderen durch diese Transaktion zwischen dem Nachahmer und dem Nachgeahmten Schaden zugefügt wird. Nehmen wir einmal an, ich würde einen Experten bitten, mir während einer wichtigen Prüfung (aus Freundschaft oder gegen großzügiges Entgelt) heimlich über Kopfhörer oder Funk die Ergebnisse zuzuflüstern. Das wäre doch den anderen Kandidaten gegenüber, die schwer gebüffelt haben, über keine ausgeklügelten und betrügerischen elektronischen Systeme verfügen und keinen externen Souffleur zur Seite haben, in höchstem Maße unfair. Eine Vereinbarung zwischen zwei Individuen ist dann nicht legitim, wenn sie die Rechte der anderen Mitglieder der Gemeinschaft verletzt – vor allem, wenn das ohne deren Wissen geschieht. Und was ist, wenn auch die Klassenkameraden nichts dagegen haben, daß ich von ihnen abschreibe? Genau das ist ja normalerweise der Fall. Bestimmt aber wäre weder der Klassenlehrer noch irgendein anderer Lehrer, vom Direktor einmal ganz zu schweigen, damit einverstanden. Es gibt auch so etwas wie ein Gebot zur Fairneß gegenüber dem Lehrer und der Institution als ganzem. Zwar sind die Mitschüler die unmittelbar Betroffenen, trotzdem existiert darüber hinaus eine breitere und umfassendere Gemeinschaft, für die wir verantwortlich sind – selbst wenn diese in jenem Moment weniger sichtbar ist. Viele ernste und wichtige Dinge, die auf jeden Fall weitaus bedeutender sind als wir, unser Lehrer, der Direktor und die Schule, stehen mit unserem schulischen Erfolg in engem Zusammenhang: Stipendien, Arbeitsstellen oder Lizenzen zur Ausübung eines Gewerbes. Die Einwilligung einer Klasse von zwanzig Schülern reicht nicht aus, Unredlichkeit gegenüber einer Institution walten zu lassen, die weitaus größer ist als die Schule in ihrer Gesamtheit. So habe ich auch nicht das Recht, einem skrupellosen und habgierigen Bauunternehmer ein historisches Gebäude zu verkaufen, um es abreißen zu lassen – nicht einmal dann, wenn ich das Geld, das ich dabei herausschlage, unter allen Mietern verteile und sogar den Bewohnern des gesamten Wohnviertels noch etwas abgebe. Es gibt eine übergreifende Allgemeinheit, der gegenüber wir Verantwortung tragen, und diese besitzt Rechte, die denjenigen der regionalen oder sozialen Mikro-Gemeinschaft übergeordnet sind. Der Schutz historischer Güter tangiert zum Beispiel auch die Rechte zukünftiger Generationen. Gleiches läßt sich von der Ernsthaftigkeit des Lernens sagen. Für die kleinen und großen Betrügereien im Schulalltag müssen auf die Dauer alle büßen, selbst zukünftige Generationen.

Das Abgucken beim Nachbarn oder das heimliche Nachschlagen in Tabellen und Vokabelheften ist unter diesem umfassenderen Aspekt zu betrachten. Jeder von uns wird dann das berücksichtigen, was er für angebracht hält. Wenn es darum geht, sich zwischen einem sicheren, unmittelbaren und direkten Vorteil hier und jetzt und einem unsicheren, nicht genau greifbaren und sehr indirekten Schaden, der einer sehr abstrakten und entfernt liegenden Entität unter Umständen zugefügt wird, zu entscheiden, zögern die meisten nicht lange: Wenn es klappt, dann greife ich zu den unlauteren Methoden und damit Schluß!

Viele werden einwenden, daß unsere Gesellschaft weiß Gott anderen Unredlichkeiten und anderen Übergriffen ohnmächtig zusieht (und diese nicht selten offen unterstützt). Wir brauchen doch nur das Fernsehen anzuschalten: Korruption, politische Cliquen, Vetternwirtschaft und Waffenschieberei gehören mittlerweile zum Alltag. Erscheint es in Anbetracht dessen nicht kleinlich, sich ausgerechnet über den Schüler aufzuregen, der bei seinem Klassenkameraden abschreibt, oder der Prüfungskandidatin den Kopf zu waschen, die im Ärmel ihrer Jacke einen Spickzettel mit trigonometrischen Formeln verbirgt? Dieser Ansicht bin ich durchaus nicht. Unzählige Zeugnisse älteren wie jüngeren Datums beweisen, daß die guten Regeln elementarer Fairneß und Aufrichtigkeit sogar während der Kriege fortbestehen. Sir Isaiah Berlin, ein berühmter englischer Philosoph, hat zu Recht darauf hingewiesen, daß es zwei symmetrische Auffassungen von Moral gibt: eine ansteigende und eine absteigende. So wird bei der absteigenden Auffassung rational und unwiderlegbar das Prinzip gerechtfertigt, daß man nicht töten darf, und daraus wird im besonderen abgeleitet, daß ein Ellbogenstoß in die Magengegend bereits zur Verurteilung führen muß, da es sich dabei um einen kleinen Mord handelt. Im Gegensatz dazu wird bei der ansteigenden Auffassung, die in Berlins Augen rational begründeter ist und der Realität der Erziehung näher kommt, einem Kind tagtäglich in der Praxis eingeschärft, daß es seinem Nächsten niemals in irgendeiner Form Schmerz oder Unrecht zufügen darf. In diesem Fall erübrigt es sich, das Thema überhaupt anzuschneiden, denn ein Mord würde eine derart ungeheuerliche Verletzung des alltäglichen Grundsatzes an Korrektheit darstellen, daß er ganz eindeutig und unweigerlich zur Verurteilung führen muß. Diese ansteigende Auffassung verfolgt ein ganz bestimmtes Ziel: Indem man dem jungen Menschen die Bedeutung der Regeln für ein korrektes und einwandfreies Verhalten einimpft, und dabei auch den Schulalltag nicht außen vorläßt, muß ihm die Welt der großen Gewalttaten und der Ungerechtigkeiten eindeutig und definitiv *abscheulich* (so soll es auch sein) und völlig *fremdartig* (so soll es auch sein) erscheinen. Auf diese Weise bewahrt man die Jugendlichen vor jeglichem Kontakt mit der großen organisierten Welt der Unaufrichtigkeit. Ihnen die kleinen Sünden in der Schule zu verzeihen, weil es »im Leben weitaus Schlimmeres gibt«, hieße jedoch, sie sofort und direkt mit der großen Verlogenheit in Kontakt zu bringen, und das wäre doch wirklich schade für sie. Sie auf derart zynische Weise auf das wirkliche Leben vorzubereiten, bedeutet nämlich nicht, sie gegen Übergriffe und Betrügereien zu immunisieren, es bedeutet nur, sie mit einem Maß zu messen, das sie noch nicht berühren dürfte. Geben wir es ruhig ganz offen zu, es wird bestimmt weiterhin abgeschrieben werden und auch die Spickzettel werden nicht aus den Jackentaschen verschwinden, aber es ist gut, daß ihnen wenigstens deutlich bewußt ist, der Institution und vor allem sich selbst gegenüber unfair zu handeln. Das ist die kleine Pathologie des »Wissens für«, nicht die normale Übung der schwierigen Kunst, dem eigenen Wissen für das Examen oder der mündlichen Prüfung den richtigen Schliff zu geben.

Wissen von – oder die Kunst der Offenheit

Eine Freundin von mir, Dozentin für italienische Literatur an einer Universität der Vereinigten Staaten, beklagt sich immer wieder darüber, wie schwierig es geworden sei, den amerikanischen Studenten von heute die Anschauung eines Boccaccio oder eines Petrarca nahezubringen. Mit den Scheuklappen ihrer gegenwärtigen Ideologie wähnen sie auf Schritt und Tritt Chauvinismus, Rassismus, elitäres Gedankengut und Obskurantismus. Allein bei der Vorstellung von der »engelhaften Frau« können sie sich vor Lachen kaum halten; Novellen wie die über Alibech oder über die Bekehrung des Juden lösen in ihnen Empörung aus. Sie widersetzen sich schon bei dem Gedanken, daß wohlhabende junge Damen und Herren sich auf ein Landgut zurückziehen, um sich gegenseitig Novellen zu erzählen, während unten in der Stadt die Pest wütet (die Beispiele beziehen sich auf *Decamerone* von Boccaccio; A.d.Ü.). *Couldn't they help a bit?* Sie fragen sich, warum diese jungen Menschen nicht »etwas Nützliches« taten, anstatt unanständige Geschichten über die triebhafte Liebe zum Besten zu geben. Ich gestehe, daß mich diese Haltung verblüfft und gleichzeitig traurig stimmt. Man könnte fast den Eindruck gewinnen, daß die Vorurteile der Ideologien dazu ausersehen sind, auf ewig bestehen zu bleiben. Selbstverständlich verlangt man weder von den Studenten, die Werte jener anderen Welt zu ihren eigenen zu machen, noch jene Auffassung von der Gesellschaft und den Beziehungen zwischen Männern und Frauen zu akzeptieren. Es wird lediglich von ihnen erwartet, daß sie sich mit dieser Welt, dieser Auffassung, diesen Werten näher auseinandersetzen, damit sie sie wenigstens verstehen, ohne sie gleich irgendwie teilen zu müssen. Sie sollen ihre aktuellen ideologischen Weltanschauungen vorübergehend außen vor lassen und einer fremden Botschaft Gehör schenken, die aus einem anderen Zeitalter und aus einem anderen Land an ihr Ohr dringt. Welchen Sinn hat es, eine Universität zu besuchen und ein Seminar über die Geschichte der italienischen Literatur zu belegen, wenn man dieser Art des Zuhörens nicht offen gegenübersteht? In den Vereinigten Staaten erscheint heutzutage diese grundlegende Übung des Sicheinhören einigen jungen Studenten nicht nur unmöglich, sondern sogar unannehmbar, ja geradezu gefährlich.

Leider gibt es keine Kultur, die gegen die ideologische Taubheit, die beim Zuhören auftritt, immun ist. Ich erinnere mich noch, wie schwierig es in meiner Schulzeit war, sich wirklich eingehend mit Gabriele d'Annunzio, einem der größten italienischen Lyriker, zu befassen. Die katholische Kirche wollte wegen seiner sexuellen Freizügigkeiten und seines Zynismus nichts mit ihm zu tun haben, und den Marxisten war er wegen seiner Nähe zum Faschismus, seinem Heldentum und seiner Geldverschwendung ein Dorn im Auge. Erst kurz vor dem Abitur lernte ich dank eines fürwahr begnadeten Lehrers den Dichter d'Annunzio wirklich schätzen – und das trotz seiner umstrittenen Persönlichkeit.

Später hatte ich Probleme mit der Lektüre der Schriften von Pier Paolo Pasolini. Schuld daran war seine sozialistische Ideologie und seine zur Schau gestellte Homosexualität. Diese ideologischen Schleier verzerren fast hoffnunglos – wenn auch in verschiedenen Epochen und in verschiedenen Ländern auf unterschiedliche Art und Weise – einen großen Teil der Literatur, der Kunst, der Philosophie und selbst der Musik. Viele versäumten nicht, wiederholt und mit verächtlichem Gesichtsausdruck darauf hinzuweisen, daß Wilhelm Furtwängler, der vielleicht größte Wagner-Dirigent aller Zeiten, »durch und durch Nationalsozialist« war. Damit wollen sie uns zu verstehen geben, daß man seine Musik deswegen besser nicht hören sollte! Zuviele Menschen scheinen die Ansicht zu vertreten, daß nur die von den falschen Ideologien diktierte Zensur Tatsachen verschleiert. In ihrer eigenen Zensur, die sie im übrigen niemals als solche bezeichnen würden, sehen sie vielmehr einen unerläßlichen Boykott, den ihnen ihr Gewissen vorschreibt. Auf diesen Trugschluß sollten wir etwas näher eingehen.

Die ideologischen Scheuklappen sind nicht nur dann verwerflich, wenn sie auf einer Ideologie basieren, die wir für falsch halten – sie sind immer und in jedem Fall zu mißbilligen. Wir dürften uns im Grunde niemals dazu verleiten lassen, die Scheuklappen einer Ideologie, die in unseren Augen die richtige ist, als starke Scheinwerfer zu betrachten, die uns die Welt besser ausleuchten. Das Beispiel der amerikanischen Studenten, die den Chauvinismus und das elitäre Denken Boccaccios und Petrarcas »an den Pranger stellen«, zeigt uns das sehr genau. In absolut gutem Glauben halten sie es für ihre Pflicht, all das zu ignorieren, zu streichen, zu boykottieren und im Dunkeln zu lassen, was es »objektiv« betrachtet nicht anders verdient. Ihr regelmäßig vorgebrachtes Alibi lautet, daß es sich sowieso nur um »Märchen« handelt, die es nicht wert sind, ernsthaft in Betracht gezogen zu werden. Bisweilen fahren sie auch schwereres Geschütz auf und sprechen von Material, das unserer geistigen Gesundheit oder dem sozialen Frieden objektiv gefährlich werden kann. Das Gegenmittel für diesen fürchterlichen Irrtum bietet uns die jüngere und allerjüngste Geschichte. Bis auf wenige Ausnahmefälle wie Tyrannen und Zensoren, die von ausdrücklicher Unredlichkeit beseelt waren, waren alle Ideologen stets der Meinung, in gutem Glauben zu handeln und die eigenen Untertanen vor *objektivem* Unheil zu bewahren. So wollten die Theologen der Inquisition die Gemeinde der Gläubigen vor der Häresie schützen und sie auf diese Weise vor der ewigen Verdammnis retten. Die verschiedenen Formen des Faschismus wollten das Volk vor den materialistischen Lügen schützen, vor den Illusionen, die Verwirrung stiften und sozialen Haß schüren. Die Stalinisten wollten die Arbeiterklasse gegen die konterrevolutionären Unwahrheiten abschirmen, gegen all das, was den Marsch in Richtung Fortschritt »objektiv« verlangsamt hätte. Leider wiederholt sich die Geschichte hier, und die Kette der Lügen scheint nicht abzureißen. Als die islamischen Extremisten vor einigen Jahren zum bedingungslosen Boykott des Buches *Die satanischen Verse* aufriefen und den Verfasser Salman Rushdie in Abwesenheit zum Tode verurteilten (aus Furcht vor einer »Vollstreckung« des »Urteils« seitens einiger Fanatiker hält Rushdie sich immer noch an einem geheimgehaltenen Ort auf), machten sie geltend, daß seine Interpretation der Person Mohammeds »historisch falsch« wäre und daß sein Buch *objektiv* Millionen von Gläubigen beleidigte.

Ein kleines, fast belangloses, aber sehr einleuchtendes Beispiel solch einer »verdienstvollen« Zensur erlebe ich gegenwärtig in den Vereinigten Staaten. Dort hat sich in den letzten Jahren nach und nach die ungeschriebene Regel durchgesetzt, auf Fotos oder Bildschirmen nur dann Personen mit einer Zigarette zu zeigen, wenn man deren verachtenswerten Charakter herauszustellen beabsichtigt. Ein rechtschaffener Mensch wird niemals mit Glimmstengel im Mund abgebildet. An den großen Universitäten betrachtet man peinlich berührt die Porträts der Gründer oder der bedeutenden Wissenschaftler, die überlegen mit einer Zigarre zwischen den Fingern oder der Pfeife im Mundwinkel auf einen herabblicken. Es geht das Gerücht, daß eines dieser Ölgemälde – natürlich auch aus anderen Gründen – sogar auf dem Dachboden gelandet sei. Unbestritten handeln die Sittenrichter in gutem Glauben, es geht ihnen ja nur darum, die jungen Menschen vor einer objektiven Gefahr zu schützen: dem Schaden, den das Rauchen verursacht. Von wegen Zensur! Von wegen Scheuklappen! Rauchen ist wirklich schädlich. Alles, was die Jugendlichen davon abhalten kann, ist eine »verdienstvolle« Tat. Ihnen scheint das Problem nämlich nicht einmal bewußt zu sein. Man sollte sich an dieser Stelle fragen, wie sich diese Form der Zensur vermeiden läßt, die als solche gar nicht genau erkennbar wird.

Zunächst sollte man immer von dem Grundsatz ausgehen, daß jeder ideologische Sittenrichter in gutem Glauben handelt – zumindest solange, wie das Gegenteil nicht bewiesen ist. Das zwingt uns letztendlich auch, uns im Zuhören zu üben. Selbst wenn seine Argumente in unseren Augen nichts als Vorwände sind, auch wenn seine Rechtfertigungen für uns keine sind und wenn die so sehr herbeigeredete »Gefahr« für uns nicht existiert (oder uns vielmehr als Wohltat erscheint) – wir müssen eines bedenken: In seinen Augen handelt es sich um hieb- und stichfeste Argumente, um eindeutige Rechtfertigungen und um wirkliche Gefahren. Gewiß, es gibt auch die Zensoren, die wider besseres Wissen handeln, die uns die Wahrheit vorenthalten. Obwohl sie wissen (oder argwöhnen), daß sie auf dem Holzweg sind, stellen sie uns die Wahrheit als Lüge hin, um sich oder irgendein System zu schützen. In den meisten Fällen handeln die Zensoren jedoch nicht in böser Absicht. Sie sind vielmehr wirklich der Überzeugung, etwas Verdienstvolles und Notwendiges zu tun. Wer sich eigenhändig und aus Überzeugung ideologische Scheuklappen aufsetzt, dem kommen sie stets wie starke Scheinwerfer vor.

Um diese ideologische Beschränkung abzuwehren, hat ein berühmter amerikanischer Intellektueller vor kurzem darauf hingewiesen, daß die freie Meinungsäußerung auch die Freiheit beinhaltet, Lügen zu verbreiten. Es versteht sich von selbst, daß die gleiche Freiheit demjenigen gebührt, der diese Lügen als solche aufdeckt. Wir müssen so frei sein, jegliche Art von »Lügen« direkt an der Quelle zu lesen. Im nächsten Schritt gilt es, wiederum durch die Lektüre, herauszufinden, warum andere sie als Lügen hinstellen. Wir werden dann für uns entscheiden, ob es sich wirklich um

Unwahrheiten handelt und, wenn ja, bis zu welchem Punkt. In der Welt der Literatur, der Kunst, der Naturwissenschaften und der Philosophie muß man sich unerschrocken auf jedwede »Gefahr« einlassen. Ja, ich gehe sogar noch einen Schritt weiter: Mit der Vorstellung, daß Lesen und Lernen als solches eine »Gefahr« darstellen, ist ein für allemal zu brechen. Nur so können wir uns den Scheuklappen unserer Ideologie wirksam entgegenstellen.

Um eine eigene Kultur, eigene Ideologien, eigene Vorstellungen frei und kritisch entwickeln zu können, ist es zwingend erforderlich, daß wir zunächst einmal begreifen lernen, was Autoren vergangener Epochen, Schriftsteller anderer Kulturkreise oder Apologeten anderer Ideen und Ideologien (inklusive derjenigen, die wir verabscheuen) wirklich gesagt haben. Dabei haben wir natürlich die Freiheit, bestimmte Autoren oder bestimmte Werke einfach zu übergehen. Das sollte jedoch immer nach reiflicher Überlegung geschehen, erst nachdem wir genug verstanden haben, um beurteilen zu können, was wir ablehnen. Die Übung des Zuhörens und des Verstehens, die uns die eingehende Auseinandersetzung mit Literatur, Geschichte und Philosophie ermöglicht, ist allein unter diesem Aspekt unbezahlbar und unersetzbar. Nur diese Übung – Verstehen lernen, was ein Autor wirklich meint, selbst wenn uns das, was er sagt, nicht gefällt, und wenn wir an der Richtigkeit zweifeln – rechtfertigt die endlosen Stunden, die wir im Klassenzimmer, im Hörsaal oder am Schreibtisch zubringen.

Das bedeutet nicht, daß wir zu einem Leben in völligem Agnostizismus verdammt sind, es bedeutet nicht, daß wir gezwungen sind, mit unserer Meinung immer hinter dem Berge zu halten. Wir sind vielmehr angehalten, uns ein eigenes durchdachtes Wertemodell zu konstruieren, unsere Hauptkoordinaten darin zu bestimmen und unser Urteilsvermögen fortwährend zu schärfen. Die Stabilität und die Kohärenz unseres Werte- bzw. Urteilssystems müssen kontinuierlicher Überprüfung unterliegen, sie müssen sich den »Lügen« aussetzen können, ohne deshalb gleich zu zerbröckeln.

Das ist die wichtigste erzieherische Funktion des »Wissens von«, eines Wissens, das uns gezwungenermaßen oftmals konzentriert, gefiltert und übersetzt dargeboten wird – letzteres sowohl im wörtlichen Sinne, also aus anderen Sprachen, als auch im metaphorischen Sinne, das heißt, auf ein erklärendes, angemessen einfaches Niveau gebracht. Die Behauptung, Übersetzer seien allesamt Betrüger, zeugt von übertriebener Skepsis. So kann es zwar durchaus vorkommen, daß Umarbeitungen und Übersetzungen einen Text verfälschen, oder daß Vereinfachungen den Sinn und die Tragweite des Originals verzerren. Alles in allem passiert dies jedoch sehr selten. In der überwiegenden Mehrzahl der Fälle handelt es sich beim »Wissen von« um ein authentisches Wissen. Trotz der Übersetzungen aus anderen Sprachen, trotz des Filters, den die Lehrbücher darstellen, ungeachtet der Auswahl, die die Anthologien treffen, durch den Filter der Zeit und die unvermeidliche (vielleicht unbewußte) Parteilichkeit des Lehrers (der selbige wiederum von anderen Lehrern übernommen hat) ist es grundsätzlich in der Praxis sehr wohl möglich, zu wissen, was ein Autor »wirklich« gesagt hat.

Die Vorteile mentaler Ausschweifungen

»Das Beste ist oft der Feind des Guten.« Dieser Spruch zeigt uns einen Ausweg. Zugegeben, es wäre schon eine tolle Sache, wenn wir generell ohne irgendwelche Filter auskommen könnten. Dazu müßten wir aber imstande sein, uns das »Wissen von« direkt an der Quelle zu verschaffen: Homer auf Griechisch, Hegel auf Deutsch, Linné auf Latein, Darwin auf Englisch und Descartes auf Französisch. Wäre es nicht großartig, die Werke Einsteins, die Niederschriften parlamentarischer Versammlungen, die Protokolle über Friedensverhandlungen oder die bahnbrechenden Experimente in Physik und Chemie im Original nachzulesen? Genau das tun Wissenschaftler und Forscher. Es sei allerdings gesagt, daß jede dieser unmittelbaren Auseinandersetzungen mit einem bestimmten Wissensgebiet nicht einige Jahre, sondern vielmehr ein ganzes Leben braucht. Außerdem – und auch das soll nicht verschwiegen werden – handelt es sich um eine Tätigkeit, die nicht allen gleichermaßen liegt. Ein großer Teil dessen, womit wir uns an der Schule und während der ersten Zeit an der Universität beschäftigen, besteht aus einem mittelbaren, übersetzten, komprimierten und vereinfachten Wissen. Nur so ist es uns möglich, nach und nach zu erkennen, worin wir uns spezialisieren möchten, falls wir die Entscheidung treffen, auch nach der Schule weiterzulernen, sprich zu studieren, oder nach dem Studium weiterhin wissenschaftlich zu arbeiten.

Das »Wissen von«, das grundlegende Wissen in konzentrierten Dosen (nicht unbedingt in Pillenform) muß als Triumph des menschlichen Intellekts betrachtet werden, nicht als Übergriff und Verrat. Nicht alle Kulturen wollten oder konnten Lehrbücher verfassen, um sie den Menschen zugänglich zu machen, sie immer wieder auf den neuesten Stand zu bringen und zu benutzen bzw. benutzen zu lassen. So bevorzugten die archaischen Kulturen ein in sich geschlossenes, korporatives Wissen, eine esoterische Vermittlung durch Initiationspraktiken. Das Lehrbuch, das uns zum Glück als etwas ganz Selbstverständliches erscheint, ist eines der meistverbreiteten, der unauffälligsten, aber auch der hervorragendsten Zeugnisse unserer Tradition.

Ich möchte die jungen Menschen auch dazu ermutigen, sich wenigstens ab und zu direkt an die Quellen zu begeben. Selbst ein Nachmittag, den wir der sporadischen, vielleicht sprunghaften Lektüre widmen, bringt uns bereits in direkten Kontakt mit dem Verfasser. Diese Erfahrung kann zu einem aufregenden und unvergeßlichen Erlebnis werden. Man kann sich auch durchaus nur eine ganz bestimmte Textstelle in einem ganz bestimmten Werk eines Autors vornehmen. Das Sachregister am Ende des Buches erleichtert uns die Suche, es gibt genau an, wo wir nachlesen müssen. Ein paar Seiten Galilei, Pascal, Kant, Einstein, Freud oder Marx, selbst ein einziges Kapitel aus einem Roman oder eine Handvoll Verse aus dem Gedichtband eines Schriftstellers, der in unserem Lehrbuch erwähnt wurde, über den aber nichts in unserer Anthologie steht, genügen bereits, um zwischen uns und dem jeweiligen Autor eine einmalige und ganz persönliche Beziehung herzustellen. Man kann natürlich auch ohne weiteres von einem Kapitel zu einem anderen springen, ein bißchen hier, ein bißchen dort schmökern – ganz nach Lust und Laune. Die bisweilen zügellose, keiner Ordnung folgende Neugier sowie gelegentliche Streifzüge durch die Welt der Literatur sind wesentlicher Bestandteil einer Vorliebe, einer Hybris, zu denen der Lernvorgang selbst uns anstacheln müßte.

Ich kann jedem jungen Menschen nur raten, es ab und zu mit »wilden« Erkundungstouren durch Bibliotheken zu probieren – egal ob in Zusammenhang mit dem jeweils aktuellen Unterrichtsstoff oder auf eigene Faust. Ähnliches gilt für die Welt der Kunst. Dort sollten wir uns auf die Betrachtung eines Gemäldes, einer Statue, des Details irgendeines Gebäudes beschränken und *nur* darauf, und das heißt nicht, gleich das ganze Museum von oben bis unten abzugrasen. Was die Naturwissenschaften anbelangt, so empfehle ich den Besuch eines naturwissenschaftlichen Museums, eines Planetariums oder eines Laboratoriums. Natürlich könnten wir auch einmal ein Fachbuch zur Hand nehmen, eine Fachzeitschrift durchblättern oder uns dazu entschließen, eine Konferenz anzuhören, obwohl wir bereits im voraus wissen, daß wir – wenn's hochkommt – sowieso nur die Hälfte verstehen werden.

Falls Lehrer oder Eltern dies als pure Zeitvergeudung oder schlimmer, als kulturellen »Voyeurismus« abtun, gut, dann will ich mich gern schuldig bekennen. Aus eigener Erfahrung und nach dem Urteil vieler Kollegen der unterschiedlichsten Fachbereiche weiß ich sicher, daß einige dieser »Zeitverschwendungen« den Funken für persönliche Vorlieben lieferten und somit zum Auslöser für den späteren beruflichen Werdegang wurden. Um einmal mit Shakespeare zu sprechen: Ist dies schon Zeitvergeudung, hat es doch Methode. Der Lernprozeß sollte auch Platz für solche Launen lassen. Nur eine Stunde lang andere, dünnere, »magischere« Luft einzuatmen als die, die in der Schule herrscht, erweitert die Lungen, bisweilen sogar für immer. In diesem Universum – man kann es gar nicht oft genug wiederholen – existieren keine »Gefahren«.

Schlußwort: Der Unterschied zwischen Glauben und Wissen

Betrachten wir einmal zwei Extreme: Auf der einen Seite der Fanatiker, der blindlings alles glaubt, was ihm sein Guru, sein Mullah, sein Pfarrer oder sein Parteiführer sagt, und auf der anderen Seite der radikale Skeptiker, der nichts glaubt, nicht einmal das, was er mit eigenen Augen sieht. Es ist ganz klar, daß es sich im einen wie im anderen Fall um pathologische Erscheinungen handelt, um Krankheiten des Geistes, vor denen es sich zu schützen gilt. Man sollte sich stets zwischen diesen beiden Extremen bewegen, allerdings weiß niemand so recht, wo die Demarkationslinie genau verläuft. Das Ideale wäre, sich vorzunehmen – und der Lernprozeß sollte uns allmählich dahin führen – einen gesunden Sinn für Kritik zu entwickeln und zu festigen, der zum einen nüchtern genug ist, zum anderen aber auch bereit ist, demjenigen Vertrauen entgegenzubringen, der es verdient und für die Dinge, bei denen er es verdient. Generationen von Gelehrten, Philosophen und Wissenschaftlern haben versucht, ein für allemal diese Grenze zu ziehen, sie haben versucht, die Regeln der kritischen Vernunft zu definieren, aber bis heute ist es niemandem wirklich gelungen. Hier und dort sind uns zwar nützliche Hinweise geblieben, Segmente dieser Linie, die die größten unter den großen Gelehrten in besonderen Fällen gezogen haben, aber es gibt keine allgemeingültige Formel. Die menschliche Vernunft läßt sich nun einmal nicht ein für allemal definieren. Außerdem sollte es gerade an der Vernunft sein, sich selbst zu definieren und sich dabei außerhalb ihrer Grenzen zu prüfen. Das aber ist unmöglich. Zur Kritikfähigkeit gelangt man nur durch kontinuierliches und ernsthaftes Üben, sie stellt sich nicht auf Kommando ein, indem man eine Formel anwendet oder einer solchen nach bestimmten, festen Regeln buchstäblich folgt. Anstatt lange über Kritikfähigkeit zu sprechen, sollten wir besser sofort mit dem Üben beginnen. Wir werden das anhand einer kleinen Mustersammlung besonders wichtiger und strittiger Probleme tun, die das Wissen direkt betreffen. Es wäre unklug, einfach Lösungen anzubieten, denn es handelt sich um eine permanente Diskussion. Trotzdem kann man zeigen, wie man sie suchen kann und welche Folgen es hat, sie zu finden, wenn man glaubt, sie gefunden zu haben.

Intuitiv leuchtet uns der Unterschied zwischen Glauben und Wissen ein. Wissen ist »mehr« als einfaches Glauben, auch als das Glauben nach reiflicher Überlegung. Nach reiflicher Überlegung etwas zu glauben, das wahr ist, bringt uns dem Wissen näher, aber es entspricht ihm noch nicht haargenau. Um, ausgehend vom Glauben, zum Wissen zu gelangen, bedarf es einer rationalen Rechtfertigung unseres Glaubens, allerdings nicht irgendeiner beliebigen Rechtfertigung. Sind die Gründe, aus denen wir glauben, nicht eng mit der Wahrheit dessen, was man glaubt, verbunden, dann kann man nicht behaupten, daß man »weiß«. Der englische Philosoph und Logiker Bertrand Russell, einer der größten modernen Denker und herausragender Experte von Problemen der Vernunft, ersann den folgenden Fall: Peter fragt Barbara: »Wie spät ist es?« Barbara schaut aus dem Fenster und sieht, daß die Kirchturmuhr acht Uhr anzeigt. Also sagt sie zu Peter: »Es ist acht Uhr.« Nehmen wir einmal an, daß es in diesem Moment *wirklich* acht Uhr ist, daß aber die Kirchturmuhr kaputt ist und bereits seit einem Monat ununterbrochen acht Uhr anzeigt. Letzteres ist Barbara und Peter jedoch nicht bekannt. Können wir sagen, daß die beiden *wissen*, wie spät es ist? Bestimmt nicht! Dennoch glauben sie etwas Wahres (denn, wie es der Zufall will, ist es in diesem Moment gerade acht Uhr), und sie haben gute und triftige Gründe dies zu glauben. Was fehlt ihnen dann, damit man sagen kann, daß sie über wirkliches Wissen verfügen? Warum fühlen wir uns nicht imstande, zu sagen, daß sie »wissen«, wie spät es ist? Es fehlt schlicht und einfach die richtige Verbindung zwischen dem, was sie glauben und dem, was wahr ist. Was sie glauben (daß es acht Uhr ist) und was wahr ist (es ist acht Uhr) stimmt überein – allerdings nur rein *zufällig*. Und ich hoffe, wir sind uns alle darin einig, daß der pure Zufall kein gutes »Bindemittel« ist, zwischen dem, was wir glauben und dem, was wir effektiv wissen. Ein glücklicher Zufall genügt einfach nicht, um einen Glauben in wirkliches Wissen zu verwandeln.

Bringen wir an dieser Stelle ruhig eine unserer philosophischen Beweisführungen ins Spiel, die auf dem »wenn..., dann ...«-Prinzip basieren. Wir stimmen also alle darin überein, daß Barbara und Peter nicht länger glauben würden, daß es acht Uhr ist, *wenn* sie wüßten, daß die Kirchturmuhr seit einem Monat steht. Sie würden es zumindest so lange nicht glauben, bis ihnen eine andere Uhr – und zwar eine, die funktioniert und auf die Minute genau geht – anzeigt, daß es wirklich acht Uhr ist. Der Kern dieser Beweisführung ist folgender: Wir fühlen uns nicht imstande zu sagen, daß wir etwas »wissen«, wenn Fakten oder Umstände vorliegen, die uns zwar einerseits unbekannt sind, die uns aber andererseits – wenn wir sie wüßten – dazu veranlassen würden, die Gründe, die zu unserem Glauben führen, zurückzunehmen. Wenn man irgendwie fürchtet, daß die Gründe, aus denen man glaubt, was man glaubt, nicht haltbar sind, ist einem nicht danach zumute, zu sagen, daß man »weiß«.

Dieses Beispiel von Russell mag zwar unnötig kompliziert erscheinen. Es ist jedoch elementar, um ein besseres Verständnis des Unterschiedes zwischen Glauben und Wissen zu erlangen. In den letzten Jahren haben sich viele Philosophen an dem Russellschen Paradox versucht und verschiedene Lösungen vorgeschlagen oder, besser gesagt, verschiedene Kriterien, um den Unterschied zwischen Glauben und Wissen ein für allemal hervorzuheben. Die Lösungen sind allesamt interessant, aber es gibt immer noch keine endgültige. Wer sich darauf versuchen wollte, dieses Rätsel zu lösen (und ich hoffe, daß der Leser es wenigstens probiert), würde sich schlagartig einer der großen, philosophischen Fragestellungen gegenübersehen. Ich werde im folgenden nur einige Elemente für eine Lösung geben, von der ich denke, daß sie – wenigstens im Rahmen dieses Buches – genügen mag.

Hier sind sie, die Einzelteile, aus denen der Bausatz des »wirklichen Wissens« besteht: Während vor Russell ein Glauben, eine wahre Tatsache, eine rationale Rechtfertigung für diesen Glauben und ein gutes Bindemittel, der das ganze zusammenhält, genügten, enthält das Super-Paket, das nach Russell geschnürt wurde, neben allen soeben aufgezählten Bestandteilen noch zusätzlich einen Schutzlack. Dieser ist dazu gedacht, den Klebstoff vor eventuellen Korrekturen und Meinungsänderungen zu schützen. Anders gesagt, man »weiß« nur dann etwas, wenn man an etwas Wahres glaubt, ja mehr noch, wenn man gute Gründe hat, es für wahr zu halten, und wenn man außerdem ausschließt, daß eine neu hinzukommende Tatsache uns dazu veranlassen könnte, das, was wir glauben, zu widerrufen. Warum »wissen« Peter und Barbara also nicht wirklich, wie spät es ist? Ganz einfach, bei ihnen fehlt der Schutzlack. Hätten die beiden nämlich gewußt, daß die Kirchturmuhr stehengeblieben war, dann hätten sie nicht mehr geglaubt, was sie sahen. Es existiert also ein Umstand (die Kirchturmuhr ist defekt), der unweigerlich zur Annullierung dessen führt, was wir bis dahin glaubten und der einen überstürzten Rückzieher zur Folge hat. Folglich verfügen Barbara und Peter nicht über ein »wirkliches« Wissen. Der Zufall ist kein gutes Bindemittel, denn kein Schutzlack kann ihn vor Korrekturen schützen.

Viele werden sagen: Das sind die typischen Flausen eines Philosophen. Trotzdem, wenn wir einmal über die normale Bedeutung des Verbs »wissen« nachdenken, werden wir feststellen, daß wir selbiges nur auf Situationen anwenden, in denen all diese Bedingungen erfüllt sind. Maria ist davon überzeugt, daß Sven sie betrügt, denn sie hat einen Ohrring in Svens Auto entdeckt. Sven betrügt sie in der Tat (am Ende gibt er es zu), allerdings hat der Ohrring gar nichts damit zu tun, denn der gehört Svens Mutter. Gewiß würden wir in diesem Falle nicht behaupten wollen, daß Maria *wußte*, daß Sven sie betrog. Wir sehen uns nicht in der Lage, die Situation mit einem solchen Begriff angemessen zu beschreiben. Der gute Sprachgebrauch erlaubt es uns einfach nicht. Wir würden eher sagen, daß sie es vermutete und recht behielt, oder daß sie etwas glaubte, das der Wahrheit entsprach, aber wir würden niemals behaupten, daß sie es »wußte«. Tatsächlich fehlt hier der berühmte Schutzlack. Maria hatte gute Gründe, Sven zu verdächtigen (Donnerwetter, ein Ohrring im Auto!), und der Verdacht entsprach der Wahrheit (Sven gibt es am Ende zu), allerdings ist der Klebstoff, der Marias Verdächtigungen mit der Tatsachenwahrheit verbindet, von schlechter Qualität (der Ohrring gehörte Svens Mutter). Wir könnten uns unzählige solcher Beispiele ausdenken und uns einen Spaß daraus machen, unsere Freunde und Bekannten damit zu konfrontieren. Alle werden darin übereinstimmen, daß Maria nicht »wußte«, daß Sven sie betrog. Das Super-Paket wird also der landläufigen Bedeutung des Verbs »wissen« gerecht.

Wenn wir nun unseren Sprachgebrauch und die entsprechenden Verben anderer Sprachen, die sich haargenau gleich verhalten, einmal beiseite lassen, können wir uns die Frage stellen, ob die Kriterien, die »Glauben« von »Wissen« trennen auch den rationalen Normen des Wissens gerecht werden.

Hier wird die Sache etwas heikel. Es stimmt doch, daß unser Schutzlack – das, was das wirkliche Wissen gegen jede Art von Sinneswandel, Umkehr und Widerruf immun macht – sich auch problemlos auf viele Dinge anwenden läßt, die wir wirklich wissen. Ich spreche jetzt absichtlich von Wissen und nicht nur von Glauben. So wissen wir, daß Rom die Hauptstadt Italiens ist, daß zwei plus zwei vier macht, daß die Sonne morgens aufgeht und abends untergeht. Gibt es vielleicht irgendeinen denkbaren Anhaltspunkt oder irgendeine Information, die uns dazu veranlassen könnten, dieses Wissen für ungültig zu erklären? Selbst wenn gestern entschieden worden wäre, die Hauptstadt Italiens ab morgen nach Mailand zu verlegen, könnte mich dies nicht dazu verleiten, meinem gegenwärtigen Glauben abzuschwören, daß jetzt, während ich schreibe, Rom die Hauptstadt Italiens ist. Auch wenn man demnächst übereinkäme, den Abend Morgen zu nennen und den Morgen Abend, würde mich das nicht dazu bringen, meinen Glauben daran aufzugeben, daß hier und jetzt die Sonne morgens aufgeht und abends untergeht. Was die Möglichkeit anbelangt, daß zwei plus zwei in der normalen, herkömmlichen Mathematik (nicht in irgendeinem neuen und revolutionären mathematischen System) nicht vier ergibt, so vermag ich mir nicht einmal im Traume vorzustellen, welche Art von Tatsache oder Überlegung mein Wissen in bloßen Glauben zu verwandeln imstande wäre. Zumindest in gewissen Fällen gibt es also wirklich einen bombensicheren Lack – nichts bringt uns dazu, uns von unserem Wissen loszusagen. Im Unterschied zu dem, was Barbara und Peter widerfuhr, können uns hier keine stehengebliebenen Kirchturmuhren in die Quere kommen. Die Wahrscheinlichkeit, daß neue Anhaltspunkte oder neue Informationen uns dazu veranlassen, das, was wir glauben, so mir nichts dir nichts umzustoßen, ist ausgeschlossen.

Heikel an der ganzen Geschichte ist, daß diese Art von Sicherheit – zumindest auf den ersten Blick – an Fanatismus erinnert. Wenn uns nichts dazu bringen könnte, unseren Glauben zu revidieren, dann sind wir nicht anders als diejenigen, die blindlings an Gurus oder an Mullahs glauben. Es hätte den Anschein, als habe man den Bereich der gesunden kritischen Vernunft verlassen. Ist es vernünftig, nur wegen bestimmter Überzeugungen fanatisch zu sein? Allein die Vorstellung ist uns doch schon zuwider. Vielleicht sollte man es dem Skeptiker gleichtun und an nichts glauben, was man nicht mit eigenen Augen gesehen bzw. eigenhändig berührt hat. Trotzdem wird auch der Skeptiker zugeben, daß er »weiß«, was er gesehen und mit Händen berührt hat, es sei denn, er befürchtet, Halluzinationen zu haben oder unter dem Einfluß von Drogen zu stehen. Schließlich haben wir selbst erfahren, daß Rom die Hauptstadt Italiens ist, daß zwei plus zwei vier macht, oder daß die Sonne morgens aufgeht und abends untergeht. Mit demselben Grad an Gewißheit, mit demselben bombensicheren Klebstoff wissen wir auch (das heißt, wir glauben ohne die Möglichkeit des Widerrufs), daß Paris die Hauptstadt Frankreichs ist, daß es sich beim griechischen Pi um eine irrationale Zahl handelt, die in etwa 3,14 entspricht, oder daß Korsika die Heimat Napoleons ist. Wir wissen (und glauben nicht nur) ganz viele Dinge, die wir nicht selbst gesehen und berührt haben und solche, die wir nicht selbst sehen und berühren könnten. So kann beispielsweise niemand sehen, daß das griechische Pi irrational ist; dazu müßte man nämlich immer weiter fortfahren, die daraus folgenden Dezimalzahlen zu berechnen, bis man irgendwann feststellt, daß sie niemals enden – und dafür ist das menschliche Leben einfach zu kurz. Auf Grund von Lehrsätzen, die wir als wahr anerkennen, *wissen* wir, daß wir es mit einer irrationalen Zahl zu tun haben. Auch hätte niemand von uns, die wir heute leben, bei der Geburt Napoleons zugegen sein können. Und doch wissen wir, daß er auf Korsika geboren wurde, denn alle Geschichtsbücher, die auf sicheren Quellen beruhen, machen dies geltend. Es wäre doch wirklich tragisch, sagen zu müssen, daß man nur das wirklich weiß, was man subjektiv und direkt, unter Ausschluß des geringsten Zweifels, nachzuweisen in der Lage ist. Ebenso wäre es nicht vernünftig, unseren Glauben immer nur auf das zu beschränken, was sich jenseits der Tatsachen, die wir sehen und mit Händen greifen, abspielt.

An den Wurzeln der Gewißheit

Einige bedeutende zeitgenössische Philosophen bekennen sich zum Relativismus und behaupten, daß jedes Wissen nur stichhaltiges Glauben ist, daß jede Wahrheit nur wahrscheinlich ist, daß jede Gewißheit nur eine weit verbreitete Meinung darstellt. Sie empfehlen gewiß nicht, von jedem Glauben abzulassen, sie fordern uns nicht auf, in Frage zu stellen, daß Rom die Hauptstadt Italiens ist, daß zwei plus zwei vier macht oder daß Napoleon auf Korsika geboren ist. Sie behaupten jedoch, daß prinzipiell nichts gegen Korrekturen gefeit ist, wir müssen nur bereit sein, den Preis dafür zu bezahlen und unseren einmal erworbenen Wissensschatz nicht als gegeben hinzunehmen, sondern an ihm zu rütteln und zu schütteln, bis er in sich zusammenfällt, um ihn dann von Grund auf wieder aufzubauen. Wenn der Preis zu hoch ist (und das ist sehr häufig der Fall), dann halten wir an unserem Glauben fest. Nicht nur im Hinblick auf banale und sichere Fakten wie Hauptstädte oder das Aufgehen der Sonne, nicht nur angesichts bewiesener Wahrheiten aus der Mathematik und der Logik, sondern sogar aufgrund vieler wissenschaftlicher Tatbestände halte ich diesen relativistischen Skeptizismus für ungerechtfertigt. So schließe ich beispielsweise völlig aus, daß man irgendwann entdecken könnte, daß das Blut *nicht* im Körper zirkuliert, daß die DNS *nicht* der Träger der genetischen Information ist, daß die Erde sich *nicht* um die Sonne dreht oder daß die Neuronen *nicht* die Grundeinheit des Nervensystems bilden. Selbst die skeptischen und relativistischen Philosophen, von denen ich zuvor sprach, geben ohne weiteres zu, daß sie an diese Dinge glauben, obwohl sie darauf verzichten, eine wirkliche Rechtfertigung für ihren Glauben zu finden. Sie behaupten, man glaube aus Gewohnheit, aus Tradition oder deshalb, weil es sich gerade anbietet – auf jeden Fall immer nur vorübergehend.

Hier nimmt unser Problem eine bedeutende Wendung: Für das, was man glaubt und für das, was man weiß, muß man gute, solide und rationale Rechtfertigungen finden. Wenn diese fehlen, wird man niemals sagen können, daß man »weiß«. Wir befinden uns in den Händen des Skeptikers oder des Relativisten, die sich bemühen, uns darauf hinzuweisen, daß wir niemals etwas wirklich »wissen«. Wir glauben zu wissen, und das ist etwas vollkommen anderes.

Ich hingegen denke, daß eine rationale Rechtfertigung für das Wissen schlechthin existiert – wobei ich dasjenige, welches sich auf zuverlässige Zeugnisse stützt, nicht ausnehme. Hierbei handelt es sich eindeutig um eine Entkräftigung nicht nur der Thesen des radikalen Skeptikers, sondern auch derjenigen der modernen, weniger radikalen Skeptiker. Dazu trete ich in die Fußstapfen eines großen, zeitgenössischen amerikanischen Philosophen namens Hilary Putnam, der seinerseits dem großen, bereits verstorbenen Philosophen Ludwig Wittgenstein folgte. Die Schriften dieser beiden Philosophen vermitteln Einblick in eine Welt, die sich jenseits der üblichen Lehrpläne befindet, und ich kann sie jedem Schüler und Studenten, der sich für diese Problematik interessiert, nur ans Herz legen. Es handelt sich meines Erachtens um eine These von außerordentlicher Tragweite und von außerordentlichem Interesse. Passen wir diese These frei unseren Zwecken an und vereinfachen sie so weit wie möglich, dann erkennen wir den Kern dieser Überlegung, mit der ich meine Ausführungen beenden möchte.

Strecken wir doch einmal unsere rechte Hand aus und betrachten wir sie. Wir wissen, daß dies unsere rechte Hand ist. Wir »glauben« es nicht nur, wir wissen es. Wir sind sicher, ja sogar ganz sicher: Das ist unsere rechte Hand! Ließe sich diese Gewißheit auch rational rechtfertigen? Selbstverständlich! Unser rechter Arm verbindet sie mit unserer Schulter, wir kennen sie gut, denn schließlich sehen wir sie tagtäglich. Und da ist auch – gut sichtbar – die Narbe (wie es zu der gekommen ist, daran erinnern wir uns noch wie gestern). Aber davon abgesehen, wenn ich sie kneife, dann fühle ich doch, daß das meine Hand ist. Es gibt eine ganze Menge von Rechtfertigungen. Das ausschlaggebende jedoch ist, daß uns keine dieser Fakten sicherer erscheint als die Tatsache, daß das unsere rechte Hand ist. Vielleicht sind sie genauso sicher, aber eben nicht sicherer. Wenn die Vorstellung von einer rationalen Rechtfertigung darin bestand, irgendeinen noch sichereren Anhaltspunkt zu finden, dann müssen wir hier und jetzt ein für allemal festhalten: Es gibt keine darüberhinausgehenden Beweise. Daraus können wir entweder schließen, daß keine richtige rationale Rechtfertigung existiert oder daß wir selbige bereits gefunden haben. Ich schlage vor, sich diese zweite Schlußfolgerung zu eigen zu machen und uns vollkommen und rational über jeden Zweifel zu erheben. Unzählige Tatsachen wie diese, alle mehr oder weniger auf demselben Niveau, bilden die wahre Grundlage jeder Kenntnis und jedes Wissens, über die wir verfügen.

Das mehrstöckige Gebäude rationaler Begründungen besteht aus genauso banalen Gegebenheiten wie die eben geschilderten. Wie banal und nebensächlich (in der Philosophie spricht man in diesem Zusammenhang von »kontingent« oder »zufällig«) sie auch immer sein mögen, eines ist hundertprozentig sicher: Die Grundmauern unseres Wissens sind auch von diesen einfachen Elementen durchdrungen, keinesfalls setzen sie sich nur aus den großen Gesetzen der Logik und der Wissenschaften zusammen. Machen wir uns nichts vor – diese elementaren Bausteine des Wissens sind weder auf irgendwelche Grundregeln zurückzuführen noch auf andere tiefergehende, allgemeingültigere oder notwendigere Tatsachen. Das einzige, worauf wir uns stützen können, ist der Prozeß der rationalen Rechtfertigung. Natürlich haben wir es nicht immer nur mit sichtbaren Dingen wie unserer rechten Hand zu tun, sondern auch mit einfachen Dingen, die wir zwar wissen, aber nicht direkt beobachten können. Ich denke da zum Beispiel an die Tatsache, daß die Welt schon vor meiner Geburt bestand. Auch für dieses Faktum sowie für meine Gewißheit im Hinblick darauf kann ich eine Fülle von Rechtfertigungen anführen. Nichts erscheint mir jedoch sicherer als die Tatsache selbst, nämlich daß die Welt bereits vor meiner Geburt existierte. In jeder Wissenschaft (in Physik, in Chemie, in Biologie) wimmelt es von »letzten« Phänomenen dieser Art, die sich auf diesem Niveau dem Anschein nach sehr dürftig ausnehmen. Eine Lösung für das Problem der Rechtfertigung besteht darin, unsere Gewißheit als hinreichende rationale Erklärung zu betrachten.

Der radikale Skeptiker wird mir vielleicht nicht zustimmen. Allerdings scheint er sich nicht darüber im klaren zu sein, daß er es nicht einmal zuwege brächte, seinen Widerspruch in Worte zu fassen oder uns seinen Zweifel zu vermitteln, wenn er Gegebenheiten dieser Art nicht als selbstverständlich und sicher voraussetzt. Er spräche eine uns unverständliche Sprache. Auch der gemäßigtere Skeptiker müßte meines Erachtens zugeben, daß diese Art von Rechtfertigung genügt. Es hat einfach keinen Sinn, eine triftigere Erklärung zu fordern. Von einer Unmenge von Fakten (das ist meine rechte Hand; die Welt existierte bereits vor meiner Geburt usw.) sind wir derart überzeugt, daß die Vernunft nicht mehr möglich wäre, wenn wir diese einfachen Gewißheiten in Frage stellten.

Schließlich muß man noch hinzufügen, daß wir zu neuen Tatsachen dieser Art, die von unerschütterlicher Gewißheit sind, nach und nach durch das Leben und durch das Lernen Zugang bekommen. Jeder neue Stoff wird sie uns enthüllen. Meiner Meinung nach folgt daraus die grundlegende Konsequenz: Man darf auf keinen Fall die Hoffnung haben, irgendwann einmal auf ein einzelnes Super-Fach zu stoßen, das – wenn wir nur dafür lernen – es uns erspart, uns mit Chemie, Literatur, Physik, Französisch usw. abzugeben. Die Welt ist nun einmal nicht so beschaffen, und wir sind es auch nicht. Es ist nicht gerechtfertigt und nicht vernünftig, darauf zu hoffen, jemals ohne die Erfahrung auskommen zu können, die uns das fachbezogene und systematische Lernen sowie das Aneignen von Wissen verschafft. Ebenso sollten wir von dem Gedanken Abschied nehmen, daß man darauf verzichten kann, seine Kenntnisse, sichere und unsichere, auf viele kleine und große Dinge zu stützen, die andere bereits entdeckt haben. Selbst wenn wir davon ausgehen, daß die verschiedenen Fächer sich verändern und fortentwickeln, ja sich möglicherweise immer mehr aufeinander zubewegen, so werden sie sich trotzdem weiterhin voneinander unterscheiden.

Die kritische Vernunft ist demzufolge nicht das Endziel, das wir anstreben, sondern der Weg selbst, den wir einschlagen, um diese zu entwickeln. Sie besteht aus einem Denkstil, den man sich erst im Laufe der Zeit durch den regelmäßigen, unaufhörlichen Prozeß des Lernens zu eigen macht – und zwar außerhalb von Schule und Universität und somit unabhängig von den quälenden Gedanken an irgendein heißbegehrtes Stück Papier.

An dieser Stelle müßte uns eigentlich ein Zweifel kommen: Ist es die Lust am Lernen, die diesen Prozeß herbeiführen soll, oder ist es nicht gerade umgekehrt? Ist die Lust am Lernen wirklich eine Art Supertreibstoff? Oder ist sie nicht die Straße selbst, auf der wir diesen eigentlich zu verbrauchen gedachten? Ist es wirklich erforderlich, vor der Abfahrt vollzutanken? Der Leser, der mir bis hierhin aufmerksam gefolgt ist, kann sich die Antwort ohne weiteres schenken. Wer immer diesen Zweifel hegt, hat unser Problem nämlich bereits gelöst.

Alan D. und Robert E. Davidson

Lust aufs Leben

Was Eltern ihren Kindern mitgeben können

campus concret, Band 5

1996. Ca. 280 Seiten, gebunden

ISBN 3-593-35553-1

Menschen, die eine positive Lebenseinstellung, inneres Gleichgewicht und ein gesundes Selbstwertgefühl ausstrahlen, sind fürs Leben bestens gerüstet.
Aber wie wurden sie zu dem, was sie sind? Um dem Geheimnis auf die Spur zu kommen, befragten Alan und Robert Davidson über 100 Mütter und Väter glücklicher und lebenstüchtiger Kinder. Diese »wahren Experten« fanden durch Instinkt, Beobachtungen oder aufgrund der eigenen Erziehung Wege, ihren Kindern alles Notwendige mitzugeben. Sie respektieren ihre Kinder auf jeder Entwicklungsstufe als denkende und fühlende Menschen, die lernen wollen, das Leben zu meistern. Ihrer verantwortungsvollen Aufgabe sind sie sich voll bewußt, betrachten sie aber mit einer gewissen Lockerheit.
Die vielfach bewährten Erfahrungen gelungener Elternschaft bieten Orientierung in allen Grundfragen der Kindererziehung. Aus diesem reichen Fundus schöpfen die Leser praktische Ratschläge und wichtige Hinweise. Für Väter und Mütter ist dieser Ratgeber ein verläßlicher Begleiter für das Leben mit Kindern – vom Baby bis zum Teenager.